舍价取势

期货战争制胜之道

三半居士 / 著

SPM 南方传媒 | 广东经济出版社

·广州·

图书在版编目（CIP）数据

舍价取势 / 三半居士著. --广州 ：广东经济出版社，2024. 10. --ISBN 978-7-5454-9387-0

Ⅰ. F713. 35

中国国家版本馆 CIP 数据核字第 2024QU6741 号

责任编辑： 周伊凌
责任校对： 黄思健
责任技编： 陆俊帆

舍价取势

SHE JIA QU SHI

出 版 人： 刘卫平
出版发行： 广东经济出版社（广州市水荫路 11 号 11～12 楼）
印　　刷： 珠海市国彩印刷有限公司
（珠海市金湾区红旗镇永安一路国彩工业园）

开　　本： 889mm×1194mm　1/16　　**印　　张：** 18
版　　次： 2024 年 10 月第 1 版　　**印　　次：** 2024 年 10 月第 1 次
书　　号： ISBN 978-7-5454-9387-0　　**字　　数：** 305 千字
定　　价： 86. 00 元

发行电话：（020） 87393830　　投稿联系：gdjjtzlc@ Foxmail. com
广东经济出版社常年法律顾问：胡志海律师　　法务电话：（020） 37603025
如发现印装质量问题，请与本社联系，本社负责调换

贝果投资

/ 在不确定中寻找确定 /

谁把期货当成终生追求的事业，

谁就要做好被期货毁灭的准备。

自序

自古名将如美人，不许人间见白头

我高中的时候读《道德经》，读到“吉事尚左，凶事尚右。偏将军居左，上将军居右。言以丧礼处之。杀人之众，以悲哀泣之，战胜以丧礼处之”的时候我无法理解，为什么打了胜仗还不能高兴一下，而要像对待丧事一样呢？直到多年之后，我才渐渐明白其中的道理。

轻言战争的人，通常都不懂战争的残酷。

期货市场没有炮火连天、没有血肉飞溅，有的只是行情的跳动、数字的涨跌。大多数的参与者都无法意识到，他们想要安身立命的事业，是以命相搏、在刀口上舔血的营生。

我从来不建议任何人参与期货交易。这十多年来，我劝过不少深陷其中的散户，让他们退出这个市场。后来我发现，这些在我面前斩钉截铁、痛下决心说要退出市场的交易者，其实依旧悄悄地继续进行着这场死亡游戏。

时间久了，我就想通了这个问题。对于很多交易者来说，进行期货交易有咸鱼翻身的机会，是逆天改命的途径。既然参与期货交易的事实无法改变，那能不能让他们赢呢？或者说能不能提高他们“活下来”的概率呢？

我想答案就在这本书中。

《舍价取势》是一本专门为散户写的书，主要内容就是思考和总结散户如何在期货交易中取得相对优势，并最终实现财富自由。我将我对于期货交易的一些总结、心得，甚至开发的工具，写到了这本书里，其中很多是我付出了巨大的代价之后所换来的教训。

本书原名《期货战争论》，自 2021 年起便在期乐会连载，呈现在您面前的《舍价取势》，在保留核心内容之余，几乎将以前的全部推倒重来，增加了不少理论方面的内容。其中最为重要的几个方面有：一是解释了期货行情产生的原理，从产生前、产生中、产生后这三个阶段分析了整个行情的产生链条，为散户交易者找到了其中最关键的要素；二是提出了相对于形态学更为科学的“得意忘象”行情分析方法，帮助交易者透过行情的表象分析其背后更深层次的原因，加深交易者对行情的理解；三是提出了“舍价取势”的交易指导思想，并为散户交易者如何获得期货战争中的相对优势找到了具体的方法。

如果说交易者对市场的认知水平决定了其对待市场的态度，那么期货战争理论对待期货市场的态度无疑永远是谨慎与谦卑的！

明星易成，寿星难求。期货市场也是江山代有才人出，各领风骚数十年。真正有大智慧的交易者，一定懂得急流勇退。

尽管我是期货战争理论的创建者，但是用它赚取非常非常多的钱，并将它发扬光大的并非我本人。个中见解，仁者见仁，智者见智，渺小如我则只能扪象自惭耳！

三半居士

《期货战争论》原序

——写在《期货战争论》连载之前

进入期货圈十多年，在前面很多年中，我皓首穷经地钻研各类理论。不管是基本面，还是技术面，始终都是原地打转，不得其门而入。乃至后面炒单也好、程序化也罢，或者是搞反向跟单的歪门邪道，都没能一窥投机世界的本源。直到 2017 年遭遇一场洪水，短短一夜，让我顿悟了趋势之力。以往写在书上、看在眼里、挂在嘴边的“趋势”，终于无比具体且深刻地让我感受到了，电光石火间，一个想法在我脑海中浮现：期货交易的本质是战争！

这个想法从在我脑海中萌芽到现在，转眼已三年多有余。这三年多的时间里，在理论指导实践、实践检验理论的反复磨合与煎熬当中，资金管理规模从 2019 年 5 月的 5 万元飙涨到如今的 1000 余万元，就好像做梦一样。

三年多来，我不断在历史行情中推演，加深对期货本质的理解，结合行为心理学、统计学、经济学等相关理论，寻找基本面和技术面的漏洞和解决之法，建立起属于自己的期货理论体系，为后面落实到具体交易上打下了坚实的理论基础。

三年多来，我用期货战争理论开发出了“舍价取势交易系统”，包括趋势的定义、进出场条件、止盈止损位、资金管理方法等内容，并不断优化与完善，如今这套交易系统理论体系完备、交易手法科学、效益良好。

三年多来，我见证了苹果大牛市中不能克服自己人性弱点的交易者不断开空死扛，乃至爆仓的执着，见证了高呼“为国空矿”的热血空头到处信访的闹剧，见证了高硫燃油退市事件中，采用翻倍加仓手法来抄底的交易者倒在黎明前的悲壮。

三年多来，我见证了原油系暴跌行情中，满仓多头一天穿仓的惨烈，见证了抄底白银的朋友三个交易日 100 多万元灰飞烟灭的血泪，见证了沪镍牛市中重仓 1000

多万元，死扛爆仓之后精神失常、家人欲哭无泪的心酸。

我有时候就在想，要是他们学习了期货战争理论该有多好，或许就不会逆势重仓交易了。很多交易者一上场就输了，他们没有能指导交易的理论，没有完备的交易系统和策略，那所谓的执行与纪律就无从谈起，交易更多是凭主观感觉。

这次受期乐会邀请，能够将这三年多来断断续续草拟的期货战争理论整理成册，汇成《期货战争论》，在期乐会平台实现连载，我感到万分荣幸。希望我的书能够使广大期友升华对期货交易的理解，帮助你们打造属于自己的交易系统，摆脱亏损魔咒，走向稳定盈利。

愿我们在《期货战争论》的连载路上一起成长！

三半居士

注：本书原名《期货战争论》，正式申报选题时更名为《舍价取势》。

目　录

CONTENTS

第3部分

第4部分

第5部分

第6部分

舍价取势

第 1 部分

期货的战争观

人们常说“性格决定命运”，这句话如果用到期货交易里面，可以理解为“期货观决定交易的结局”。在市场上混迹多年，我听得最多的一种说法是，每个人都有自己的交易方法，适合自己就好。最开始的时候我是深以为然的，然而，随着时间的推移，我发现这种说法有很大的问题。人们对期货市场的认识，除了有角度的不同，还有深度的不同。很明显，对期货市场的认识越深刻，越接近其本质，对行情的把握就越准确，对策略的制定就越科学，对交易的执行就越稳定。可以说是既分高下，也决生死。期货战争理论正是从期货交易者的世界观出发，让交易者重新认识期货。本部分中，我们对期货交易的本质进行讨论，帮助期货交易者正确认识期货交易的本质是战争这一理论，同时，还对参与者、价格、仓量等期货交易的重要因素进行分析讨论，以让读者建立起正确的期货战争观。

第一章　期货交易的本质是战争

本人的期货战争理论，是直接将期货交易与战争画上等号的。在期乐会连载本书的初稿时，我甚至认为这是不需要特别说明的事情。但是在实践中我发现，不少的交易者对此认识不到位，以为期货与战争只是形式相似，并没有意识到期货交易实际上就是一种特殊的战争，所以他们也就不可能用战争的思维去处理期货交易。

《毛泽东选集》第一卷第一篇中开门见山地发问："谁是我们的敌人？谁是我们的朋友？"简单明了地告诉了我们看问题要直指本质，抓住主要矛盾，放过次要矛盾。有鉴于此，我将首先说明为什么期货交易是一种特殊的战争。

战争与期货的定义

何为战争？克劳塞维茨在《战争论》中提出，战争就是扩大了的搏斗，是迫使敌人服从我们意志的暴力行为，其中暴力是手段，把自己的意志强加于敌人则是目的。而百度百科对战争的定义则是这样的：战争是一种集体、集团、组织、派别、国家、政府互相使用暴力、攻击、杀戮等行为，是敌对双方为了达到一定的政治、经济、领土等目的而进行的武装战斗。不难看出，以上两种定义说的其实是一种意思。

那何为期货呢？百度百科的定义如下：期货，英文名是Futures，与现货完全不同，现货是实实在在可以交易的货（商品），期货主要不是货，而是以某种大宗产品如棉花、大豆、石油等及金融资产如股票、债券等为标的的标准化可交易合约。因此，这个标的物可以是某种商品（例如黄金、原油、农产品），也可以是金融工具。

从字面上看，战争和期货可谓风马牛不相及，那么，我们为什么说期货交易的本质是战争呢？

在期货交易中，我们所赚的钱均来自市场的其他参与者，赚钱是所有交易者都想要达成的经济目的。而对手们也不是做慈善的，不可能轻易就将自己的财富“送”给其他人，因此，要想在市场上获取别人的财富，需要通过某些“暴力”手段来达到目的。由此看，期货交易是不是就是为了达到经济目的而使用的暴力手段呢？

两个事物的关联关系，我们不能仅从定义上来判断，而是应该根据该事物最底层的运行原理和逻辑来比较。下面就从三个维度，来比较战争和期货交易。

战争与期货交易在博弈学上的特征比较

1. 战争与期货交易都是负和博弈

所谓负和博弈，就是指双方冲突和斗争的结果，是所得小于所失，就是我们通常所说的其结果总和为负数。负和博弈是战争和期货交易最本质的特征之一。

战争是典型的负和博弈。战争双方每一发打向对方的炮弹，每一颗从手枪里飞出的子弹，如果没有对对方造成伤亡，那么消耗的就是己方的资源。如果对对方造成了伤亡，对于双方都是一种消耗，即所谓的两败俱伤。就算战争最后分出了胜负，胜利一方所取得的利益也一定小于失败一方所承受的损失。

期货交易采用对手盘策略，一手多单能成交，在这个价格上一定有对应的一手空单，多单的浮盈意味着空单几乎同等金额的浮亏，反之则反。在整个过程中，交易本身不产生任何财富，反而会被收走一部分手续费。所以，期货交易中胜利一方所赚的钱，一定少于亏损一方所亏损的钱。

作为期货交易的参与者，任何人进入市场都是为了盈利。人们会通过各种手段来增加其盈利的确定性，由此便产生了各种眼花缭乱的分析方法和交易策略。世界上所谓的最难的两件事，一件是把自己的想法装进别人的脑子里，一件是把别人口袋里的钱装到自己口袋里，期货交易就属于后者。由于交易过程中没有新的财富产生，且有手续费消耗，因此期货交易就成为典型的负和博弈。**从某些角度看，短期股票交易也属于负和博弈或者零和博弈。但是，股票背后对应的公司在努力地创造财富，而“长期经济螺旋上升”是经济学界的共识，这意味着，长期来说可以将股票交易视作正和博弈。由此甚至可以推论，长线股票投资策略实现盈利相对于期货交易策略实现盈利的概率更大。**

综上所述，期货交易和战争都是标准的负和博弈。但是，仅仅依据战争和期货交易都是负和博弈还不能将它们画上等号，比如赌博也是一种负和博弈，难道我们能说赌博是战争？

2. 战争与期货交易都是不完全信息博弈

在一场博弈中，参与者中至少有一个不完全知道其他参与者的收益函数（指每个参与人在参与博弈时依据其所属类型和选择的行动可获得的收益），此博弈称为不完全信息博弈。

在战争中，参战的双方几乎都不可能完全获知对方的信息。在海湾战争中，我们见识了美国发动现代化信息战争的手段。当它获得了对手伊拉克大部分收益函数信息的时候，配合其强大的军事实力，呈现出了一种碾压式的战争发展过程。对于参战的另一方伊拉克来讲，其获得的美国收益函数信息则相对来说非常少。从理论上看，不管战争发展到何种程度，参与方都不可能完全获得另一方的收益函数信息，最多只能在信息获取的量上占有相对优势。由此我们可以认为，战争是一种标准的不完全信息博弈。

在期货交易中，参与者来自天南海北、五湖四海。我们无法知道对手盘是谁、是何种身份、有多大的资金实力、获得了多少我方阵营的信息、他们具体的交易计划是怎么样的、什么时候会发动进攻、什么时候会撤退、他们的既定目标是什么……作为散户参与者能获得的信息仅包括：实时的和历史的所有行情数据、交易所公布的每日持仓报告、市场上充斥着的各种真假难辨的信息等。有基本面研究能力的参与者，可以获得一些基本面数据。**在期货交易中，掌握信息最多的角色其实是交易所，它可以知道每个参与者账户中的所有信息，尽管如此，交易所也做不到掌握参与者账户之外的信息。**比如说某个参与者将其大部分可用资金隐藏到账户外，要用的时候才部分转入，那么交易所就不能及时知道这个参与者到底有多少资金了。

综上，战争和期货交易同属于不完全信息博弈。

3. 战争与期货交易都是非序列动态博弈

静态博弈与动态博弈是一组对立出现的博弈概念。静态博弈表示博弈各方同时做出决策，在做决策时只能猜测其他各方的决策，不存在决策顺序上的差异。动态博弈通常属于序列博弈，简单来讲就是各方之间的互动。这种博弈往往是回合制的，一方可以根据另一方上一次博弈的策略来做本次博弈的决策。（在期乐会初次连载中，我将期货交易描述成了动态博弈，是概念上产生了错误，现予以更正。）

从上面关于动态博弈和静态博弈的定义来看，期货交易与战争不属于其中的任何一种，它们都是非回合制的。战争的双方什么时候发动进攻，没有固定的规则来约束，如果你足够快，甚至可以发动连续的进攻，让对方完全没有机会反应。比如“二战”时德国发动的闪电战，重点就在一个“快”字上。在期货交易中，只要在交易所规定的时间内，什么时候对对手盘发动攻势，也是没有固定的规则来约束的。有的参与者可以利用自己手中的资金优势、网速优势、策略优势、信息优势等，连续对对方发动进攻，甚至直到交易结束，对方都还没有来得及反应。我们可以发现，期货交易中的各方可以同时做出决策，也可以不同时，做决策的时候只能猜测其他各方的决策，并且可以根据猜测的结果来做新的决策，这一点和战争是一模一样的。

为了方便理解这种类型的博弈，我将其表述为非序列动态博弈，定义如下：**博弈的参与方没有明确的参与顺序，也不能完全知道对方甚至己方友军的决策以及行动时间而产生的一种博弈**。综上所述，战争与期货交易同属于该类博弈。到这里我们就能回答前面的问题了：为什么不能将同属于负和博弈的赌博看作战争？因为赌博大多是采取回合制，明显不属于非序列动态博弈。

决定战争和期货交易胜负的因素非常类似

1. 判断战争与期货交易胜负的标准类似

不管是战争还是期货交易，参与方都只有两个阵营。比如“二战”中的参与方只有轴心国与同盟国，不会再有第三个阵营。至于所谓的中立国，在其倒向轴心国与同盟国任何一方之前，不会对战局有任何实质性的影响，可以当它们不存在。也许有人会说三国时期就有三方阵营，但是，把三国时期任何一个开战的时间点切片，我们都可以发现实际上只有两个阵营。在期货交易中，你是散户也好机构也罢，是技术分析派抑或是基本面分析派等交易流派，在参与到具体的交易中时都只有两个选择，多或者空。那么，它们是如何判断对抗的胜负的呢？

判断战争胜负的标准完全就是物理法则，即物理消灭对方或者打到对手投降就算赢。比如在一场战事中，其中一方势如破竹，攻克了另一方很多城池，此时如果弱势方顶不住了，可以选择投降。接下来双方谈一个彼此都能接受的条件，签一个城下之盟，战争就可以宣告结束了。如果弱势方拒不投降，而是选择抗争到底，那么战争就要打到弱势方亡国灭种才会结束，因为当强势方取得了决定性优势之后，就不太可能主动停战了。

期货交易的胜负判断标准相较于普通的战争要更加复杂一点，属于人为约定的交易规则，其中最核心的两条规则是保证金交易制度和交割制度。保证金交易制度就是我们常说的杠杆，正是因为有了杠杆，才让交易方有了“亡国灭种”的风险。没有杠杆的股票，只要不退市，持有人就可以一直持有。不管价格如何下跌，股票持有方都可以选择不卖，死扛到底，也就是说，多头理论上可以立于不败之地。不过，不败不等于必胜，有可能你持有一辈子，股价也涨不回你的成本价。而有了杠杆的期货市场上，参与者却极有可能因为不“投降”而最终爆仓甚至穿仓强平，在经济意义上惨遭“亡国灭种”。由此可见，加了杠杆与做空机制的融资融券交易，实际上也是一种特殊的战争。

在这里有一个很多交易者没有想明白的误区，那就是做多天然地比做空有优势，这种观点某网红大佬交易员也表达过。这么想的理由不外乎一点：价格上涨是没有天花板的，但是下跌总不可能跌到零。但是事实上，我们在 2020 年就见证了原油负价格。在大多数时候，多空之间的这种空间优势并不会对交易的结果产生多大影响。**最多从宏观的角度分析，做多的空间大于做空的空间，但是这从来不是我们做多某个品种的理由**。

我们国家有几千年的历史，军事理论不计其数。但是，中国人在期货交易中却屡犯低级错误，在国际市场中多次被外国资本狙击，损失惨重。比如当年的中航油事件，较近的联合石化期权事件、原油负价格事件等。最核心的原因是我们并没有意识到期货交易是一种特殊形式的战争，对期货的残酷性、阴谋性、欺骗性认识严重不足，还认为它就是一种简单的投资。

如果说保证金交易制度有导致参与者被进攻打到“亡国灭种”的风险的话，那么我们是不是可以不用杠杆，而是使用百分之百的保证金比例交易，就不会被逼仓了？然而，期货的保证金交易制度只是一方面。**除此以外，期货的交割制度也是导致期货交易成为一种特殊形式的战争的重要原因**。交割规则有可能被用来攻击对方，比如多头利用交割规则限制空头的仓单规模。交割本身就导致了交易时所产生的亏损无法依靠时间换回来。如果想移仓到后面的合约上，前后两个合约之间的价格可能会有极大的差距，原本开仓所仰仗的价值回归在后面的合约上可能完全不成立，而且原来的对手盘也不一定会愿意到后面的合约上再来一次。如果时间到了不平仓，交易所可以罚到你倾家荡产，而平仓的话就必须接受浮亏变成实实在在亏损的结果。总结起来，就是以上两大交易规则决定了期货交易可以轻松分出胜负。

综上，决定普通战争胜负的是物理法则，靠物质世界保证运行。决定期货交易胜负的是交易规则，靠交易所背后的国家机器保证运行。战争和期货交易在这一点上极度类似，都有其分出胜负的依据。

2. 影响战争和期货交易结局的三大人为因素相同

普通战争的胜负，总结起来至少有三大决定性的人为因素，并不单纯取决于兵力强弱。

首先是兵力的强弱。兵力包括士兵的综合素质、数量以及物理装备。虽然战争史上有很多以少胜多的例子，比如项羽破釜沉舟的故事里，影响最后结局的主要是将士们的战斗意志；又比如四渡赤水中，影响最后结局的最重要的因素则是尤其决策者的军事指挥水平。但是兵力的强弱在很多战争尤其是现代战争中都起到了决定性的作用，我们用极值法就可以简单知道其中的原理。假如当今第一军事强国美国攻打欧洲小国梵蒂冈，在不考虑其他外界因素的情况下，不用说，战争会在极短的时间内结束。

在期货战争中，多空双方的资金实力大小，实际上就是其兵力的强弱。资金规模大，在市场上的话语权就足，在行情中的影响力也大。但是，大资金也有大资金的烦恼：一是对手盘不好找，比如某个富豪拿着几百亿元的资金做期货，一进场就会掀起滔天巨浪，几乎很难找到对手盘；二是船大了不好掉头，资金规模大的话，进场本身就不容易，要想在市场里面波澜不惊地调个头就更难了。

而就算是同样规模的资金也依然会有强弱之分。你的一百万元是东拼西凑花高成本借来的，非常不稳定，稍微遇到一点风险就可能崩盘。而人家的一百万元是自有的闲钱，稳定且成本低廉，抗风险能力就强。所以这就是在一波行情里面，逆市的散户们前赴后继，其资金规模加起来就算强于对手方却依然打不过的原因。胜负的结局在一开始可能就已经注定了。

其次是决策者的水平。决策者的水平在战争中起到的作用也是巨大的。遇到一个草包指挥官，就算手握百万之师也无法充分发挥部队的威力。而厉害的军事指挥官则能发挥以一当十的震撼效果。这种故事随便翻一翻史书都能看到。在期货交易中，决策者的水平，则体现在对行情的分析、进出场策略的制定等方方面面中。唯一比较特别的就是，在期货交易中决策者和执行者往往是同一个人，这会更加考验交易者的水平。好的交易者，可以让自己的交易在极高的确定性、极小的风险、极大的收益中进行。而菜鸟交易者，则往往是以大博小，冒着“杀头”的危险赚那一分一厘。

最后是士兵的战斗意志。意志对战争结局的影响同样巨大。远有楚汉争雄时项羽的背水一战，近有我国抗美援朝的封神之战——上甘岭战役，都是顽强战斗意志左右战局的完美论据。在期货战争中，这样的例子也不少。这几十年的交易历史中，大多数逼仓行情都是战斗意志的较量。

事实上，战斗意志在交易中往往表现在扛单上面。**从实践来看，散户的扛单能力其实还是很强的，但是散户一般只能扛亏损单，对于盈利单反而拿不住**。这里有比较深层的交易心理学上的原因。由此可见，散户其实也是有非常强的战斗意志的。

在普通战争中，兵力的强弱、决策者的水平、士兵的战斗意志三个因素要排序的话，一般是兵力的强弱先于决策者的水平，而决策者的水平先于士兵的战斗意志。在期货战争中分析宏观行情时依然是这个顺序，但是对于参与交易的个人来说是有区别的，其排序应当是决策者的水平先于士兵的战斗意志，士兵的战斗意志先于兵力的强弱。

决策者的水平决定了其判断行情方向的能力。而找准行情方向可以说是决定最终胜负的关键。**一笔交易如果大方向是对的，技巧就变得不那么重要了。因为就算面临暂时的浮亏，通过扛单也能扛回来。而如果交易方向错了，那么扛单只会让交易者走向更加黑暗的深渊**。对于普通散户而言，资金的规模无论有多大，都无法对行情产生持续性的影响，也无法间接影响到其他参与者对待行情的态度，所以自身的兵力规模并不重要。

在具体的实践中，以上三个因素中究竟哪一个因素在行情中起到了决定性作用，需要具体问题具体分析。作为一名理智的期货交易者，最完美的选择就是同时在以上三个因素中占据优势，再不济也要保证至少在决策水平、战斗意志上取得优势。

3. 战争和期货交易都无法完全消除不确定性

在前面的内容中，我们总结了影响战争和期货交易结局的三大因素，这三个影响因素的核心都是人。但其实除此之外，还有一个普通战争和期货战争的参与者都无法掌控的重要影响因素，那就是不确定性。

可以说，不确定性只能被减小而无法被消除。在现实战争中，一份无意中截获的情报、一颗随意打出的炮弹、一件看似不起眼的小事，都有可能瞬间改变战争的局势。比如三国里许攸投降曹操，带去了袁绍粮草囤在乌巢的情报，瞬间就扭转了曹操的不利局势，但是许攸之所以投降却是因为几件小事。

期货交易中的不确定性体现在一些突发事件上，行业内一般称之为黑天鹅事件，比如突发自然灾害、人为失误导致的重大生产事故、收盘后颁布的行业管控政策等。这些事件对于交易者来说是不可控的，我们在设计交易系统、制订交易计划的时候都要为不确定性留下弹性空间，尽可能地减小不确定性对交易产生的影响。

综上，不确定性也是战争和期货交易的核心特征之一。

战争与期货市场的运行原理非常相似

1. 双人对决与单组对手盘交易的比较

要研究两种事物的本质、相似度和相关性，最好的办法就是从微层面处进行比较。

战争的微观形式表现为单兵对决，即敌我双方一对一搏斗。在单兵对决中，无论双方使用什么样的武器，采取什么样的策略，都是为了一个目标，即物理消灭对手或者打伤对手。打伤对手的终极目标也是消灭对手。在一部非常经典的狙击手电影《兵临城下》中，就展现了这样精彩的一幕。在单兵对决中，决定双方胜负的影响因素，最核心的依旧是兵力强弱、决策水平和战斗意志。而不确定性也偶尔会横插一杠，跳出来影响最终的结局。

这种对决在战争中的表现形式比较明显具体，而在期货市场中则相对比较抽象，因为这里的有生力量是用资金权益来衡量的。我们试用一组对手盘来举例。

假设有一个刚上市的新合约，基准价为10000元，多空双方资金规模相等，各自拥有开仓10手的资金量，杠杆都为10倍，为了方便举例我们不设置涨跌停板。如果多头试探性地报出了一手报价10000元的买单，空头不挂出报价低于或者等于10000元的卖单，此时是不会成交的。我们姑且假定空头也挂了报价为10000元的空单，那么此时就成交了一笔。目前看多空双方实力相当，他们有打败对手的可能性吗？

答案是有的。如果多头足够快，在11000元的价格挂出多单，同时再挂出11000元的空单，这两笔单子会立马成交。根据连续竞价制度，此时的现价就变成了11000元，到这里空头什么也没干，莫名其妙地账户上就亏损了10000元。原本能开仓 10 手的，现在只够开仓 8 手了（价格涨了，保证金也涨了）。如果空头继续不抵抗，多头可以在 12000 元的位置，将刚才自成交的那 2 手持仓平掉，现价变成 12000 元。多头除了花掉 4 手开平仓的手续费以外，没有付出其他成本，就让空头产生了 20000 元的浮亏，自己产生了 20000 元的浮盈。如果成交的价格更高，可以直接将空头打爆仓，让期货公司将其强平，自己再顺势跟着平仓，将浮盈兑现。

通过上面的例子我们可以发现，自成交可以在一定程度上操控价格，相信大家也明白了交易所为什么禁止自成交。但是，真正的主力资金可以利用网速优势，通过分仓甚至跨品种对冲来进行以上类似的操作。

刚刚的例子里面，且的资金实力也就是兵力强弱一开始是一样的。空头可以防守吗？答案是可以的。主要手段就是不给多头自成交的机会。具体来讲就是直接在成本价及其以下挂单，比如直接以 10000 元的价格挂出所有的空单，这样由于多空双方实力完全一样，你打不过我，我也打不过你，最终平手。由此可以得出结论：兵力完全相等的两方，如果不存在网速差异，且双方智商都比较正常的话，在不考虑不确定性的情况下，战斗结果是平手。

综上，战争中的双人对决和期货市场的单组对手盘交易运行原理基本类似。双方的战斗结果极大程度上取决于对抗双方的个人作战能力，受决策水平和战斗意志的影响相对较小。

2. 多人对决与多组对手盘交易的比较

前述例子中，我们实际上采用了最常用的极值法进行分析，那么现在我们适当增加参与对抗的成员数量，再来看看会发生什么变化。

我们可以发现，多人对决首先会出现相互配合的策略。人与人之间的认知、心理、意志等情况是不完全一样的，当一群人组成了一个队伍之后，我们就能在其中看到计谋的作用。哪一方的策略更有效，抓得住对方的弱点，哪一方就有可能抢得先机。而哪一方的队友配合得更紧密，哪一方就更难被击倒。在多人对决中，指挥官的决策水平和团队的整体战斗意志对战局的结果影响开始加大。

在期货市场中，如果有很多组对手盘，我们可以看到更为复杂的情况。多空双方可以通过造势，将对手转换成队友。其中参与者的资金实力不会完全一样，**当比**

较强势的一方以相对优势攻击另一方时，其他理智的参与者则会选择加入强势这一方，对原本就弱势的一方施加更大的压力。我们就能看到强势一方的优势变得更大，就像滚雪球一样。这实际上就是舍价取势的底层逻辑，在后面的部分我会详加描述。这里需要指出的是，期货交易参与者的战斗意志，尤其是散户的战斗意志是极其不坚定的，强势一方甚至可以通过一些手段迅速瓦解散户的交易信念。其中指挥官的决策水平和团队的整体战斗意志可以极大地影响战局，初始的战斗力强弱已经不是那么重要了。

综上，多人对决和多组对手盘交易已经有了战争的雏形，满足了负和博弈、不完全信息博弈、非序列动态博弈的基本条件。

3. 宏观战争与大量对手盘交易的比较

在宏观战争中，作战的双方为了获得胜利往往无所不用其极：各种眼花缭乱的计谋，甚至使用诸如细菌弹等反人类的武器……从信息战、心理战、金融战、网络战甚至发展到核战，都是有可能的，一切以获得最终胜利为最高目标。

在期货市场的对手盘交易中，我们同样可以看到各种花里胡哨、毫无底线的做法，炸厂、拔网线、请“裁判”下场拉偏架，甚至将战争的火焰烧到交易所之外，比如给对手盘的主力寄子弹和带血的刀片，这些都是曾经发生过的事件。有兴趣的朋友可以了解一下全球期货市场的历史，你会发现每一个期货交易所背后都是一部血腥的战争史。

现实战争与期货交易的不同之处

现实战争与期货交易当然也有一些不同之处，这些不同之处都是次要矛盾，并不能改变两者的本质。下面重点比较一下两者较为明显且有用的区别。

1. 阵营转换的难度不一样

在现实战争中，参战者想从一个阵营叛变到另一个阵营相对来讲是比较困难的，其中包括道德成本、叛变后是否能得到原敌方的信任等问题。在期货交易中，想要叛变是非常简单的，只需要平仓即可，因为平仓的单子下到场中，就完成了身份的转换。如果我们平仓之后再反方向开仓的话，那就等同于在曾经的友军背后又补了一刀。

2. 有没有总指挥官

期货交易和现实战争最大的区别，就是是否有总指挥官。在现实战争中，哪怕是由多国临时组建的部队，也依旧会设立总指挥官以及附属的指挥机构；而期货市场上参与战争的多空双方都是没有指挥官的。如果有的话，这个“总指挥官”往往会被判操纵证券、期货市场罪。我们可以试想一下，一个资金实力非常雄厚的机构，手下一群非常专业的操盘手和分析师，在市场上振臂一呼，联络市场上其他的参与者要发动一轮行情。这样的存在在市场上有谁敢做它的对手盘，它又将会在市场上引发怎样的行情海啸？

3. 参与者之间的联系度不一样

在现实战争中，己方阵营的所有参与者，其信息共享程度相对较高，情报、资源等往往是共享的，总指挥官的命令可以迅速通达全军。在冷兵器时代，部队就已经能通过飞鸽传书、烽火狼烟等方式迅速传递信息。在期货交易中，就算是己方阵营的交易者，通常也都是天南地北，相互之间并没有联系。他们之间之所以会在同一时间、同一品种、同一点位做出相同或者类似的交易动作，往往取决于一个金融行为心理学原理，我称之为“不约而同”。这也是期货市场趋势诞生的真相，后面章节中会详细讨论这个问题。

4. 战争的持续时间不一样

现实战争持续的时间往往比较长，而且不会有人来规定战争的结束时间，它的结束，往往要分出胜负或者至少要签署停战协议才行。而期货交易的结束是有规则约束的，一个合约交割完毕，可以被视作战争的结束。有的时候，在合约进入交割月之前，多空双方的主要参与者已经双双减仓，战争也可以宣告提前结束，剩下的，都是一些菜鸡互啄。早年期货市场还允许多空双方协议平仓，这也是一种结束期货交易的手段。随着市场越来越规范化，这种情况已经很少见到了。不同于现实战争的是，期货交易可以随着合约的轮换，一轮又一轮，永远进行下去。

总 结

经过前面的比较我们可以发现，期货交易与战争在本质上几乎完全相同，根据我最推崇的“得意忘象”的指导思想来看，期货交易就是一种特殊形式的战争。由此，我提出了期货战争理论，以此研究期货原理，解释期货现象，指导期货交易。期货战争理论包括如下四部分的内容：

一是期货的战争观。用战争的眼光重新审视期货的所有要素，诸如价格、持仓量、仓单、交易系统等，目的在于重塑交易者的期货观，摒弃以往用基本面或者技术面等解释期货市场的方法，帮助交易者更加正确地认识到期货交易的本质。关于这一部分，我总结起来称之为：期战相形。

二是趋势形成原理。当我们明白了期货交易的本质是战争之后，接下来需要了解和掌握的，便是期货战争到底是如何打响的，运行机制是怎样的，价格是如何形成的，什么是趋势，什么是主力，如何分析趋势的强弱。诸如此类的问题，便是这一部分重点解释和阐述的对象。关于这一部分，我总结起来称之为：势因利导（具体内容可阅读本书第 2 部分）。

三是行情分析方法。当我们明白了期货交易的本质以及市场的运行机制之后，接下来的重要工作，就是用科学的方法去分析行情，为后面落实到具体交易做准备。我们可以根据期货的交易规则，用归纳法、极值法、演绎法等多维手段，按照科学的步骤，突破行情的表象，分析背后主力的真实意图。关于这一部分，我总结起来称之为：得意忘象（具体内容可阅读本书第 3 部分）。

四是交易指导思想。有了行情分析的结果，我们应该制订何种交易计划？如何确定进场位置？如何设置止损止盈位？如何提高成功率？如何提高资金使用效率？如何科学合理安排仓位？如何降低账户回撤？这些问题的答案，都是围绕交易的指导思想来确定的。关于这一部分，我总结起来称之为：舍价取势（具体内容可阅读本书第 4 部分）。

第二章　期货市场中的交易者

当大家在期货交易本质的认识上没有分歧之后，我们就可以着手解构期货战争的各个环节，研究其规则与规律。首要问题，就是分析参与期货交易的各种类型的交易者有什么特点、各自的优势与弱势在哪里。

截至2024年6月末，我国的期货市场有效客户总数为233万个。不同类型的交易者参与到不同的品种中，该品种的走势会出现独有的特性。研究它们，有助于扩大我们在交易中的信息优势与策略优势，进一步帮助我们取得交易的胜利。

下面我们按照不同的分类方式，对期货市场的交易者进行分类。

按专业水平划分

以专业水平为标准来划分期货交易者，约等于用资金规模来划分，因为专业水平越高，资金规模往往也越大。资金规模大小其实就是兵力强弱，当然，这里指的是初始资金，因为兵力的多少随着交易的进行在不停发生变化，小资金量有可能成长为大资金量，散户有可能变成大户。便宜的期货品种只需要数千元的保证金，当年我还交易过只要800元一手的玉米。

一般来说，我们可以按照专业水平的高低将参与期货交易的交易者分为三类，分别是散户、大户、机构。

1. 散户

散户的第一个特征是小。他们的资金规模多在百万元以下，这个定义其实是不太精确的，因为很多拥有几百万元甚至上千万元资金量的交易者，也可以叫作散户。比如那种拿着很多钱到市场上想要证明自己的富二代交易者，之所以也称之为散户，是因为他们的不专业。正常情况下，是因为散户的资金规模小，在交易中拥有极高的灵活性，俗称“船小好调头”。

散户的第二个特征是单兵作战。这里的单兵与资金规模无关，而是指交易者本人通常是个人独立决策，没有交易团队。有的交易者甚至连自己的交易间和电脑都没有，就在手机上完成交易。我为何在这里要特别强调交易间呢？是因为我认为基础设施对于交易者来讲是必需品，用电脑操作更加专业，面对突发行情可以迅速做出反应，而专用的交易间则更有交易的氛围。

散户的第三个特征是交易的基础逻辑比较杂。散户里面有采用各种理论指导交易的交易者。有看基本面、消息面、技术面的，甚至有搞玄学、赌大小、修仙悟道的，可以说是八仙过海各显神通。但是，这也恰恰说明了他们的不专业。他们虽然什么东西都愿意去尝试，也非常努力，但是没有认识到期货交易是战争这一本质。如无法用正确的理论和方法指导交易，则很难在其中获得优势地位。

散户的第四个特征是他们的抗风险能力极低。他们的本金一旦亏损会严重影响正常生活，他们之所以来参与期货交易正是为了改善自己的生活，甚至有很多散户是想通过期货交易来逆天改命，完成阶层跨越的。但是散户由于抗风险能力极低，试错成本极高，会出现各种各样的心态问题和交易问题，具体表现在拿不住盈利单、亏损却死扛等方面，容易出现逆势开仓、恐高恐低等现象。更有甚者，遇到大亏损爆仓或者穿仓之后还会有明显的PTSD（创伤后应激障碍），这里其实也从另一个角度证明了期货交易是战争的论断。

2. 大户

相较于散户，大户的资金规模要大得多，通常在数百万元到数千万元之间。此类人通常都是商界的精英，在他们各自精通的行业和领域挣到了大钱，到期货市场来通常是为了让自己的资产保值增值。当然，其中也有一些人是在期货市场中变成大户的。

此类人在最初的时候和散户具有一样的特征，但是他们能在自己的行业做出一番成绩，证明都不是等闲之辈，在经历过市场的毒打之后，会有一定的变化。例如寻找专业的机构或者团队来管理自己的交易，有的还会直接投资期货类的私募基金。这些人进行期货交易，一般不会把自己所有的资金一股脑地拿到市场中来，再加上其本身属于高收入人群，所以抗风险能力也比较强。

大户一般有自己的工作室，有的甚至会成立自己的私募基金公司。大多数大户也有交易团队，只是团队成员的数量和专业水平与机构比起来还有一定的差距。较次一点的大户也有多个操盘手为其服务。

比较独特的是，他们在交易中很难相信技术派的东西，反而对基本面分析和消息面情有独钟。根据我的分析，这极有可能和大户们起家的原因有关。他们可能在自己擅长的行业和领域，通过信息优势或者人情关系优势获取了自己的第一桶金，对自己成功的源头自然深信不疑。同时，由于他们在社会上积累了一定的财富，比普通人拥有更多的资源和渠道，所以可以更加容易地获取到某些所谓的内部消息。

除了基本面分析和消息面，大户们也是量化交易的拥趸。有钱的人大多有一个非常好的优点，那就是善于学习和取长补短。他们本身可能学历不高，但是却非常尊重那些掌握了知识的人。科学技术是第一生产力，他们恰恰非常善于利用掌握了第一生产力的人。所以当新技术出现时，他们的态度是积极的、包容的、开放的，就算自己不懂，也愿意投钱去尝试，并且就算投资失败，也不会伤筋动骨，所以，他们拥有极低的试错成本。

3. 机构

光看名字，我们就能发现机构的主要特征："团伙作案"。机构在期货交易中是明显处于优势地位的。上一章我说到了影响战争结局的决定性因素：兵力的强弱、决策者的水平、士兵的战斗意志。这三个影响因素，机构相比于散户来说几乎都拥有绝对的优势。

首先看兵力的强弱。机构的资金规模通常是散户的数十倍甚至百倍千倍。《孙子兵法》云：十则围之，五则攻之，倍则分之。散户和机构这种兵力差距无疑能惊掉孙子的下巴。如果单挑的话，面对这种极端的兵力差距，散户只能被碾压。另外，散户的资金通常是有极高的资金成本的，有的是自己的"老婆本""棺材本"，有的甚至，使用信用卡、借贷资金来交易，到后来他们可能连资金利息都付不起，更别谈承担本金亏损的风险了。而机构除了资金规模大以外，资金通常是投资人的闲钱，使用成本很低，也没有“亏损了就无法翻身”的心理压力，这种区别无疑进一步拉大了散户和机构之间的兵力差距。

其次是决策者的水平。相较于单兵作战的散户，机构的分析团队也具有碾压性的优势。在机构中任职的团队成员，大多数学、金融、经济学、计算机等学科的专家，他们要学历有学历，要能力有能力，在读书的时候是学霸，参与到交易中也是佼佼者，研判行情的时候可以系统、全面、科学地进行分析，并且能给出合理可行、风险可控的交易方案。如果再有人工智能等高科技的加持，他们在市场上的优势是非常明显的，谁胜谁负不必多言。

最后是士兵的战斗意志。机构扛单肯定是比不过散户的，这一点不得不承认。散户做错了会被对手盘消灭，被抓住破绽的机构一旦做错了也会被对手盘消灭。再加上机构略显庞大的体量，想要在弱势中抽身更加困难。所以机构除了决策相对稳妥以外，接受失败的时候也是非常果断的，态度好、速度快，手起刀落，令人钦佩。但是这里的战斗意志并不仅仅是扛单，很多时候更重要的是对待盈利的态度。**散户是明显的只能共患难不能共荣华，亏损单可以扛到天荒地老，盈利单则往往让他们寝食难安，很难久持。机构在这一点上就不一样了，它们充分贯彻“宜将剩勇追穷寇，不可沽名学霸王”的思想，对待盈利的持仓能力远胜于散户**。长期以来，我们讲斩断亏损，让利润奔跑，散户这种输得起但是赢不起的南辕北辙般的坚强意志，给人一种看似殉道实则炮灰的悲壮，此一局依旧是机构完胜。

在以上的分类中，散户在大户和机构的面前，看起来是毫无赢面的。同是散户一员的我，曾经很长一段时间，面对这种极端的实力差距有一种深深的无力感。以至于我多次发出灵魂拷问：散户在市场上众多的、强大的敌人面前真的有胜算吗？

在集资金优势、技术优势、信息优势于一体的机构面前，我们打不过但是可以选择加入。毕竟期货交易只有两个阵营，多空中哪一个阵营更加强大，获胜的可能性更高，我们就加入哪一个。那么，交易的难点就从缩小自身与机构之间的实力差距转变成了如何判断多空两个阵营的强弱，难度一下子就变小了很多。

按交易目的划分

如果按照交易目的来划分，期货市场的参与者只有两种，就是套保者和投机者。对于套保者来说，其目的主要是转移价格波动风险。而对于投机者来说，其目的则是赚取差价。参与交易就是他们为了达到各自的经济目的而开展的暴力行动。下面分别展开说说。

1. 套保盘

套保就是有现货生产背景的企业，为了锁定生产成本或者销售价格而进行的一种操作。套保又分为买入套保和卖出套保。买入套保是对应商品的下游厂商在市场上买入开仓，同时等待到期之后平仓，再在现货市场买入等值现货，或者直接选择交割。卖出套保则是对应商品的上游厂商在市场上卖出开仓，同时等待到期之后平仓，将自己生产的等值现货在现货市场完成售卖或者直接选择交割。

回顾期货市场的发展史可以发现，**期货交易最开始就是为了套保而产生的。随着交易市场的发展，以前期货战争中的主角，反而成了配角。市场里随便一个品种，一天的成交量就可以超过其持仓量。**

买入和卖出这两种套保理论上是可以自成交的，貌似不需要投机盘的存在就能各取所需，转移价格波动风险。然而现实中，买入和卖出套保的规模不可能完全一样，两者的缺口无法调和，并且如果光有套保盘而没有投机盘的话，交易之后几个月都不动，价格的连续性就成了一个大问题。市场上需要有其他的参与者来保证交投的活跃度和价格的连续性。

我们可以发现，当价格高于该品种的生产成本时，卖出套保盘将成为坚定的空头。然而它们并不能以此获取超额收益，只能获得相对稳定的产品生产价差。因为它们每抛出一手空单，则必须有等于一手空单的实物在未来被生产出来，并且理论上每卖掉一手同等数量的现货，就应当平掉一手空单。**如果套保盘的数量超过了其对应的实际产能，则会出现套保变投机的情况，此时套保的厂家超额成交的那些持仓，就变成了投机盘，依旧会承受市场价格波动风险。**

在实践中，套保盘背后的这些现货厂家由于有多年的现货交易经验并掌握着大量的生产资源，长期在期货市场上进行一些套保变投机的行为。事实上，他们没有意识到套保变投机所带来的巨大风险，一旦玩脱了，就会给自己带来灾难性的后果。以卖出套保为例，企业能够高价套保往往意味着其正在经历一段非常大的上涨行情，在套保的时候，风险是固定的、有限的。当套保规模超出实际产能，风险就变大了，而且是单方向裸露的风险。加上这种持仓往往都是逆势单，如果此时的浮亏导致了企业现金流或者产能供应出现问题，被交易对手察觉从而进行逼仓的话，就很难善了了。近有青山控股伦镍逼空事件，远有 PTA 生产厂家华联三鑫折戟 0801 合约的前车之鉴。感兴趣的朋友可以自行查阅相关资料。

从交易的方向考虑，在不同的行情中，套保盘对行情的影响是不一样的。以卖出套保为例，当价格处于上升趋势时，卖出套保会平抑价格；而当价格处于下跌趋势时，卖出套保则会加剧下跌的力量。在市场上我们经常可以看到价格接近甚至已经低于企业的生产成本了，这些企业还在疯狂地卖出套保。这是因为当产能过剩时，行业内卷就成了必然，整个产业的行情必须等到多出来的产能降下去或者需求升起来才能达到新的平衡。这个过程是非常漫长的，比的就是谁更能熬。那么，市场上谁先卖出，谁就能以更高的价格优势抢到自己想要的套保持仓，就更有优势在未来的行业冬天中生存下来。

2. 投机盘

投机者目前已经成为市场中的主要参与者，而他们其实是可以再次进行细分的。我们前一种分类方式中的散户和大户基本上都可以归类到投机者中，但机构却无法被准确地归类为投机者或者套保者。

投机盘的第一个特征，是单边裸露的风险。套保者之所以风险小，其实就是因为其实质上是在多空两边下注，两不得罪。而投机盘就不一样了，不管采用何种形式的交易方式，只要净持仓是朝同一个方向的，就会形成单边裸露的风险。有风险本身并没有什么问题，重点是如何管理风险、控制风险、转移风险。交易者本来就是靠风险挣钱的。

投机盘的第二个特征，是整体的无序性。投机盘背后的交易者，分布在全国各地，大多数时间呈现一种无组织、无联系的状态。只有当某些品种的趋势（这里说的趋势是指期货战争理论所定义的趋势）出现时，他们才会在一定时间里形成联动，具体的运行原理请参看本书第 2 部分。所谓的“二八法则”，期货交易也不例外。投机盘整体无序的行情占据了市场整体行情的 80%以上。由于整体无序在交易中占据的比值太大，以至于有些期货理论无法抓住行情运行的主要矛盾，最后会得出价格完全随机的结论，例如随机漫步理论。而期货战争理论要解决的就是抓住这有序的 20%的问题。

投机盘的第三个特征，是整体等于市场的期望值。前面讨论期货战争的本质时，我们已经知道期货战争是一种负和博弈。市场上参与者们的整体数学期望值，一定是小于零的。对于期货战争这种非序列动态、不完全信息、负和博弈来说，其中的参与者是没有最优解的。用通俗的话讲，就是市场上不会出现稳定盈利的策略，如果有，也会迅速被市场消灭。这也是为什么我们说期货市场上明星很多却不见寿星的原因。这个问题后面也会进行详细讨论。

按做决策的对象划分

所谓做决策的对象，是指交易者在交易过程中决策的决定者（并非执行者）。总结起来大致分为主观交易、量化交易、人工智能交易三种。

1. 主观交易

主观交易指交易者根据个人的专业知识、经验、心理与直觉判断等，自己做出投资决策的一种交易方式。

主观交易的主要特征，就是分析的标准不确定。比如无法给一段行情趋势以精确的定位。在雷同的走势中，同一个交易者在同一个位置、不同时间给出的交易观点可能会截然不同。例如“逢高做空、逢低做多”这种话，什么是高、什么是低本身就是见仁见智的问题。

主观与客观是一对反义词，我们长期接受的教育告诉我们看问题要客观地看。这导致在很多交易者眼中，主观交易成了一个贬义词，潜台词约等于“错误”“片面”“偏见”，用主观思想来指导交易就会亏损。但是，以期货战争理论的观点来看，这种观念是一种偏见。

我们可以看到的是，大多数散户交易者都是主观交易者。这些散户不具备专业的交易能力，所使用或者依仗的交易逻辑，通常也是有严重的缺陷的（例如技术分析和基本面分析）。并且，由于他们没有正确认识到期货交易的本质是战争，对期货交易的残酷性和难度没有概念，无法正确应对市场风险，加之他们的交易信条是寻求稳定盈利，在负和博弈的负期望值以及大数法则的作用下，长期参与交易最终的结局一定是亏损，因而让人有了一种“主观”不行的感觉。

实际上，与主观交易对立的所谓量化交易同样会存在上述问题。**在长期交易中，量化交易同样无法获得数学期望优势，长期下来依然会亏损，只是因为量化交易在止损等方面比主观交易表现得更好，给人一种量化强于主观的错觉**。为什么我们当前对量化交易有一种在市场上大杀四方的感觉呢？那是因为目前整个市场的增量很充足。通俗来说就是“新韭菜”还在不断地生长，不断有新的交易者参与进来。当我们的市场发展到后期，市场上不再有增量参与者，而原有的散户被消灭殆尽的时候，量化交易的边际效应就会显现，到时候就一定会出现80%的量化交易是亏损的结果。

战争的三大人为影响因素里面有“两个半”都与人有关。包括决策者的水平和士兵的战斗意志，剩下的“半个”就是兵力中士兵综合军事素质的部分。我们结合期货交易来看，可以说人是唯二（另一个是不确定性）决定交易结局的因素，其重要性不言而喻。主观交易没做好是因为进行主观交易的人本身存在问题。例如没有使用正确的理论指导期货交易，没有正确地筛选出交易当中的有效行情，没有正确地制订和执行交易计划。这几大问题，既是主观交易存在的问题，也是期货战争理论需要解决的问题。实际上，一个合格的期货战争理论派交易者，应当是兼具主观与量化思维的。

2. 量化交易

量化交易的最大特点，就在于决策的定量化。怎么样算是上涨趋势？怎么样算是下跌趋势？怎么样算是震荡？什么时间进场？什么点位进场？量化交易都能给出明确的标准。而如果是主观交易的话，就只会说在某个时间段进场，在某个价格区间进场，里面有主观感觉的存在。

以上主观交易和量化交易的区别，是以决策方式来对比的。我们抓住这个核心的话，可以发现，交易的执行者不一样，就可能会得出不一样的分类结果。如果一个交易者使用程序化（量化）进行交易，但是又不完全放心程序的运行，长期监控程序的执行情况，在遇到某些行情的时候，他就会主动且频繁地干预程序。这种情形，我认为实质上只能认定为主观交易，尽管它披着量化交易的外衣。

还有一类交易者，他使用纯手工的方式进行交易，但是对于趋势的判定标准、进出场点位与时间等，都有非常精确的定义或者计算方式，只要他在交易的时候严格执行了这些操作，我们都应该将其认定为量化交易。这种抛弃形式取其本质的分类方式，其实也是本书后面会着重阐述的“得意忘象”的思想。

总结起来，市场中的量化交易者以机构或者交易年限较长的交易者居多，他们大多已经有了自己成熟的交易系统，做交易的主要任务，实际上是在与负和博弈的负期望值做对抗。当然，如果我们从期货战争理论的角度来看，他们最终的结局就是失败。

这里不得不说量化交易与程序化交易的区别。程序化交易可以说是量化交易的一种。我们说过，量化交易的核心特征就是将交易的所有内容定量化，程序化交易里面的所有东西都是被定量化过的，所以程序化交易包含在量化交易之中。而那些没有使用计算机程序来执行或者辅助的交易方式，只要它以定量化为核心，都可以将其称为量化交易。

有的交易者认为，程序化交易具有交易速度快的特点，但是本书认为这不能成为量化交易的核心特征。因为如果具有了主观意识的人工智能交易出现，则意味着主观交易也有了超快的交易速度。

3. 人工智能交易

可以将人工智能交易理解为程序化交易的高级形式。但是，随着科学技术的发展，人们对于人工智能是否有意识产生了争议。如果人工智能存在意识，则人工智能交易实际上是一种主观交易，只是这个主观决策的来源是计算机。这将是一件非常可怕的事情，相当于战场上出现了一个没有感情弱点且经验丰富又绝对理智的将军。那我们最合理的选择就是做它的战友而非对手。

目前市场上使用人工智能参与交易的规模尚无法得知，但是其发展趋势明显是越来越强的。截至目前，其对市场的影响暂时无法得知。未来政策上对人工智能交易的态度我们也无法预测，不妨“让子弹飞一会儿”。

基于人工智能交易的特点，散户明显没有使用人工智能的能力，现阶段人工智能交易的背后一定是大机构。本书主要是研究散户怎样参与期货交易，我们不得不思考应当如何应对人工智能交易的入局。

按基础交易逻辑划分

基础交易逻辑，实际上就是交易背后的指导思想。怎么认定行情、怎么分析、怎么决策，都靠交易的基础逻辑来支撑。总结起来，目前市场上主流的交易流派有基本面派和技术面派两类，其他逻辑的交易流派占比比较小，所以合称一类。我的愿望之一，就是让期货战争理论派发扬光大，成为超越或者和两大主流交易流派并驾齐驱的期货交易流派。当然这可能带来不好的影响，例如《孙子兵法》的出现导致了后来的现实战争越发地复杂化。或许期货战争的博弈也可能会因为期货战争理论的出现而变得更加复杂和激烈，但那是后话了。

1. 基本面交易

基本面交易者的理论基础是供求关系。他们认为商品的供求关系决定了价格的高低。当商品的供求关系因为某些影响因素的变化变得不平衡而发生相对运动时，价格会朝着相应的方向运动，以使供求关系重新平衡。

在本书的第2部分，我会详细地阐述期货的价格是如何产生的。简单来说有交易者、交易规则、价格三个环节。基本面的供求关系主要处于价格产生环节中的前端，也就是交易者那个部分，可以部分解释价格产生的原因。而技术分析主要处于后端价格的部分。由于这两个理论无法完整地覆盖价格产生的三个环节，存在着缺陷，所以期货战争理论认为它们的科学性都不完备。

配合前面三种分类方法来看的话，使用基本面作为基础逻辑的交易者通常都是大户和机构，主观交易的居多。一波行情赚大钱者会用它，死扛爆仓穿仓者多半也会用它。

2. 技术面交易

技术面交易者的基础逻辑就是技术派三大假设：价格存在趋势、行情会重演、市场行为包容一切。

技术面交易者通常以散户和量化交易者居多，主要通过技术指标指导具体的交易。他们人群庞大，从目前估算应该是市场上参与者中人数最多的一派，总资金规模也不小。不同于基本面的供求关系，技术面交易者常用的分析工具细分的话非常多，主流的有波浪理论、指标技术、时间周期等，非常冗杂。技术面交易者的基础逻辑问题非常明显，后面我们会详细讨论。

3. 其他逻辑交易

使用其他逻辑指导交易的就是些玩花活的了，这个人群在交易中占比其实还不小。比如使用反向跟单逻辑进行交易的，纯凭感觉压大小交易的，认为交易的核心是仓位管理、与方向无关的。不一而足，此处不再细说。

按交易者持仓周期划分

按照交易者的持仓周期来看，交易又可以分为四类。这四类交易没有明显的划分界限，不同的交易者可能会给出略有差别的区分标准，本书中则以下面的分类为准。

1. 高频交易

高频交易通常指交易者持仓时间小于1分钟的交易，业内有专用名词叫“炒单”。此类交易者最初以人工操作为主。当年炒单盛行的时候，这些炒手通常集中在交易所附近，条件好的购买或者租用附近的别墅，条件差一点的就挤在附近的民房里。

随着计算机技术的发展，炒单的边际效应越发明显。人工炒单在交易效率上的优势逐渐失去，转而被计算机取代。现在的炒单主要以量化交易的盘口算法策略为主。各个炒手之间比拼的是电脑硬件配置、策略水平高低、网速等。他们的服务器通常都放在交易所大楼，与交易所的服务器往往只有几十米的物理距离。

2. 短线交易

短线交易指持仓时间在 1 分钟到 30 分钟之间的交易，且不允许持仓过夜。因为大资金在短线交易中没有优势（体量太大，进出场成本高，对市场冲击大），所以短线交易者通常以散户为主，主要交易逻辑则是技术分析。此类型的交易最终的交易结果主要在于亏损手续费。

3. 波段交易

波段交易则在 30 分钟到一周之间。这一交易周期的交易者除散户以外也有不少的传统量化交易者，因为他们使用的 K 线周期通常是 10 ～ 30 分钟的。也是技术交易居多，最终的结果也与短线交易类似，主要是亏损手续费，不过总体亏损程度低于短线交易。

4. 长线交易

持仓时间大于 5 个交易日的交易者我们统称为长线交易者。进行长线交易的多数是基本面的交易者，也涉及一些套保盘，其主要交易逻辑是所谓的供求关系、价值回归等，其周期通常都是漫长的，所以一般持仓周期也就很长了。有些夸张的交易者甚至看季线、年线做交易。参与长线交易的交易者中大户、机构都有，在散户中鲜有能长期持仓的交易者（亏损单除外）。

按交易位置划分

所谓的交易位置，是指在一段行情中交易者开仓所处的位置。如果开仓发生在趋势产生之前，则称之为左侧；如果开仓发生在趋势产生之后，则称之为右侧。实际上如何定义趋势，本身也是需要讨论的。为了减少争论，我们采用“马后炮”的形式来讨论，也就是用一段已经运行结束的行情来分析。

1. 左侧交易

如图 2-1 所示，在行情还处于下跌中就进行买入操作的这一部分交易者，我们称之为左侧交易者。

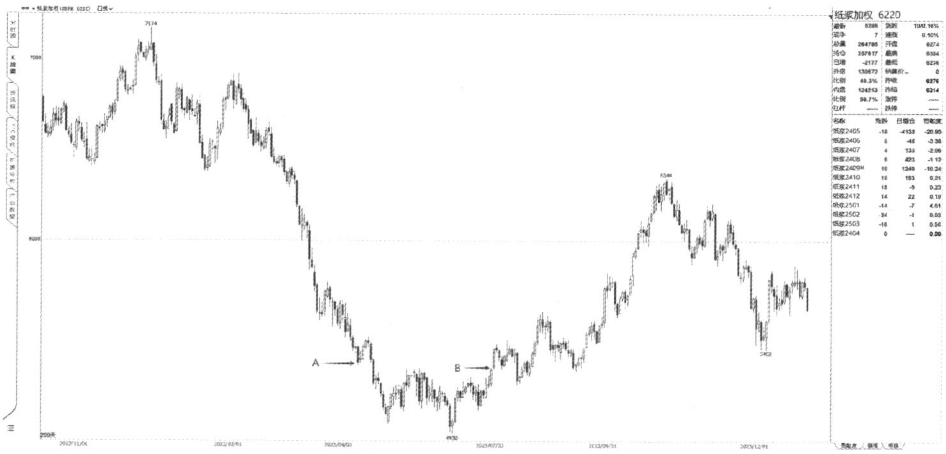

图 2-1　纸浆加权日 K 线图

事实上，这部分交易者并不仅仅是在这段行情中采取类似的操作，而是在所有的行情里面都有类似的行为。我们有个非常标准的词来形容这一行为：“抄底摸顶”。此种分类方法与基础交易逻辑分类法可以并行。例如技术分析派的交易者也包含左侧技术分析派。他们通常采用超买超卖的分析思路，利用的也是一些超买超卖类指标，比如布林线。而基本面派中的左侧交易者，通常则是利用生产成本预判行情的转折点。就我个人而言，我是坚决反对左侧交易的，后面章节中会有详细的论证来说明。尽管有的交易者可能会说，多与空、左侧与右侧正如这个世界的多样性一样，缺一不可，不能偏废，但是，我这个结论是站在散户的角度分析得出的。《道德经》云：“天之道，损有余而补不足。人之道则不然，损不足以奉有余。”散户就是典型的人之道。身为人不遵人道，其不败若何？

2. 右侧交易

相对于左侧交易，右侧交易就是俗称的“追涨杀跌”。这个词在很多交易者眼中都是一个贬义词，给人一种无脑、从众的感觉。我们不妨抛开交易者的站位来分析一下左、右侧交易各自的优劣。

时间成本上。左侧交易相对右侧交易需要更高的时间成本，因为我们无法预估趋势发生逆转的时间，这种提前埋伏进场意味着我们需要消耗一定的时间来等待。而右侧交易则是顺势，往往意味着进场就能盈利，时间成本相对较低。

交易成本上。左侧交易相对于右侧交易可能会获得更低的交易成本，这也是左侧交易者排斥右侧交易的主要理由。但是这个逻辑不是一定成立的。在图2-1中，如果左侧交易的多头在A点以前进场，其成本就高于在B点进场的右侧多头，同时占用了一定的时间成本。

心理成本上。左侧交易者需要承受前期浮亏所带来的心理压力，而右侧交易者则需要承受高进场成本所带来的心理压力。两者心理压力的类型不同，有所区别。

总 结

除了以上的交易者分类方法，其实还可以从其他角度对交易者进行分类，有兴趣的朋友可以自行研究。我们之所以研究不同类型的交易者，实际上是在研究我们自己以及战场上的敌人。孙子云：“知己知彼，百战不殆。”

总结起来，本书的读者应当是以技术分析为主、基本面分析为辅，以主观的方式进行决策，采用右侧的方式进场参与波段及长线交易的投机散户，战略目标是扩大资金规模变成大户乃至功成身退。

而我们所面对的敌人，在不同时间、不同交易品种里面的组成成分是不完全一样的。当这些敌人的组成结构可能对行情产生影响，并且是主要影响因素的时候，我们应当适时分析参与者对行情发展的影响，进而辅助我们做出交易决策。

例如，当套保盘在某个品种里面因为套保变投机而被套住的时候，行情的决定因素就是这个套保盘被套住的程度，以及它是否投降。此时的分析指示诸如基本面、技术面等统统都是为主力资金打败这个套保盘服务的。

第三章　期货要素再认识之价格

价格的期货战争理论定义

价格是期货战争中最重要的要素之一，在这里我们首先对价格给出一个期货战争理论上的定义：**现价是多空双方当前领土的边境线。高于现价的价格是空方的领土，低于现价的价格是多方的领土。**

多空双方在边境线附近各自屯兵，当其中一方发动进攻时，如果对方顶不住攻击，边境线则会跟着移动。如果对方顶住了攻击，则我们只会看到成交量的增加，价格却不会有变化。我们将边境线的变化轨迹记录下来，就成为我们看到的行情图。**在一场期货战争中，我们所要做的，就是守住己方领土，将边境线往对方一边推进，尽可能夺取对方领土。**我们开仓之时，开仓价即成为我们神圣不容侵犯的领土，因为一旦被侵犯，就意味着浮亏。

价格也可以反映敌我之生命线。以一段比较大的上涨行情为例，我们可以看到，虽然随着行情的发展可能老多头会越来越少，但一般来说会有吃到整段行情的老多头，但是空头就不一样了，一段行情走上去，一路上都是空头的“尸体”。

我几乎可以下定论，在合约涨跌幅超过了30%的行情里面，绝不可能出现持有全段行情的逆势单。因为这个逆势单哪怕只有10%的仓位和10倍的杠杆，其本金亏损也将超过30%，一个能遵守纪律且一直只用10%仓位的交易者，也一定不会“头铁”地干出扛保证金浮亏300%的事来，但是顺势单却一定有从头拿到尾的交易者。

从我们开仓那一刻起，我们的开仓价格、仓位、止损位以及心理状态就决定了

我们一定有一条止损线。这条止损线可能是由策略本身决定的，也可能是由我们的心理状态决定的，甚至有可能是由期货公司的强平线决定的。就作战而言，如果我们能洞悉大部分敌人的开仓价、止损价和仓位，便能估计出他们的这条生命线，也就意味着我们一旦拥有资金上的优势，便可以通过打穿他们的这条生命线而获利。

价格的支撑与阻力作用

多空双方的价格领土以“跳”为单位均匀地分布在边境线（现价）两方，其中大部分都是普普通通的价格，它们不会引起大家的注意，犹如现实战争中的普通城池一样。**但是也存在着一些至关重要的点位，它们被谁所掌控则关系着整个战争的胜败。占领这个价格有心理之便、地利之优，失去这个价格有被动之虞、覆灭之险，这也就是我们常说的兵家必争之地。**

期货战争中的兵家必争之地，就是我们所说的压力位与支撑位，战争派将其统称为关键阻力位。这些必争之地是如何确定的，除了受参与者心理的影响，还与一些指标的计算原理有关，甚至和期货对应品种的生产成本等因素也有一定的关系。常见的关键阻力位有如下几种：

一是前高前低。在前面交易者的分类中我们提到了左、右侧交易。对于抄底摸顶的左侧交易者来说，前期明显的高低点，就是重要的参考位，意味着他们会在这些参考位附近进行抄底摸顶。以做空为例，在实际交易当中，有的交易者害怕价格到不了前高点就开始转向，于是他们选择在前高点下面就开始布局空单。还有一部分交易者则认为在前高点以下摸顶性价比不高，就选择在前高点或者前高点之上布局空单。最终他们的空单会在前高点上下的一定范围形成一条阻力带。如图3-1中，三条箭头处就是标准的前高前低阻力位。

而对手盘要想赚他们的钱，就必须吃掉这条阻力带上面所有的空单，同时要有余力将价格推到更高的位置，击穿这条阻力带里面的大部分参与者的止损位，逼他们投降，然后自己在高处顺势平仓。如果刚才我们说的前高前低阻力位被打穿，一般称之为突破，突破之后继续上行，我们就说其是真突破，突破之后立马掉头，我们就说其是假突破。由于战况非常激烈，在这些位置，成交量与持仓量通常都会放

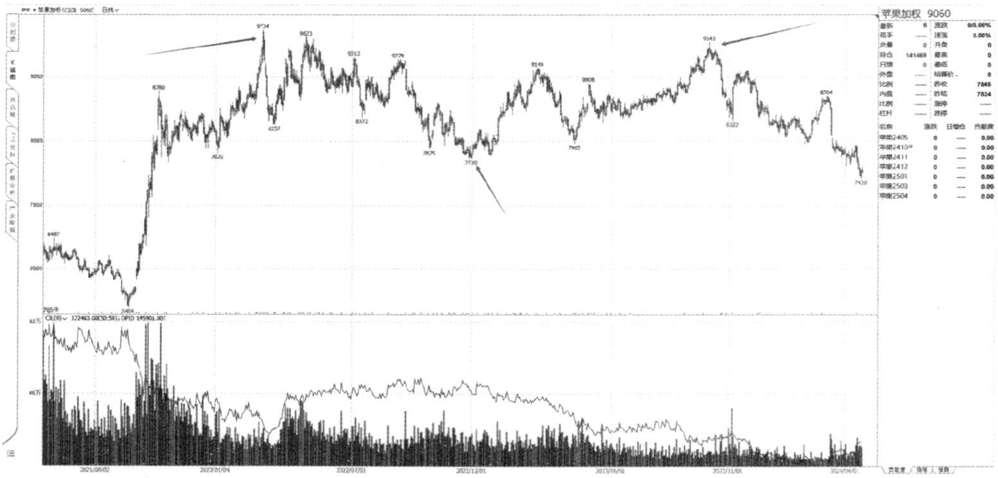

图 3-1　苹果加权日 K 线图

大，至于他们最终的胜负如何判断，还需要具体问题具体分析。

二是指标压力位。技术派交易者作为市场上的两大主流交易者之一，在市场中有着举足轻重的力量。举足轻重虽然不代表高胜率，但却代表着确确实实的影响力。我们如果对号入座的话，会经常看到行情软件上面有很多指标在历史行情中惊人地准确。比如价格回落到某条指数移动平均线（EMA）上（可以说是刚好碰上）即开始反弹，便会有一种这个指标非常神奇、非常准确的感觉（这是典型的幸存者效应，以后会详细说）。技术派交易者受此情况的影响，则会在这条均线附近进行对应的操作，和前高前低类似，在这条均线附近会形成一条阻力带。如图 3-2 所示。

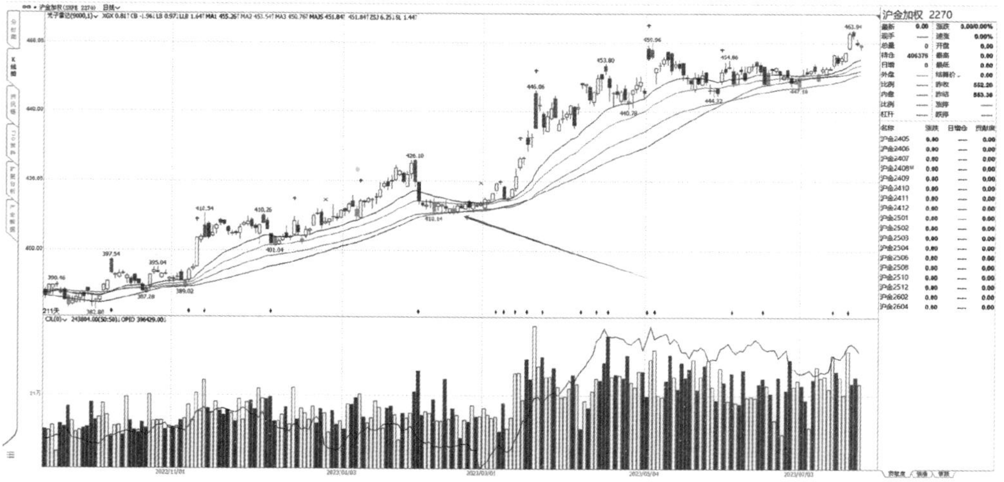

图 3-2　沪金加权日 K 线图

除了均线以外，技术派还发明了很多稀奇古怪的指标，并且格外喜欢画图和数学。他们尤其喜欢在图上找规律，经常利用趋势线、斐波那契、黄金分割、数浪之类的分析方法。所以，在根据这些方法推论出来的点位附近，一般也存在强大的抄底摸顶力量，战争派将其统称为指标压力位。要想赚这一部分人的钱，也必须在这些点位做逆向攻击，击穿其止损位。

三是整数关口。价格的压力作用，其实是基于行为心理学的。在整数关口也会存在这些压力作用，在现实生活中我们可以看到很多类似的例子。比如某手机品牌推出一款机型，分别标价 1000 元和 998 元，其销量会产生极大的差别。尽管两个价格之间仅相差 2 元，但是给消费者的心理暗示的区别是非常大的，1000 元意味着已经以千为单位了，但 998 元还停留在百元级别。假如某个商品价格长期保持在八九千元，在交易者心中也会产生一种价格上的惯性，一旦该商品因为某些特殊的原因价格突然涨到了 10000 元附近或者以上，就会引来这一部分人的做空动作。这些做空的交易者，往往并不考虑价格上涨背后的逻辑动因，而是简单地进行高低比较，仓促间得出可以做空的结论。如图 3-3 中，沪铅指数就在 15400 点处获得了极强的支撑。

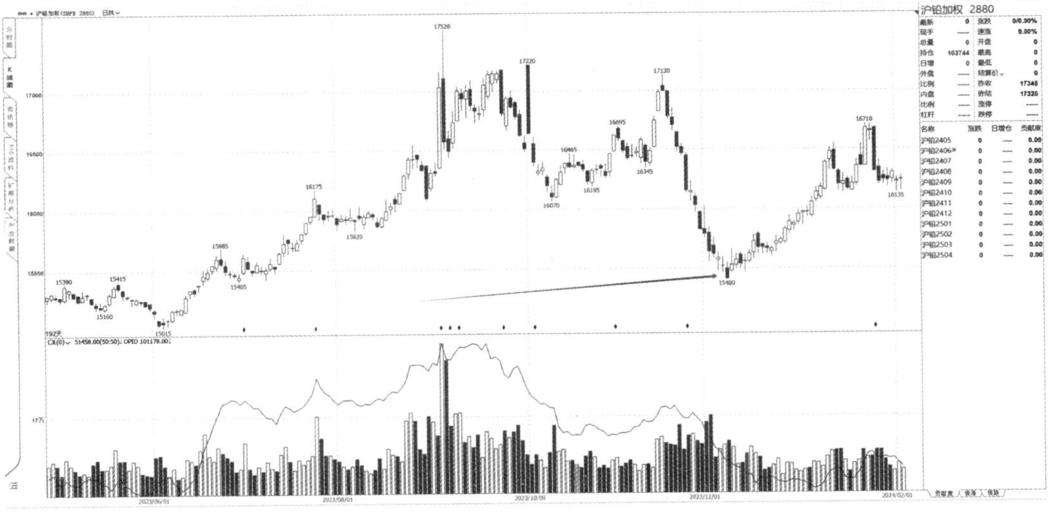

图 3-3　沪铅加权日 K 线图

我们应当认识到，价格的高低永远都是相对的，行情发展的趋势才是我们真正应该关注的核心。我们不应该迷信价格的阻力作用，而要永远以“万事皆为战胜对手服务”为指导思想来分析行情、参与交易。那么我们再看价格的整数关口阻力作用，可以得出结论：万字头和千字头的整数关口阻力作用高于百字头的整数关口阻力作用，整数关口的阻力强度是不小于趋势线和前高前低的阻力强度的。

四是密集成交区。有的价格，本身并没有什么特殊的含义，但是最后却会变成极强的重要阻力位。之所以会这样，通常是因为前期在这个位置产生过非常激烈的战斗。背后代表着多空双方的分歧非常大，同时双方实力相当，一时间无法分出胜负。通常情况下，这种密集成交区会变成一个震荡的箱体，多头攻击到箱体上轨就会引来空头的猛烈反击，空头攻击到箱体下轨也会引来多头的猛烈反击，其间往往还穿插着双方阵营的队友的反复叛变。我们在处理时，通常选择这个密集成交区的最高价和最低价来作为参考，主要观察价格在这两个价格点附近的表现，如果是增仓突破，则可以果断地跟进。

由于这个价格区间成交量极其密集，双方都在这里投入了大量兵力，持仓量和成交量都会达到较高水平。一旦分出胜负，则失败的一方兵败如山倒，会引发极度惨烈的踩踏，行情会呈现一种迅速突破的走势，甚至有可能走出幅度非常大的单边走势。在实际交易中，此类型的关键阻力位是我们经常参考的重要点位。

如图 3-4 中，纸浆加权就在底部区域长期宽幅震荡，最终形成一个密集成交区，当行情最终突破时，就走出一波幅度非常大的反弹行情。

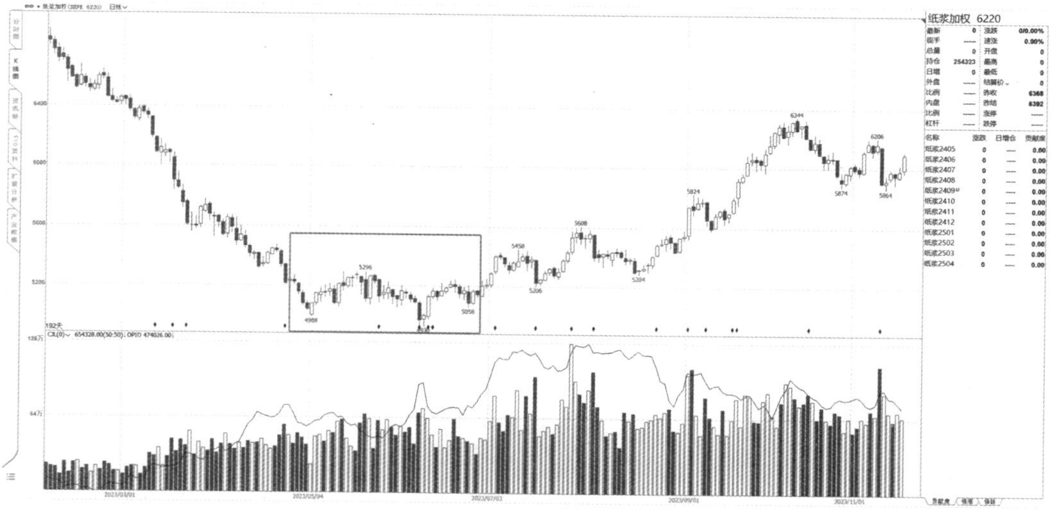

图 3-4　纸浆加权日 K 线图

五是商品生产成本线。前面的指标压力位，代表着技术派交易者在期货市场的心理表现。基本面派也有类似的心理表现，主要体现在该期货品种对应的生产成本线附近。我们较常听到的一种说法是，价格不能跌破生产成本，不然企业会亏钱；没有谁愿意做亏本生意，国家也不会袖手旁观，一定会推出政策来干涉价格。这是一种极端错误的想法，后面我们会对其进行驳斥。在这里我们重点思考这种想法会对市场造成哪些影响，会导致哪些现象。在市场中持此种观点的参与者不在少数，他们甚至能为当前的期货品种提出一个定价模型。最常见的公式是：

理论价格=生产成本+储存成本+收益溢价+货币成本+时间成本+其他影响因素

除此以外，基本面派的另一个分支套利交易者也有类似的期货定价公式，只不过他们考虑的是两个相关品种之间的价差。

基本面派有一个观点，就是价格在正常情况下不会跌到产品的成本价之下，就算价格跌到成本价之下了，也一定会产生接近无穷大的抄底力量将价格迅速拉回成本价之上。这种观点有一定的道理，但是他们忽略了期货的保证金交易制度和到期交割制度。前面我们说过，保证金交易制度和到期交割制度是导致期货交易与战争画上等号的主要规则。正是这两个规则，决定了期货合约可以不等到其本身实现价值回归而结束。我们在实践中可以发现，在很多近月逼仓行情里面，行情会完全无视其生产成本，走出非常壮观的单边下跌行情来。

期货战争派认为，一个商品的真实成本并不重要，重要的是当前对行情起到主导作用的参与力量认为它的成本价是多少。对行情影响最大的也是这个舆论中的所谓的成本价。

唯价格论错在哪儿了？

当我们对价格下了一个期货战争理论上的定义之后，通过横向比较，可以发现其他交易理论在对价格的解释上有片面甚至错误的描述。

对于价格认识最常见的错误就是唯价格论。信奉唯价格论的大多是技术派，技术分析的三大理论基石之一便是“市场行为包容消化一切信息”。技术派认为，能够影响价格运动的因素，无论是基础的、政治的、心理的或者任何其他方面的，实际上都反映在其价格运动之中。由此推论出：投资者必须且唯一需要做的事情就是研究价格变化。

可是，我们从战争的角度来看，立刻就能发现这里面的问题所在，那就是忽略了战争中计谋的作用。战争中的双方为了战胜对方，会使用花样百出的阴谋诡计。在这些计谋中，诈降是非常常见的操作。通过故意丢几座城池、让几个阵地给对手等手段，让敌人放松警惕露出破绽，然后重兵入险地，聚而歼之。那么，如果落实到盘面上，我们就会看到多空双方中的某一方，会采取洗盘、假摔，甚至腾出价格空间让敌人放手进攻等手段，引诱敌人主力入场，最终达到消灭对手的目的。在这个过程中，价格反而变成了骗人的工具。

此时有人可能会说，我们直接研究价格也没有问题呀！因为价格包容一切，就算多空双方中有一方诈降，也能从价格中反映出来啊！但是，问题的关键在于，我们无法直接通过价格知道主力的真实意图，它究竟是诈降还是真的溃败了根本不能直接判断出来。战机往往转瞬即逝，等这一切真的在盘面上表现出来时，就已经来不及了。

有人又会说，期货交易本身就是试错交易，我们直接根据价格分析行情，进行操作，配合上合理的盈亏比，也是可以取得好的结果的。但是，如果我们通过分析价格无法准确地得知主力的真正意图，那么我们的分析实质上可能和抛硬币猜正反面是一样的效果，有或者没有都不影响结果，因为就算是随机交易，我们也可以用盈亏比来控制交易的结果。这里实际上涉及另一个交易的误区，那就是随机交易的胜率是多少的问题。大多数交易者可能赞同随机交易的胜率为50%的说法，但是我认为随机交易的胜率是低于50%的（详见本书第六章）。

我们需要明白，所谓“市场行为包容消化一切信息”并不等同于“价格包容消化一切信息”。而且“价格包容消化一切信息”这个过程本身也不一定是可逆的，也就是说一切发生的信息会反映到价格上，但是我们并不能通过价格的反应倒推出发生了什么信息。在后面章节我们详细讨论过后可以发现，市场所谓的消化包容甚至还会导致信息的丢失。仅仅通过价格得失来分析期货战场上的胜败过于片面，根本不能掌握多空胜败天平的真正动向。所以技术分析有所谓的“骗线”，技术指标有所谓的“失真”，这就是技术派最严重的缺陷。

《孙子兵法》有云："昔之善战者，先为不可胜，以待敌之可胜。不可胜在己，可胜在敌。"严格控制仓位，科学把握进场时机，将自己首先置于不败之地，才能静观时变，一举制敌。

总 结

价格在期货战争中的重要性不言而喻，但是相比于其他理论来说，期货战争理论认为它的重要性并不是非常高，毕竟价格正是我们在实际交易时所要取舍的对象。作为战争派的期货交易者应当对价格持有正确的态度：一是不能沉迷于对期货价格的研究。这里包括价格的走势分析、形态学研究以及它衍生出来的指标等，因为面对单纯的价格，我们就算把它研究出花来，也无法起到过滤多余信号、提高胜率的作用，反而会在无形中吸引交易者的注意力，让交易者沉迷于形态学研究而不能自拔。二是用相对高低来分析价格。尤其是在面对那些大周期级别上的高低点，当新的历史级别的大行情到来时，以往的高低点恰好就是这一轮行情所要攻击的重要位置。我们只需要牢记这样一句话："关键阻力位就是拿来突破的。"

第四章　期货要素再认识之仓与量

持仓量的期货战争理论定义

持仓量和成交量都是期货战争中的要素，现在先在期货战争理论上为其下一个定义：**持仓量，指多空双方当前已投入战斗且尚未撤出的兵力总和，简单来说就是当前参战人数。成交量，指多空双方当前已投入战斗和已撤出战斗的兵力总和，简单来说就是累计参战人次**。下面我们进行详细分析。

前面我们说过，价格是领土，领土必须有人来守卫。如果没有人来守卫，那么敌人就可以非常轻松地占领这个位置，而我们守卫某一领土的兵力的强弱，决定了敌人攻破这个位置难度的大小。

举个例子：某个品种在 5000 元这个价格上有 300 手的多单买单，此时空头要想将价格推到 5000 元以下，则至少需要 301 手的卖单。而如果 5000 元这个价格上只有 30 手多单来防守的话，空头则只需要 31 手卖单即可将这个位置攻破。如果在这个例子中，5000 元价位上的 300 手多单被空头的 300 手卖单吃掉，价格将稳定在 5000 元不动，此时我们可以理解为攻城的 300 手空军和守城的 300 手多军战斗到一起，刚好势均力敌，无法分出胜负。

多单和空单相成交，增加了持仓量，我们就理解为空头和多头都投入战斗并且没有撤出。要想改变这种不分胜负的情况，只有两种可能：一种是有新的力量进场打破了这个平衡，一种是投入战斗的双方中有一方松了力道，撤退了。比如此时有一手新的低于 5000 元价格的空单入场，则可以轻松地将价格推到 5000 元以下，或者多头里面有叛徒，想要撤出战斗，挂出了低于 5000 元的平仓单。在以上的交易中，现有的持仓量，就是截至当前节点尚未撤出战斗的买卖单的集合，而它们只要有过成交，不论是否已经撤出战斗，都会被记录到成交量当中。

由此我们可以延伸出很多概念：已挂入交易所但尚未成交的买卖单，是守城的士兵；已挂入交易所且已经成交的买卖单，是已经投入战斗的士兵；已平仓的持仓，是撤出战斗的士兵。

为了让大家更好地理解持仓量和成交量，下面我们来看一看标准的进攻行情中，持仓量和成交量以及价格会有何种变化。

比如当多头要对某个关键阻力位发动进攻时，常用的操作策略是围城打援，其仓量价的变化大致是这样的：首先多头集中兵力，缓步吃掉空头防守的先头部队，将价格推送到重要关口下不远处，这里的位置通常已经到了围绕关键阻力位而产生的价格区间的下轨上。此时空头已经隐约感到了危险，陆续有小部队出来抵抗，尤其是喜欢抄底摸顶的散户，从盘面上看就是价格缓步上升，持仓量和成交量都逐渐增加。当价格快要到达关键阻力位时，将会有不少的交易者在关键阻力位上面屯兵，因为此类交易者的心理大多数时候是“物极必反”的。

而此时，城下的攻城部队会大致估计出防守的敌军情况，派出一小股部队，试探性地对这个关键阻力位的守军发动攻击。看对方会有怎样的反应，该点位的压力大小如何。如果试探结束，发现对手城内空虚、防守薄弱，多头中会有一部分资金迅速地跳出来，以雷霆万钧之力向守城部队发动进攻。在这里有很多旁观者正在等待机会，当他们看到多头成功地将价格推到该关键阻力位时，实际上就触发了他们的买盘，一股跟风的力量会如潮水般涌来。持仓量和成交量急剧放大，从图表上可以看到量与仓猛增，而该关键阻力位被迅速攻破，并拉升到刚才防守的空头浮亏甚至严重浮亏的价格上去。

多头主力甚至有可能会振臂一呼“城破人死，缴枪不杀”（放出消息面），吸引更多的跟风盘或者劝降对手加入己方中来（触发对手的止损位或者反手）。在这一系列动作当中，不可或缺的是刚才提到的那一部分率先点燃战火的部队。**我们将他们这种吹响号角、打响第一枪的动作称为会心一击**。以上行情发生的时候，当然也有不少的参与者在撤出战斗（减仓或者平仓），但是他们在这波行情中属于少数人群，不能起到决定性的作用。

这种多头进攻的走势，在空头行情中依然同理可得，各位投资者可以在很多品种里面找到类似的走势图。

以上是一次进攻成功的战例，但实际交易当中的仓量价变化远不止如此，简要总结起来大致有以下几种：

在上升趋势中，价格、持仓量双双上涨。重要关口成交量与持仓量增量尤为明显，这是标准的多头进攻行情。在此种行情中，多头占据主导的优势地位，空头属于被动反抗，此种情况通常发生在行情的中间阶段。

在上升趋势中，价格上涨，持仓量下跌。重要关口减仓尤为明显，这是空头投降撤兵的行情。在此种行情中，多头依然占据优势地位，但并非由其主导，而是空头之间相互踩踏引发的行情。当空头的踩踏结束之后，行情也进入了尾声。在踩踏发生的时候，想要退出的一方是不计成本的，这也意味着这里的减仓行情会异常剧烈，我们甚至可以看到涨停板的出现。

在上升趋势中，价格下跌，持仓量上升。这是空头在反击的行情。遇到这种走势则要看最近的关键阻力位是否被空头收复。如果关键阻力位被空头收复，这说明多头遭遇了空头的强力阻击，未来的价格甚至有转向的可能性，需要在交易中采取一些保护性措施。如果关键阻力位没有被收复，则说明多头的力量依旧强于空头，应当判定趋势没有发生变化，可以继续实施原有交易计划。

在上升趋势中，价格下跌，持仓量也随之减小。说明前期盈利的多头在兑现盈利，属于多头得胜撤兵行情。此时需要根据实际的持仓来制定不同的应对方案，如果说建仓成本比较低，可以抵御较大幅度的波动，则完全可以设置好对应的止损位让行情自由发展，即“让子弹飞一会儿”。如果建仓成本比较高，则可以先行退出战斗，等待行情重新开始往原有方向发展之后，再次进入。

在下跌趋势中，同理可以得出相应的判断。至于什么是上升趋势、什么是下跌趋势，如何量化我们所谓的势，为什么行情发展的过程中参与者们好像有一个统一的指挥者在统揽全局，大家可以在本书第 2 部分中寻找答案。

来时同袍去时反目

不同状态下的买卖单，其多空力量是如何转化的呢？

以多头为例，当我们在某个价格挂出一定量的买单时，这些买单实际上并没有成交，此时可以把它们理解为潜在的多头力量。如果这些买单的数量足够大，那么甚至可以视为多头在“秀肌肉”。

在实际交易中，我们经常可以看到这样的情况：当价格缓慢上涨到某个关键阻力位时，可以看到卖盘上一下子出现天量的挂单，可能是普通位置挂单的几倍乃至数十倍。这里的挂单有可能是一群闲散的空头因为“不约而同”的机制无意间达成了一致的结果，也有可能是某个空头主力故意挂到那里，给多头以这里非常难以攻破的心理暗示。

我们甚至可以利用交易所制定的各种交易规则，比如通过大幅拉升，将价格推到涨停板。当空头看到挂在涨停板价上的天量买单，必然是心胆俱裂。此时大概率会触发期货公司的强平规则，无数的空头持仓将会被强平，他们的强平单挂到交易所之后，将会更加壮大买盘的数量。

在股票市场中，大资金可以利用资金优势将股价拉至涨停板，同时用天量的买盘将价格封住，以吸引跟风盘前来。等到买盘上积累的买单足够多时，大资金可以悄悄地撤掉自己原有的买单，然后重新以涨停价挂单。这样在盘面上看不出任何变化，但实际上主力已经悄悄地将跟风盘推到了前面，自己则躲到后面看戏，然后根据情况决定自己的老多单是平仓还是继续持有，把主动权牢牢控制在了自己手中。

在期货市场中，主力有时候连撤单重挂这个动作都可以省略。因为期货有三板强平制度，当遇到三板强平时，平仓单优先成交。多头主力只需要顺势在涨停板慢慢吃掉这些强平单即可，等到强平单被吃完，便撤掉自己挂在涨停板上用以吓唬人的巨量买单。“事了拂衣去，深藏身与名。”

多空双方的力量在交易中的变化应当辩证来看。以多头为例，当其买入开仓时，与空头对手盘交易，消耗空头的力量。但是其平仓那一瞬间，却在消耗多头的力量，变成了叛徒，空头亦然。

所有投入战斗的持仓，在交割日来临之前都要减到零，意味着所有的参与者都要退出，但就算是同一方的参与者，也不是铁板一块。在想要兑现盈利落袋为安的时候，同一个战壕的战友，就会变成首先要背叛的对象。作为一个散户，在跟着大部队攻城之后，眼看胜利在望，不世之功指日可待，突然战友跑路，持仓量跳崖式骤减，价格随之崩溃。尽管来的时候与子同袍，但背叛却总是如此简单粗暴。这种情况并不少见，我们应该如何应对呢？

首先我们需要明白，背叛也是有很多不同情况的。我们从多头行情来看几种主要的减仓。

一是突破之后突然的撤军。这种减仓通常发生在关键阻力位被突破之后。在关键阻力位被突破之前，行情一直表现为增仓上涨，直到关键阻力位被突破，多头突然巨量地平仓，导致持仓量瞬间下降，价格也瞬间掉落到关键阻力位以下，在K线图上留下一根长长的影线。这种走势在实战中非常之多，其对应的品种往往被人冠以“妖”的称号。但是其主力的真实意图却不尽相同，有的是借突破兑现盈利，故而后面会走出连续的减仓下跌走势；有的则是主力资金测试上方压力，为后面发动大规模进攻做准备，即我们俗称的“洗盘”；还有的则是单纯地触发了该关键阻力位附近的条件单导致的连锁反应，当情绪宣泄完后将会重新回到正常轨道上来。

二是突发事件引起的大减仓。有些行情前面发展得非常顺畅，但是一些突发事件，导致原有多头阵营里的成员出现了动摇。他们认为这个突发事件足以改变整个行情的趋势，故而选择全部或者部分退出，等待行情明朗之后再做决定。而在空头阵营当中，由于大部分持仓者处于守势，当突发事件出现时，同一阵营的队友们的看法并不会完全一样。在认为突发事件没有改变行情趋势，目前是最好的退出时机的群体占据了主导地位的情况下，他们就会和前面的多头一起，选择退出观望，在盘面上自然就表现成了减仓。由于突发事件是利空的，给予了空头助力，所以行情的走势往往就会向下。

三是原有趋势结束带来的减仓。当行情发展到高潮阶段的时候，多头的主力会选择兑现手上的持仓，从而导致持仓量大幅下降。在这种行情中，我们无法确定多头减仓时主力大部队是否已经撤出。我们在后面的内容中会提到，行情是由主力和跟风盘一同推动的。如果主力在这波行情发展到高潮之前已经撤出了大部分的兵力，最后时刻只是将剩下的头寸了结掉，则此时他们往往是不计成本的。这种大减仓往往会带来严重的踩踏效应。主力不计成本平仓，高位进场的跟风盘砍起仓来会更加残忍。如果主力在发展到这波高潮时尚未撤出大部分兵力，则行情往往还有反复，其回调的深度相对有限，回调过后还会有重新发动进攻的动作。其目的就是告诉跟风盘我胡汉三又回来了，好将手中剩下的头寸甩给前来接盘的跟风盘。

以上的三种情况，可以分别发生，也可以同时甚至混合发生。除此以外，可能出现的情况还有很多种，交易者要着重培养自身独立思考的能力，因为战争变化的永远只是表现形式，其内核与实质是不会变的。我们正确的应对方式是用“得意忘象”的分析方法找准主力的真实意图并为我们所用。

穷寇可追否?

在前面的分析中我们可以看到，当一波上涨大行情接近尾声时，持仓量也会随着价格趋势的发展增加到较高水平，一旦持仓量不再继续增加，就可以将其看作趋势即将生变的先期信号。如果这时候价格突然大幅反向，其信号意义就更强烈。因为大量在趋势末期跟进的部队悉数被套，其割肉撤兵本身就会成为一种反向推动力。当持仓量突然雪崩，我们作为战争参与者，应该用什么样的态度和眼光去看待呢？即此时是宜将剩勇追穷寇还是穷寇莫追呢?

我的观点是，大多数情况下以穷寇莫追为好。在本书后面讲趋势的部分，期货战争理论将势分为了攻城之势、崩盘之势和时制之势三类。持仓量的雪崩属于崩盘之势。这种势有两个非常明显的特征：一是速度超快。往往在极短的时间内完成行情的发展，不管行情最终是调整还是转向，其发生的过程非常快，走势也很平滑，有时还会出现跳空缺口。二是幅度大。持仓量雪崩也伴随着价格的雪崩，该合约的波动率会上升到一个非常高的水平，在K线图上可以看到非常夸张的长阴长阳线，甚至可以看到单根K线连续破掉几个关键阻力位。

满足以上条件的走势，我们才会认为其符合崩盘之势的标准。但是在实际的交易当中，我们会发现在很多时候风险与收益不成正比，没有交易的价值，所以在实战中，我们基本不考虑用减仓崩盘之势来作为进场的依据。

伴随着败军撤退投降而发生的胜利方顺势平仓的行为代表着主力资金的退出。在主力动向的观测当中，我们通常就利用持仓量来进行追踪。如果主力资金进入战场，那么它们就基本在我们的监控当中，我们随时可以跟踪资金的动向，因为它们的一举一动都会在盘面上留下蛛丝马迹。但是如果主力资金退出战场，就犹如泥牛入海，不知所终，可能再也不会回来了，那种行情就会变得非常不好把握。本章只是简单介绍这些战争中的仓量变化，后面将有更加细致的分析。

总　结

相比于价格，持仓量在某些时候甚至更重要，例如持仓量的破位在行情末期比价格的破位更具有可信度。持仓量的变化除了代表着多空双方兵力扩张与收缩，往往还代表着能量的积累。期货战争理论推崇打大仗，不打小仗，也就是尽可能地参与持仓量持续增加且绝对数量高的品种。在后面的章节中我们可以看到，期货战争理论中所有的高确定性行情，都离不开持仓量的对应变化。交易者们应当从此章节开始，对持仓量重视起来，在分析行情发展变化的时候，将持仓量与成交量的影响同样考虑进去。

第五章　期货要素再认识之时间

我早先对期货战争的理解，更多是基于空间的考量，极少思考时间在期货战争中的作用。因为在普通的小规模战斗中，我们几乎没有手段可以对战斗发生和结束的时间进行跟踪和判定，只能被动地等待战斗的发生。比如做突破类交易的策略，最好的办法就是在关键阻力位画线下单，然后等待行情自然发展，直到突破自动成交，至于行情什么时候突破我就无从得知了。我将这种做法称为在主力必经之路上等待。

然而，期货之所以叫期货，首先就已经明确了时间对于这个事物的重要性。很多期货行情的发动，都受时间的影响。比如近月行情里面，优势方就是凭借即将到来的交割月强行推动行情发展，扩大战争优势的。

的确，在参与期货交易时我们能从盘面上获得的信息是非常少的。我们可以通过持仓分析、空间分析大致推论出主力的战略意图，却很难知道其吹响冲锋号的时间。而且大多数参与者之间都有物理壁垒，无法互通有无，就算是主力之间，也是如此。但是在经过了长时间思考和实践之后，我发现，在很多情况下，是可以将时间作为分析战局、指导具体交易的重要参考依据的。

在不同的交易时段，行情的发展就有明显的区别。下面我们从小到大、由近及远进行逐项分析。

日内交易时段

我国的期货交易所一共有四个交易时段，以一个完整的交易日来划分的话，则是从夜盘开始，然后过渡到午夜盘，再到次日的早盘，并在当日下午盘结束。

①**夜盘**。对于有夜盘的品种来说，夜盘开始的价格由集合竞价产生，集合竞价决定了该品种当天的开盘价。由于现在很多宏观政策都选择在下午收盘后公布，而下午收盘距离晚上开盘有6个小时的时差，并且晚上9时代表着地球另一边的欧美国家的金融市场也开始活跃起来，所以在夜盘中很多品种会出现高开或低开的现象。同时，开盘的那一段时间整个市场也是非常活跃的。

站在期货战争的角度，我们所要考虑的问题大致包含这两个方面：一是高开或低开是否会影响到行情的原有趋势。二是我们应当采取什么样的应对方案。万事万物是一直在动态发展的，在期货战争中尤为明显。很多时候我们讲所谓的跟随行情，其实是指行情发展成什么样子，我们就用与之对应的预案去应对。而不是一开始判定行情一定会朝着某个方向发展，等到行情出现不一样的演化结果时就手足无措。这也是战争的正确打开方式：见招拆招、因时制宜。

②**午夜盘**。午夜盘相对于其他时段的盘面，交易是最不活跃的。有的时候行情甚至会走成一条横线，但是也有特殊情况。例如原油行情，有时在夜盘中非常强劲，等到夜盘一停进入午夜盘的时候，行情立刻急转直下。那些跟随原油行情的品种因为已经停盘，交易者无法做出相应的操作，只能被动等待第二天的跳空，行业里有个非常形象的比喻——“活埋”。有的时候主力资金甚至利用这种手段故意收割其他参与者。这种走势极具戏剧性，没有经验或者承受能力比较弱的交易者往往在第二天会吓得落荒而逃。这里最正确的处理方式依旧是做好预案，将这种午夜盘变脸的行情一开始就考虑到交易计划中去。遇到之后是去是留？是加仓还是砍仓？因为一开始制订了作战计划，自然就不会乱。而对于短线交易者，不留仓过夜就是最好的预案。

③**早盘**。对于没有夜盘的品种来讲，早盘是它们确定开盘价的时间。由于没有夜盘的品种大多数都是国内的品种，具有我们国内的一些特色，其资金控盘度都非常高，主力经常会利用集合竞价来实现洗盘、出货等操作。很多交易者对此深恶痛绝，认为我们的交易市场不公平，有所谓的“庄家”，不像外国的交易所那样公平公正，大家靠本事吃饭。事实上我是坚决反对这种观点的。且不说国外的期货市场的博弈也很惨烈，也很没有底线，单说期货最重要的一点：顺势，也就是多空双方有明显的优势差，而我们可以去参与优势方，助推它更加强大。如果一个行情里面

没有所谓的“庄家”，是很难有一段高确定性的行情的。这里所说的“势”是期货战争理论所定义的势，而非用普通四价法所定义的趋势。限于本章篇幅，就不展开细说了。

④**下午盘**。下午盘也是一个交易日的收尾阶段，最终确定当天的收盘价与结算价。下午盘能够获取的信息是一天当中最多的。一段行情的产生，里面除了有主力资金的主导，还有很大一部分跟风盘的推动。这些跟风盘在收盘前大多是会减仓的，如果某个品种在尾盘不仅没有减仓，甚至还继续增仓，则往往意味着这段行情非常强势，是一种趋势健康发展的表现。而变盘很多时候也出现在下午，有些时候我们可以看到，原本一直非常健康的多头上涨行情，在下午的时候突然开始大崩溃，甚至发生趋势反转，这种现象甚至还有个名字——“神奇两点半”。除此以外，“乌龙指”行情大多也出现在下午盘最后几分钟，尤其是重要信息公布前后或者长假前的下午盘当中。

⑤**总结**。日内行情当中，不同时段的行情发展有不同的特点。但是对于期货战争派的交易者来说，我们分析行情是连续的、动态的，一般不会以一天的行情作为交易的依据。在我看来，期货市场里面，有的参与者已经发展到极端强大，以量化交易者、大机构等尤为明显。面对他们“世间武功，无坚不摧，唯快不破”的优势，我们最佳的选择是跟他们比慢。但是，这不妨碍我们利用期货战争理论分析日内不同时段行情的发展规律，并以此作为我们交易决策的参考依据。

周内交易时段

一周中的不同时间，行情的发展表现也是很不同的。

一周当中最特别的交易日当数周一。这个时间段包括了前一周周五的夜盘、午夜盘和周一的早盘、下午盘，中间间隔了周六和周日两天的时间，尽管这两天是周末，但是依然有可能有导致交易发生天翻地覆变化的信息出现，影响行情的发展。我们知道日内交易时很多人为了规避风险，选择不留仓过夜。自然地，面对两天的周末时间，很多人也选择不留仓过周末。这样就出现了一个现象：**日线盘整行情的突破往往就发生在周五的夜盘**。这是为什么呢？对于主力资金来讲，要想发动一轮大的行情，既要考虑对手盘的抵抗，也要考虑跟风盘抢筹码的问题。由于留仓过周末的人少，短线的跟风盘自然也就变少了，不论是敌人的抵抗还是队友的抢筹力量都会变小，在周五夜盘发动行情难度相对更低。所以我们也能看到，周五的行情往往非常猛烈，一旦突破就一骑绝尘，极少回头。

周二到周四这几个交易日，由于没有明显的区别，我将其归为一类。这个时间段往往是行情延续的阶段，没有什么特别之处，通常需要结合其他时间节点来进行分析。

周五这个时间段也比较特别。对于没有夜盘的品种来说，周五的交易就是当周的最后一天交易，然后就有两天的休市时间。所以往往在这一天出现的增仓行情会有非常高的确定性，尤其是农产品品种，主力资金甚至还会利用周一的集合竞价将优势扩大，然后选择顺势出货或者继续进攻。

特殊时间节点

①**移仓换月**。移仓换月就是远近合约持仓量权重变化的一个过程，这个过程一般要持续两个月之久。如果我们从合约的角度来看，其实就是新老交替。

世界历史几千年，不论国界，不论时间，新老交替都很少有一帆风顺的。平静的表面下各种暗流涌动，在大势没有明朗之前，贸然选择站队非常危险。

根据我的长期跟踪总结，在移仓换月期间，趋势追踪类策略的有效性会降低。而且由于远近合约价差的存在，指数的走势和新老主次合约之间有一定的出入。在这种情况下，走势非常不好把握。

最好的解决方案，就是在移仓换月期间，适当减小盈亏比，缩短参与行情的时间，快进快出。同时降低交易频次，尽量参与确定性较高的行情。

需要注意的是，降低交易频次是手段，提高胜率才是目的。如果达不到这个目的，前面的手段就没有必要行使。在移仓换月中，往往出现这几种走势：一是一强一弱，既可以是近强远弱，也可以是近弱远强。核心是看谁是主导方，如果是正常的移仓，应该是近月减少一部分持仓量，远月增加相应的持仓量。持仓量增加那一方为主导方，交易时应选择该合约。二是远近同时增仓，则近月可能发展成为逼仓的行情，应重点关注近月。具体的交易方向可以参考本书趋势相关章节的描述。三是近月减仓，但远月没有相应的增仓。这种情况意味着主力对未来的行情预期不明显，不应该参与。四是远月减仓，近月不变或者增仓。和第二种走势类似，可以关注近月是否有交易者被套住，寻找“关门打狗”的交易机会。

②**近月逼仓**。这个时间节点一般在进入交割月前1个月左右，此种行情是本书总结出来的最重要的一种趋势行情，我称之为“时制之势”，在后面的章节中有更为详细的阐述。但此时若距离进入交割月通常只有20个交易日左右。正常情况下，主力早就从该合约移到了后面相对应的新主力合约上。但此时若该合约还有大量的持仓，甚至该合约还是主力合约，只能说明一件事情，里面有人被套住了。

那至于谁被套住了，则看行情当中谁占据了优势。如果行情一直处于上涨当中，那毫无疑问，此时深套的必然是空头；如果行情一直处于下跌当中，则此时被深套的就是多头。这一种行情，是整个期货市场所有行情、所有时段中确定性最高的一种，值得加大仓位参与。

以上行情其实就是逼仓行情，但这种逼仓相较于十几二十年前那种连续封板的行情而言更加温和，也不存在违规的风险。这是被深套的一方砍仓出局而主导的一种单边走势。在其被套的持仓砍完之前，行情会延续前面趋势发展的方向，直到被套方完全斩仓殆尽。

一个合约要被认定为近月逼仓行情，需要满足以下条件：一是近月有天量的持仓。比如距离交割月还有15个交易日但它有20万手的持仓，意味着平均每天要减仓约1.3万手才能顺利进入交割月。如果在后面的行情中减仓值低于或者仅等于平均值，则意味着行情的延续。二是此时一般行情处于历史的高位或者低位，有大量逆势的人存在。“抄底摸顶者死！”就是对这种行情最好的注解。需要注意的是，有的品种可能会有较大的持仓进入交割月，比如TA（对二甲苯），可以有数十万的持仓进入交割月，但我们不能简单地将其归为此类行情。因为它的总持仓高达数百万手，10万手仅仅占极小一部分。这需要分析该品种的总持仓量以及正常情况下近月合约的持仓量。

③**重要节假日**。一些重要的节假日是需要特别关注的时间节点。尤其是一些比较长的节假日，比如“五一”劳动节、国庆节、春节等。由于节假日时间长，不确

定性太高，很多交易者会选择清仓或者轻仓过节。在这种大背景下，很多品种在节前的持仓量都会下降，直到节假日结束才会恢复。如果此时有合约在节前持仓量不仅没有减少，反而逆势增加，则意味着有可能有大行情出现。

在这里值得一提的是，有的读者见我在分析行情的时候，主要参考的因素是持仓量，就以为我的理论体系里面认定价格和持仓量是有必然联系的，这种判断属于因果倒置。我再次强调一下：**价格和持仓量没有必然联系，当它们突然发生联系的时候，才意味着存在着交易机会！**

刚才说的是节前，现在我们思考一下节后，节后正常的合约都会增仓回来，那么是不是此时没有增仓回来的可能会有大行情呢？非也！此时增仓最快，价格走势最坚定的，才是最有可能有大行情的品种！

如图5-1中，2021年2月8日至2月10日，沪铜在进入春节前的最后3个交易日，持仓量持续增加，价格不断走高，节后一举高开高走，持仓量增加很快，随后价格也创下历史新高。

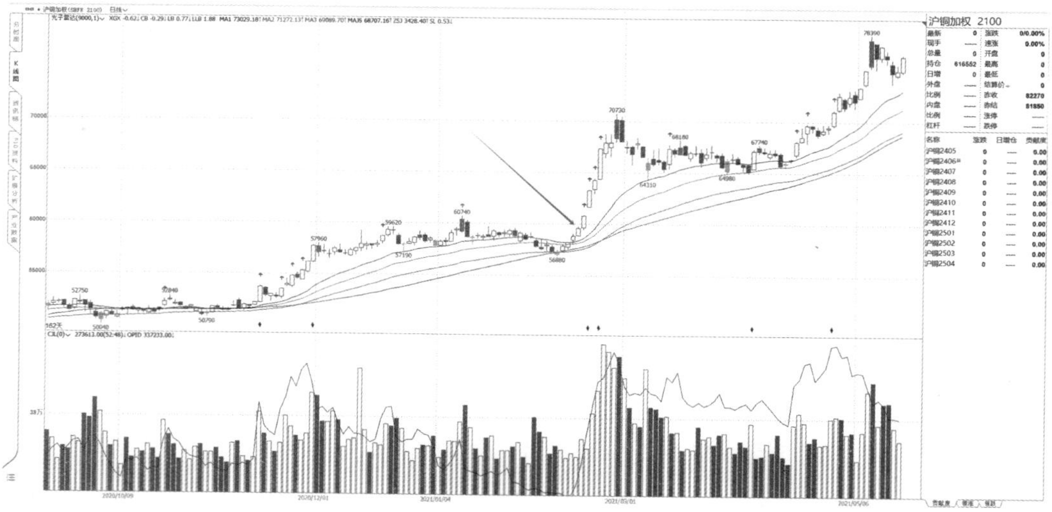

图5-1　沪铜加权日K线图

④合约关键时间节点。这里的合约关键时间节点需要根据品种的特性来确定。有的品种的一些数据发布的时间节点就很关键，比如美国公布原油库存的时间的前几天、比如公布苹果每周冷藏库库容比的时间。这种是常态化时间节点的情况，一般数据的公布时间是确定的。文华财经软件里面有一项财经日历的功能，可以非常

方便地看到全球的重要信息发布节点、各个金融市场的节日节点等。

有的品种本身也有其关键的时间节点，比如红枣的开花、坐果时间。在这些时间节点如果发生了特殊的事件就有可能影响到行情。比如苹果花期遭遇霜冻、红枣坐果期遭遇连续高温。我所编写的《商品期货产业链手册》就整理了部分品种的关键时间节点。

除此以外，还有一些非常态化的情况，作为散户我们是无法提前知道的。比如某个化工厂要停产检修、某地要开展环保检查，这种时间是非固定的，比较难把握，我们没有信息优势。针对这种情况我们应该如何应对呢？办法就是以盘面为准，有的数据虽然还没出来，但其实盘面已经告诉你结果了。

如图 5-2 中，在 2021 年 4 月 1 日当晚公布美国大豆种植情况的报告出来之前，盘面上豆二、两粕等相关品种均出现了增仓上涨的走势，这实际上就是某些“聪明资金”在悄悄买入，等到数据公布，直接涨停开盘，利好变成了出货的工具。

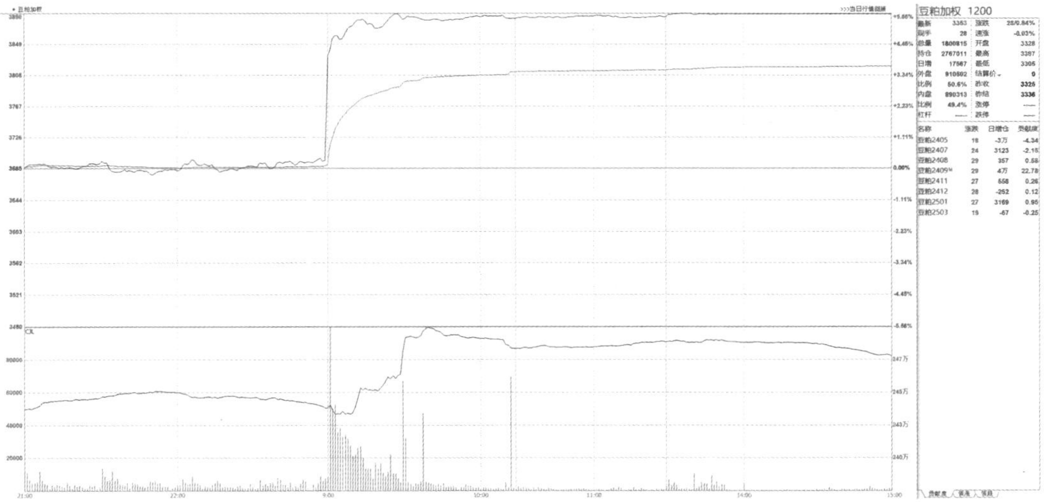

图 5-2　豆粕加权日线分时图

总结

《易经》云："君子藏器于身，待时而动。"意思就是当我们做好了充分的准备，手上拿着有力的武器，锻炼好了身体，唯一需要做的，就是在时机到来之时，紧紧地抓住它，一击取胜。时间在期货战争中的重要性，不言而喻，但这里的时间绝不是很多人自以为是提出的诸如时间周期等追求形式的东西，而是客观存在的战争发展过程中出现的重要节点。大家可以继续利用"得意忘象"的期货战争观进行归纳总结，最后达到为我所用的目的。

第六章　期货战争中的数学

毕达哥拉斯说："万物皆数。"作为一门形式科学，数学可以应用于现实世界中的任何问题，现实战争也不例外。现实战争中历来就有关于数学的应用，比如兵力、粮草、行军时间的计算等。

在期货战争中，自然也存在着数学的应用。我们知道现实战争最后大多能分出胜负，存在着所谓的赢家和输家。但是在期货战争中，往往到最后都是输家，没有赢家。这又是为什么呢？今天我们就从数学的角度来分析一下这个问题。

分析期货战争的数学问题，以下这几个概念是绕不开的。

数学期望值

数学期望值是指变量的输出值乘以概率的总和，代表着某个概率事件最终的平均表现。我们说过期货市场是负和博弈，负和博弈的意思其实就是总数学期望值为负值的博弈。

负和博弈代表着整体稳定的亏损。事实上如果我们查看每年的期货大赛数据就可以发现，期货大赛的参与者们整体上总是亏损的。而亏损的金额等于盈利的那一部分交易者的盈利金额加上手续费。如果把比赛的时间拉长，则盈利的交易者数量会持续下降，盈利总额也会持续下降。最终发展到亏损的交易者的亏损额约等于手续费总额。

其实，每一个交易者想做的事情就是找到一套方法以在市场上获取正向期望值。我们可以看到很多期货老师包括我自己，在课堂上教学的时候，也反复强调交易者要有一套正向期望值的交易系统，并且坚定地执行它。曾经我也坚信，这样的稳定正向期望值的交易系统是存在的。

期货市场一般把这种寻找稳定正向期望值交易系统的行为称作寻找交易“圣杯”，并且将这个过程称为“悟道”。如果一个交易者悟道了，那么这个市场就会变成这个人的提款机，这个人就可以非常轻松地在市场上获取源源不断的财富。股票市场有种说法叫作“寻找阿尔法”，意思是获取超过指数的收益，和“悟道”也是一个意思。

那么，这种想法能否实现呢？答案很残酷，也很现实，没有人可以找到交易“圣杯”。

心理学上有一个乌比冈湖效应，就是每个人都认为自己要比平均水平高一点点，举个简单的例子：90%的人都认为自己的驾驶技术高于平均水平。这种效应在期货市场上表现得尤为明显，几乎每一个交易者都认为只有自己才是那个万中无一的天选之子。相信每一个年轻人都有过这样的感觉：我做什么都能行，只要我努力了，人定胜天，我就是这个世界的主角！我们都认为自己可以找到这个稳定正向期望值的交易系统。

有的交易者反驳我的一个论据就是：你没见过不等于没有。在前面的章节中我们讨论过，期货战争是一种非序列动态博弈。这种博弈有一个最显著的特征，那就是没有最优解。如同这个世界上没有永动机一样，我们可以直接从逻辑上推导出这个结论，我们想要寻找的这个“圣杯”一开始就不存在。寻找一个并不存在的东西，颇有一种等待戈多的意思。这也是为什么很多交易者在市场上沉浮几十年，最终却一朝“悟道”，悟出并不存在所谓的稳定盈利，而遗憾地退出市场。而“没见过不等于没有”这种论据可以用来反驳任何事物，这种思维方式会让人陷入怀疑论的死循环，对于实践来说没有任何指导意义。

这个世界上，能够稳定盈利的方法，都来自剥削或垄断。

如果大家都能开交易所，手续费一定会内卷到非常疯狂的地步。远的不说，就看看市场上这100多家期货公司，从最开始几倍于交易所的手续费，到后来的交易所加0.3，再到加0.01，甚至最后给交返、给利息，内卷程度可见一斑。

从上面我们可以看到，这种垄断和剥削，其背后实际上都有暴力和强迫手段来保证其实施。在期货战争当中，多空双方的地位是相对平等的，实力上的差距主要集中在资金规模、信息优势、技术优势三个方面。但这几个方面的优势并不足以支撑参与者在市场上持续获得垄断和剥削的优势地位。尽管你的资金规模大，但后面很可能有更大规模的对手出现；尽管你的信息来源很多，但后面很可能出现可以根据需求制造信息的对手；尽管你的量化技术很高，但后面则很可能出现反量化的交易系统。至于大多数交易者苦苦寻找的“策略优势”则更是不存在的。**我们无法在同一个地方用同一套策略反复打败同一个敌人。**

或许有人会说，那为什么我用一套交易系统连续获取了不错的收益呢？这里真正让你获利的其实不是你的策略，而是市场的增量参与者。目前国内的市场处于上升期，一直有源源不断的新交易者参与进来，这些参与者为“老韭菜们”补充了大量的正向期望值。如果有一天这些增量参与者逐渐消失，市场失去了新的资金来源，那么市场的博弈将会变得更加残酷。看起来好像什么都没变，K线图还是原来的K线图，策略也还是原来的策略，但是市场就是变了。唯一的区别表现在收益曲线上。

如果我们去看看美国的期货市场，就会发现很少出现攻城之势（趋势的一种，详见本书第八章）。原因是喜欢逆势的散户都被干掉了，一段行情的推进当中，缺少对手盘。可能很多交易者不知道这意味着什么。如果这种情况出现在国内，就是一段行情的发展毫无抵抗地就完成了，主力几乎不费吹灰之力。以前需要几亿元资金规模推动的行情，现在可能只需要几千万元。虽然行情发展容易了、顺畅了，但是赚的钱也少了。主力机构大量的资金只能处于闲置状态，侧面降低了整体收益率。为什么美国的期货市场上只要一出现犯错的机构被套住，就会引来一群如狼似虎的大鳄的绞杀？就是因为这种机会实在是太少了。

在这种情况下，你同样的交易策略就意味着需要抢为数不多的筹码，这会提高交易成本，这样持续发展下去就意味着策略的失效。有的时候由于“韭菜”实在是太少了，这些大鳄就会把“狗”骗进来杀，比如中航油、联合石化套保事件。相比于国外的“韭菜”短缺，主力赚钱机会难寻的现状，国内的期货市场简直就是“大镰刀们”的天堂。

那么在前面的问题中，现实战争同样是负和博弈，为什么就能分出胜负，有输家有赢家呢？这里其实是一个交易频次的问题。一个概率事件，其结果要无限接近其数学期望值，其中起作用的主要是“大数法则”。强如美国，如果它打一万场战争，不用说最终的结局一定也是崩溃。而我们参与期货交易，交易频率也不太可能太低。所以现实战争因为频率太低而与期望值出现了偏差，期货交易却因为频率高而无限接近期望值。

胜率和盈亏比

我们知道期望值的收敛是由胜率、盈亏比、大数法则共同起作用导致的。刚刚我们讨论了高期望值的交易策略并不能长期存在，其期望值最终都会回归到零和甚至负和的状态。最终我们也会发现，高胜率的交易策略一定是低盈亏比换来的。而高盈亏比的策略则胜率一定低。这个结论有点反直觉，但是如果我们看看交易者们在市场上的具体表现，就会发现事实确实如此。

市场上多数的散户都是风险厌恶型的交易者。具体讲也就是喜欢高胜率。一个高胜率的策略给交易者带来的心理稳定性是无与伦比的。为了提高胜率，散户们通常会做一个选择，那就是缩短持仓周期。例如一个交易者最开始的时候止盈位设置在100点，发展一段时间后，他的止盈位可能就变成只有20点。这种行为发展到极端情况下，可能止盈位就只剩下1点了。而如果亏损，他则会采取扛单的方式应对。至于扛单能扛多久，通常取决于交易者的心理状态。一般情况下，散户可以扛到期货公司强平为止。这个交易者的开仓方向如果没有做错，那么最后大概率是可以扛回来的，这自然会坚定其下次继续扛单的决心，为未来的爆仓埋下伏笔。而如果不小心开错了方向，往往带来的结果就是“仓毁人亡”。这种交易结果发展到后面就是该交易者交易非常频繁，手续费非常高。而亏损实际上往往就是最后关键的一两单，这一两单可以将前面所有的盈利吃掉并且给这个交易者以致命的一击。

在总结和反思当中，交易者通常会从追求胜率转变为追求盈亏比。这个时候胜率又会随着他的盈亏比的上升而下降。交易者的状态，会从原先的持续盈利，一单破产，变成持续亏损，一单翻身。这种交易方式最大的问题，就是交易者能不能活着等到翻身的那一单交易出现。同时，在连续止损和砍仓当中，还能不能一直坚持自己的交易策略不动摇。

然而事实上，作为散户而言，以上两种手段都无法实现他们想要的稳定盈利，因为单纯的提高胜率或者盈亏比并不能提高整体数学期望值。于是很多交易者又会转而向另外的方向追求变化，那就是交易周期。

最开始在追求胜率的时候，交易者的交易频率一般都会变得非常高。在大数法则的统治下，他们的交易结果会快速地逼近市场的数学期望值，当然，这个结果大概率是亏损。然后下一步的发展，则是交易者开始往中长线演变。

在这个阶段，很多交易者往往能在一段时间内创造一定的收益，会产生一种自己马上要悟道了的错觉。他们因为持仓时间较长，行情的波动幅度够大，极有可能获得非常可观的收益。一般来说，他们都会认为这是因为自己能力的提升，而非运气。事实上，这是由于交易频率过低，整体收益没有往期望值方向收敛的结果。只要在市场上待的时间足够久，迟早是要还回去的。

而市场上的参与者们，就在短线与长线之间切换，在高胜率和高盈亏比之间切换，不断地循环往复，试图找到一套高胜率、高盈亏比的交易系统出来。

残酷的不仅仅是期望值。实际上，用胜率和盈亏比来评估一套交易系统，本身就是有非常大的问题的。

首先是胜率、盈亏比的不确定性。期货交易无法完全地将盈利和损失确定。这就决定了无法对交易系统的整体期望值进行评估，主要原因是价格缺口的存在。比如我们的一单交易当中，原本预设的止盈位是一手2000元，而止损位是一手1000元，此时的盈亏比貌似已经固定了，但实际上并没有。如果在止盈止损的时候发生了跳空，止盈或者止损的金额就可能大于这个数字。有的时候交易者提前进出场也会导致盈亏比的变化，胜率的确定同样有这个问题。为了解决这个问题，很多交易者采取以一定时间的平均胜率和平均盈亏比来作为参考，以此确定交易系统的期望值。

这样的方法看起来有一定的道理，好像也符合随着市场的演变不断变化的原则，但是又引申出了另一个问题，**那就是前面的统计数据是否对后面的行情有用。**

我一个大学同学的一种交易模式我觉得特别好玩。具体操作就是：统计出某个品种近段时间周一到周五不同的涨跌情况，并以此作为依据进行交易。比如他统计出最近三个月周一上涨的概率大于下跌的概率，所以他周一一开盘就做多，收盘就平仓。其他交易日以此类推，并且每天随着新数据的产生不断更新统计数据，颇有一种趋势追踪系统的风范。当我第一次听到这种操作模式的时候，惊诧之余发现居然找不到反驳他这种做法的理由。

后来我在某本书中发现了一种更加离谱的操作，也是一位脑回路奇特的交易者提出来的。具体操作是：随意定义一枚硬币的正面代表多、空中的任意一方，后面采取定时掷硬币的方式确定交易。如果一开始定义的正面代表多，则反面代表空。每十分钟掷一次硬币，如果掷出的硬币正面朝上，就开多。十分钟后再掷一次，如果依旧正面朝上，就继续持有，如果反面朝上则直接反手。每过一段时间就重新评估一下这枚硬币定义后的盈亏情况。交易者可以根据自己的判断决定继续使用还是修改原有的定义。

在这个例子当中，行情的涨跌其实与硬币的正反面是没有任何关系的。硬币的哪面朝上是完全随机的，用一个随机的东西去指导交易，那最终得出的交易结果也必然是随机的，也就是说它的期望值天然地就趋向于整体期望值。

那么问题就来了：我们怎么知道用来指导我们交易的东西，其本身不是随机的呢？例如在上面的讨论里，我们提到通过统计前一段时间的平均胜率、平均盈亏比来指导后面的交易，来作为后面交易策略制定的基础。这种模式是否本身就是随机的呢？我认为答案是肯定的。因为这里的胜率和盈亏比本身就无法完全量化，我们所能仰仗的，实际上就是一个交易市场整体数学期望值为负的基本逻辑。在这个逻辑下产生的交易结果，不管是高胜率还是高盈亏比，最终的表现自然也就围绕这个负的期望值波动。以此作为交易的参考依据，最终就会像《火影忍者》里面的那个中了伊邪那美忍术的药师兜一样，在一个错误中无限循环。

总　结

通过上面的论述，我们得出的结论让人非常难过，也一度让我感到绝望。因为这意味着，对一个完全理智的人来说，不参与期货交易才是最好的选择。我们想要终身践行的事业，很可能只是一个空中楼阁，一场美好的梦。因为我们所进行的，并非我们所说的“顺势而为”这种操作。实际上，在与负期望值的对抗中，参与期货交易本身就是逆势，那我们一开始就逆势了，还如何说交易要顺势呢？找到这个问题的答案，也正是我几年来想要突破和实现的理论闭环的关键，我将在本书第十一章中进行详细讨论。

舍价取势

第 2 部分

趋势形成原理：势因利导

参与期货交易，所有的一切都基于趋势，在交易之前交易者必须对这个概念有非常深刻的理解。但是，什么是趋势？趋势是怎么来的？它有哪些核心要素？这些问题在不同的期货交易理论中有不同的解释。期货战争理论认为，期货行情中所谓的趋势，是基于期货交易的规则而产生的，其中保证金交易制度制度和到期交割制度两大规则让期货交易与战争画上等号，而集合竞价机制和连续竞价机制则提供了期货交易的价格形成的依据，我们要找寻的趋势就隐藏在其中。但是趋势行情在整体行情中的占比通常是非常小的，我们认识趋势之后，如何将趋势行情从一堆杂乱无章的波动中剥离出来呢？交易者又应当以怎样的态度看待其他的交易理论呢？本部分的内容，主要是讨论期货价格产生的原理，以及由此产生的趋势行情，同时比较市场上的主流行情分析理论与期货战争理论的区别，并且讨论期货交易所在期货交易中的地位及作用，最后结合交易的实际情况，为散户指明正确的战略目标和战术方法。

第七章　期货价格产生的原理

价格在期货交易中的重要性毋庸置疑。在基本面派眼中，价格是调节供求关系的大杀器，所谓的供需失衡都需要价格的波动来让它们重新找到平衡。而在技术派眼中，更是将价格提升到前所未有的高度，其三大基本假设之一，便是“价格消化包容一切信息”。

在我眼中，价格同样是重要的，但是却远没有达到技术派所认为的那么重要的地步。价格的波动构成了整个行情，我们的盈亏与它息息相关。要弄清楚价格在我们的交易中到底应该居于何种地位、我们到底应该怎么处理价格给我们的信息，首先就应该搞懂价格的来龙去脉。本章的主要内容，就是研究价格。

价格产生的核心

1. 价格形成原理总图

分析价格的产生过程，我们就可以得到如图 7-1 所示的原理总图。

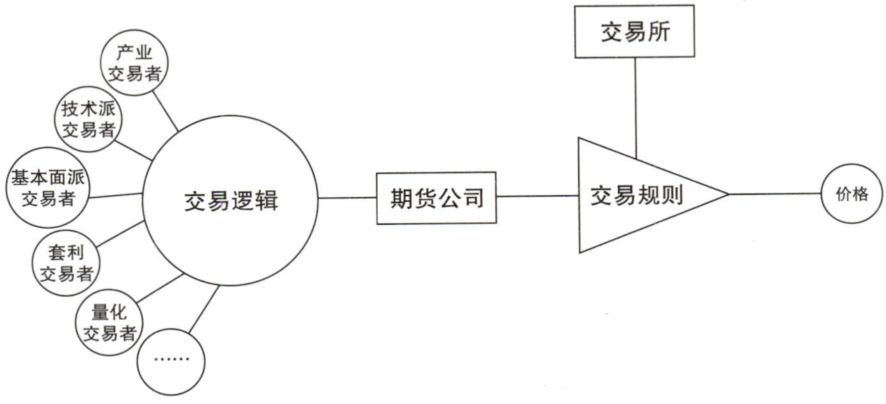

图 7-1　价格形成原理总图

当一个交易者在期货公司开了一个交易账户之后，通过注资，便有了在市场上交易的资格。此时的他就面临交易的第一个问题：交易的具体逻辑。

这里的交易的具体逻辑，就是交易的依据。不管是道听途说来的小道消息，还是技术面的分析，或者是多年的基本面产业经验，甚至是掷硬币得来的决策，实际上都是有逻辑的，只是要看这个逻辑是否科学，是否经得起推敲而已。

在本书第 1 部分中我们对参与市场的交易者们进行过分类，其中就有按交易逻辑进行的分类。从实践中我们可以发现，交易逻辑并不是只有基本面和技术面两种，甚至发展到最后，那些认可并实践期货战争理论的交易者也可能成长为一个较大的参与群体。

当这些各式各样的、秉持着不同的信念、使用着不同交易方法的交易者，将他们的交易逻辑通过期货公司，在期货交易所制定的规则的约束下，在期货市场展开博弈时，便最终形成了价格。

我们把这个价格产生的链条划分为三个部分：形成前、形成中、形成后，则立刻可以对目前市场上的一些参与者、现象进行解释。

比如基本面派，他们所研究的就是价格形成前的这一部分，并且，他们所研究的这一部分是被“阉割”过的。何出此言呢？首先，基本面派实际上就是将供求关系作为交易逻辑的那一部分人，这部分人的交易底层逻辑是有一个潜台词的，那就是期货市场的价格在任何时候（或者说大部分时候）都是受供求关系左右的，当它的供需平衡发生变化之后，会助推价格的变化让供需重新实现平衡。**关键的问题在于，这个所谓最真实的供求关系，如何才能够获取到呢？又如何能够保证，当前市场上的大部分参与者，也获取到了这个信息并以此付诸交易呢？**比如，如果当前市场上某一个品种的实际供求关系是供大于求，但是市场上绝大部分参与者都不知道这个事情，甚至从他们那里分析出来的结果是供不应求，那么他们此刻在市场上所做的操作可能就是买买买，对于提前洞悉真正供求关系的你来说，此时去做空可能反而会带来巨大的灾难。这种死在黎明前的黑暗中的例子比比皆是。

著名的经济学家凯恩斯在他的《就业、利息和货币通论》一书中提出了一个“选美理论”：报纸上有一个选美竞赛，在这个竞赛中，参与者要从 100 张女生照片中选出最漂亮的 6 张，所选出的 6 张照片最接近于全部参与者共同选出的 6 张照片的人就是获奖者。

每一个参与者所要挑选的并不是他自己认为最漂亮的人，而是他设想的其他参与者所要挑选的人。凯恩斯总结说，别猜你认为最漂亮的女生能够拿冠军，而应该猜大家会选哪个美女做冠军。即便那个女孩丑得吓人，只要大家都投她的票，你就应该选她，而不能选那个长得像你梦中情人的美女。诀窍就是要猜准大家的选美倾向和投票行为。总结成一句话：选美，表面上是选你认为最美的，实际上是选大家觉得最美的。

在这个价格形成的“选美游戏”中，基本面派就默认供求关系是大家觉得最美的。这是有明显的一厢情愿在其中的，当供求关系不明显的时候，多空之间的博弈会很反复。而如果情绪逻辑在当前的行情中起到了主要作用，那么所有的基本面都会失效，一切都将以情绪为准。

而技术派，他们研究的实际上就是价格形成链条中形成后的部分，其中的局限性非常明显，这里简单举个例子就可以知道。例如我们虚构一个品种，假设它的基准价是5000元/吨，我们每0.5秒随机给它+1元、-1元或者保持原状。然后将这个品种的走势图连起来，就会形成一个和真实的期货品种完全一样的行情图，我们同样能给它画均线等各种指标，也可以用波浪理论等去分析它，甚至还可以发现它存在所谓的趋势。由于我们事先知道它是怎么来的，因此，如果我让你参与这个品种的交易，你大概率是不愿意的，因为这是一个随机的走势，没有任何规律可言。**如果我们用所谓的技术指标去参与这样的随机行情，大概率也将收获一个随机的结果，即在扣除掉手续费之后数学期望值为负，实现稳定的亏损。**

实际上，在金融市场早就有经济学家提出过价格的随机漫步理论。这个理论认为，价格的走势是完全随机的，无法利用历史价格数据来预测未来的行情。这个理论甚至得到了数学家的证明。如果行情真的是这样，那么交易者就完全没有参与交易的必要了，因为没有任何人可以战胜大数法则。

我通过查阅相关资料，发现这个理论所使用的核心数据就是历史走势中的数据，只能说他们证明了历史价格走势，但无法预测未来的行情。如果我们能加入除价格之外的维度去分析行情，那么在某些特定情况下，行情是可能有局部的确定性存在的。而这种局部的短时间确定性，也恰恰是我们期货战争派所认为的交易基础。

纵观整个环节，价格产生过程的关键，恰恰就在这个交易规则上面。所有的交易逻辑都要通过交易规则来兑现，通过观察在交易规则制约下价格的形成过程，就能够判断出当前的所有参与者有没有形成合力。例如，当产业逻辑交易者和技术派逻辑交易者形成合力时，价格自然就会向预期的方向发展，此时的行情，不论是基本面派还是技术派，其实都能解释得通。

而作为整个环节中掌握信息最多的交易所，它们的态度也会对行情产生影响，这些都是有迹可循的。后面会有专门的章节对此进行讨论。

以下针对图 7-1 进行一些总结：

①当参与者的交易逻辑没有形成合力时，行情走势的确定性变低，此时不具备交易价值。

②什么样的交易逻辑在当前行情中占据主导地位，我们就应当以此交易逻辑作为我们交易的参考。而判断当前行情中是什么逻辑占据主导地位，则主要依靠交易规则及从其中推导出来的结果。

③价格的形成过程是一种将具体交易行为抽象化的过程。具体讲就是参与者在交易中会丢失其身份信息、交易逻辑信息等重要的价格影响信息，背后的调研实力、资金实力、信息资源实力等博弈被抽象成简单的买卖盘博弈。人们会失去对期货战争的残酷性和博弈性的准确认识。

④在市场的参与者们没有形成合力、产生压倒性优势的时候，依然可能有大波动的行情产生（例如没有什么持仓量的小盘品种，只需要极少资金便可以引起行情的巨大波动）。此时的行情与掷硬币产生的随机行情没有本质上的区别，这样的行情只能被称为波动，而无法被称为趋势。

⑤趋势混在波动之中。交易者的主要任务，就是将这小部分有极高确定性的趋势从整体波动中剥离出来。从侧面也可以说明，大部分的无序行情是没有交易价值的，交易者必须耐心寻找机会。

刚刚我们说到规则很重要，从价格的形成机制来看，其主要是依靠集合竞价规则和连续竞价规则，下面对其进行逐一说明。

2. 集合竞价规则

期货集合竞价有以下规则：

①**时间规定**。每一交易日开市前5分钟内，前4分钟为投资者对期货合约买卖价格指令申报时间，后1分钟为集合竞价撮合时间。

无夜盘的品种的集合竞价时间是8：55—8：59；有夜盘的品种的集合竞价时间是20：55—20：59，日盘不再进行集合竞价。

②**价格规定**。集合竞价期间，买入价和卖出价的价格限制分别为合约涨停价和跌停价，买卖一方价格必须在价格限制之内。

③**委托规定**。参与期货集合竞价的投资者必须在规定时间内向交易所提交委托单，委托单包括买入（卖出）点数、买入（卖出）数量等信息。期货交易所要求委托单必须严格符合期货交易规则。

④**撮合规定**。期货集合竞价的成交价格确定原则为价格成交能够得到最大的成交量。高于集合竞价产生的价格的买入申报全部成交；低于集合竞价产生的价格的卖出申报全部成交；等于集合竞价产生的价格买入或者卖出申报，根据买入申报数量以及卖出申报数量的多少，按照少的一方申报数量成交。

总结上面的几个竞价规则，我们大致可以得出如下结论：

①集合竞价有一定的可操作空间，具体的方式就是利用收盘期间的消息发布，间接影响各种参与者的交易，然后根据实际情况决定是放量出货还是进一步拉升。例如在开盘前发布利多消息，在集合竞价阶段利用少量的资金即可以形成向上跳空的开盘价。

②开盘前没有任何的利多利空出现，但是价格在竞价阶段却出现了跳空，则往往意味着当前品种的主力资金可能会有大动作，有进一步将行情往跳空方向推动的可能性。

③主力资金为了防止被对手盘利用集合竞价偷袭，必要的时候可能需要在集合竞价的时候挂出一些防守的单子。

3. 连续竞价规则

除了集合竞价时段，交易时段内所产生的所有成交都是在连续竞价机制下实现的，例如郑商所发布的《郑州商品交易所交易规则》第二章第五节第四十八条：

连续竞价阶段，交易撮合系统将买卖申报指令以价格优先、时间优先的原则进行排序，当买入价大于、等于卖出价则自动撮合成交。

价格优先是指，较高价格买入申报优先于较低价格买入申报，较低价格卖出申报优先于较高价格卖出申报。

时间优先是指，买卖方向、价格相同的，先申报的优先于后申报的。先后顺序按交易所系统接受申报的时间确定。

某一合约以涨跌停板价格成交的，撮合成交原则为平仓优先和时间优先。

以上规则在所有的期货交易所都大同小异。在规则中我们可以看到，连续竞价阶段的两大关键性原则是价格优先原则和时间优先原则。为了方便大家理解，我们选择一个上期所的品种为例进行分析。

图 7-2 中所展示的是不锈钢 2401 合约的五档买卖盘。所谓五档买卖盘，就是指当前合约报价中与现价最近的五档买卖方在交易所报出的买卖指令统计数据，左边是价格，右边是报单量。大商所与郑商所只能看到一档买卖盘，为了方便大家理解，故选择了显示买卖盘最多的上期所数据。

M 不锈钢2401 ss2401		
卖五	13770	68
卖四	13765	55
卖三	13760	476
卖二	13755	83
卖一	13750	69
买一	13745	1
买二	13740	79
买三	13735	312
买四	13730	56
买五	13725	70
总卖	13760	751
总买	13735	518
最新 13750	涨跌	-130/0.94%

图 7-2　不锈钢 2401 买卖盘口

在以上数据中，买一和卖一是不能成交的，因为它俩的价格差了5元钱，如果它俩要想成交，则必须有一方做出价格方面的让步才行。如果在此时，有一个第三方以13745元的价格报出了10手的卖单，会出现什么情况？

价位	现手	增仓	开平
13750	4	-1	空平
13745	40	-40	双平
13750	25	-1	空平
13745	27	-26	多平
13745	5	-1	多平
13750	1	0	多换
13745	4	-1	多平
13745	6	-3	多平
13750	3	-1	空平
13745	4	0	空换
13750	7	0	多换
13750	36	-30	空平
13745	7	-7	双平
13745	1	0	空换
13750	3	0	多换

图7-3　五档买卖盘口

在图7-3中，此时会有一笔成交量为1、价格为13745元的成交记录出现在图的最下方，而最新价也随之变成了13745元。卖一则变成了13745元，量变成了9手，而原本的卖一到卖四，变成了卖二到卖五，原本的卖五就看不见了。至于买盘，原本的买一则消失不见，买二到买五变成了买一到买四，下方的价格顶上来一个价位变成了买五。

所谓价格优先实际上在五档买卖盘中已经有所体现了，例如买一的价格高于买二，所以它排在买二之上，一旦有可以撮合成交的报单则买一会优先于买二成交，卖盘上亦然，这就是价格优先原则。

如果刚才这一笔10手的13745元价格的卖单是由几个不同的交易者分别发出的卖单组成的，那么由于他们的价格一样，交易所就会按照时间优先的规则为他们排序，这就是时间优先原则。如果最先发出卖单的那个交易者发出的卖单大于1

手，在图 7-2 这个买卖盘中，则只能成交 1 手，剩下的需要继续排队。

我们可以发现，当价格达到涨停板或者跌停板的时候，由于无法挂出比涨停板更高的价或者比跌停板更低的价，所以此时无法利用价格优先原则插队了。由于涨、跌停板本身就代表着价格波动剧烈，交易风险变大，所以交易所为了控制总体风险，保护投资者，就提出了平仓优先原则。也就是在价格达到停板时，平仓单指令排在开仓单指令之前，而平仓单和开仓单则又分别按照时间先后顺序排队。这个规则是期货相较于股票所独有的交易规则。

通过演绎法和归纳法，从连续竞价规则中我们至少可以总结出如下结论：

①如果多空双方中的某一方有资金优势，就可以推着价格往某一个方向连续运动。如果双方的力量强弱差不多，可能就需要通过造势来增强己方、削弱敌方以实现力量的强弱转换。

②开仓的时候是一个阵营，平仓的时候就变成另一个阵营了。例如我们开仓的多单，在开仓的时候，会吃掉对应数量的对手盘的卖单，此时的我们是一个阵营。但是当我们平仓的时候，发出的平仓单则会吃掉多方放出的多单，形成事实上的叛变。

③所有的下单指令都要在交易成本以及效率上做好平衡。

交易快照的秘密

刚刚我们说到，在众多的期货交易规则中，连续竞价制度是最核心的价格撮合机制。然而，我们在交易软件上看到的数据并不是完整的连续竞价成交数据，而是叫作 TICK 的数据（用于描述价格和交易量等信息的即时更新数据）。正是靠着 TICK，才组成了我们能看到的所有行情。

1. TICK 数据到底是什么？

玩过游戏的朋友应该都知道回合制游戏。敌我双方你来我往，严格按照回合来进行游戏，但是期货交易是实时制的，也就是说，只要你的物理速度够快，完全可以在对手出招之前多次发动进攻，或者修正已经发出但没有完成的指令。实时制的存在意味着每一笔完整的交易之间的时间间隔是不规律的，有的可能间隔很短，有的可能间隔很长。而这一整条完整的交易数据，就形成了数据流。

数据流在快的地方会特别拥堵，在慢的地方又会稀稀拉拉。我们人类对数据的速度感知也有生理极限，面对变化太快的数据根本反应不过来，交易所为了将整个交易的环节变得更加标准和规范，折中选择了用固定频率对这个数据流进行切片的方法来表现行情。这个固定频率就是一秒两次（也就是500毫秒一次），由此形成了TICK数据。在目前的五大交易所中，郑商所与大商所的TICK数据可以精确到一秒四次（也就是250毫秒一次，需要额外付费）。

严格来说，TICK数据并不能完整地反映市场所有的交易记录，但是，对于大部分交易者来说已经足够了。如表7-1中（没有考虑增减仓），在14时13分02秒时，某合约总共成交了11笔。

表7-1　成交明细表

序号	时间	价格/元	成交量/笔
1	14：13：02：050	5001	20
2	14：13：02：100	5001	43
3	14：13：02：180	5001	11
4	14：13：02：270	5001	7
5	14：13：02：320	5002	4
6	14：13：02：400	5001	24
7	14：13：02：610	5001	75
8	14：13：02：700	5001	10
9	14：13：02：740	5001	9
10	14：13：02：830	5000	16
11	14：13：02：980	5000	31

如果 1 秒钟内生成 2 个 TICK，那么就会形成这样一个记录（见表 7-2）：

表 7-2　TICK 数据表（1 秒 2 个 TICK）

时间	价格/元	成交量/笔
14：13：02	5001	105
14：13：02	5002	
14：13：02	5001	94
14：13：02	5000	

而如果 1 秒钟内生成 4 个 TICK，就会形成这样一个记录（见表 7-3）：

表 7-3　TICK 数据表（1 秒 4 个 TICK）

时间	价格/元	成交量/笔
14：13：02	5001	74
14：13：02	5001	31
14：13：02	5002	
14：13：02	5001	94
14：13：02	5000	47

在这两种数据记录中，没有成交量的那个数据在交易软件上的显示都是灰色的，也就是我们常说的灰价，这个灰价不能算作一个完整的 TICK。灰价是由价格波动过于频繁，导致一个切片中有太多笔成交，但是成交价格不一样，切片数据无法完全记录造成的。切片的频率越高出现灰价的概率越低，TICK 没有显示成交量仅仅是因为 TICK 的生成机制，不代表没有，交易所是可以获取所有的成交明细的，并且普通的切片基本上已经能够满足行情的需要，很少会出现灰价。而需要注意的是，交易软件上的所有条件单，都是使用非灰价作为触发价的，例如在刚刚这个例子中，如果我们设置了 5002 元这个价格开仓或者平仓的条件单的话，是无法被触发的。

另外，如果成交过于清淡，可能会有 TICK 数据缺失的情况，比如 2 秒才有 1 个 TICK，这实际上不是缺失，是交易太少造成的。

2. TICK 数据中的 BUG（程序错误）

交易所的 TICK 切片这个规则本身是没有太大问题的，直到随着计算机技术的发展，出现了超高频交易，也就是一笔交易只需要 10～100 毫秒就可以完成，可以在一个交易切片内，也就是一个 TICK 数据内完成多达几十次的交易，TICK 数据的 BUG 才由此产生。

在我们的市场上充斥着大量的以买卖盘数据为基础来进行交易的程序化策略，这种类型的策略一般都是跟风交易，也就是根据盘口当前的动向来进行交易，类似的还有一些手动的高频交易者（炒单）。比如他们发现某合约上的买一在迅速变多，就认为买气逐渐上涌，会选择追多，然后利用价格惯性来获利。这时就会出现 BUG，拥有物理优势的的超高频交易者可以利用这种 BUG。

具体的做法是，先在买卖盘上挂出大额的买卖单，此时交易所切片将数据推送到了所有的行情接口中。其他的交易者（程序）接收到了数据，根据盘口的数据进行计算并发送了相应的交易指令。此时，他们的交易指令尚没有返回交易所（可能前后需要好几百毫秒），而我们的超高频交易者已经撤掉一开始挂的买卖单了。这意味着根据刚才的买卖盘做出反应的交易者们做出指令的依据已经消失了，而他们的指令没有消失，进入了交易所。超高频交易者则可以根据不同的策略类型对其他交易者的交易指令进行相应的处理，选择让他们成交并达到止损位或者利用他们来为自己的仓位“抬轿子”，颇有“把狗骗进来杀”的意味。

除此以外，利用多个账户还可以在一个切片内完成自成交，将价格往自己想要的地方推。因为速度快，别人的交易挂单尚未进场，相当于在这一个切片之内，超高频就是独一无二的“王”，对价格拥有绝对主导权。

以上这两种做法实际上有操纵证券市场价格的嫌疑，除此以外还有很多种钻空子的手法，都是利用 TICK 数据的 BUG，我们可以举一反三想出很多来。

尽管涉嫌违法，但在巨额的经济利益诱惑之下，资金难免会选择铤而走险。具体来讲他们需要解决这几个问题。一是缩短物理距离。和交易所的机房越近物理上越有优势。如果他们的电脑就在交易所大楼里，也就意味着，行情数据还没有传到身在全国各地的普通交易者电脑里面，他们就已经完成了很多次交易，要实现这个效果，最简单的办法就是租用期货公司在交易所大楼里的交易通道。二是接口直连。我们作为普通交易者要想进行期货交易必须选择经纪人，也就是必须通过期货公司，才能将我们的指令下达到交易所。如果能打通期货公司的关系，直连交易所，就意味着再次缩短了交易时间。三是规避自成交。自成交是交易所明令禁止的行为，要想规避自成交最简单的办法是采用多账户分仓，试想我们用一千个账户分仓，利用计算机技术几乎可以为所欲为。

3. 技术是把“双刃剑”

刚刚讲到了TICK数据的BUG，有了BUG，自然就有利用BUG的人。一般来讲，只要在交易所允许的规则范围内，交易所是不会也不应该来干涉我们的。但是，在上一段中提到的例子，实际上不仅仅违反了规则，还到了违反法律的程度。这是典型的涉嫌操纵证券、期货的违法行为。作为裁判，为了规避这些问题，交易所乃至监管部门，做了不少努力。一是对程序化交易的红线进行了清晰的划定，对于哪些能做哪些不能做给出了明确的范围，比如制定了单日成交总额限制、报撤单总数量限制等具体制度。二是祭出了“最强杀器”：穿透式监管。穿透式监管解决了程序化交易游走在监管之外的尴尬，解决了分仓账户的问题（具体可以参考淘宝的反刷单系统对关联账户的认定）。有的交易者有被迫害妄想症，总以为穿透式监管推出来是为了获取散户的底牌。**交易所要获取散户的底牌根本不需要穿透监管，真正需要穿透监管的是那些不太守规矩的大资金**。

技术是把“双刃剑”，取决于用的人。在遵守规则的前提下，有没有可以发挥的空间呢？个人认为是有的。比如对于大资金来讲，在进行交易时，直接将大额的报单挂出来可能会对价格造成较大的冲击，最后自身的成交价也不会太好，间接提高了成本。如果将报单拆分成若干小单，根据当前盘口的具体情况挂到不同的价位上，可以减小对市场的冲击，避免流动性缺失，出现“乌龙指”等情况。

4. 散户的选择

不得不说，散户在任何市场、任何时间都是弱势群体。面对群雄并起的市场现状，散户如何靠着赤手空拳与武装到牙齿的对手对决而不落于下风呢？

在以前超高频交易尚未崛起之前，市场上最稳定、最意气风发的交易者非炒手们莫属。在三大商品交易所附近，租上别墅、写字楼，每天像搬砖一样在市场上掘金。当然，他们搬的是金砖。各个期货实盘比赛中，总能在前几名里面看到炒手的身影，然而，随着时间的推移，现在这个群体基本已经销声匿迹了。原因就是在不断提高的技术竞赛中，他们逐渐被电脑打败，试想人再快能快得过电脑吗？

由于技术比拼的白热化，通过 TICK 获利的边际效应越来越明显。超高频策略之间较量速度。较量硬件条件，陷入了一个死循环当中。普通交易者要资金没资金，要技术没技术，看起来一点胜算都没有。然而世界总是矛盾而又辩证的，对于散户来讲，我们比快比不过，但是我们可以比慢啊！以弱胜强、以慢打快、以柔克刚，这正是军事艺术的体现。用期货战争理论指导交易实践，是有很大可能获得最后的胜利的！

期货战争模拟器

结合期货市场价格的产生原理，我设计出了一个“期货战争模拟器”。用这个模拟器，可以微观地观察期货战争的具体细节。它从动态的角度，具象化了期货战争，让交易者对期货战争的认识更加直接和深入。此模拟器是基于 C 语言开发的独立应用，有需要的朋友可以在本书末页获取联系方式，以后也会有实时的更新。该模拟器可以用于短线交易，配合后面要讲的光子雷达指标（见第十三章），可以在关键阻力位观察和参与当时的突破行情。除此以外，模拟器也可以用来进行盘感训练，加深对期货战争的理解，初学者可以通过长期观看模拟器提升自己的盘感。

如图 7-4 中，期货战争模拟器只有一个界面：左边是品种端，可以在这边选择合约；右边则是模拟器的主要界面，下面的半圆代表多头，上面的半圆代表空头。当多头向空头攻击时，就从下方的半圆向中间的大圆球射出一个小球；当空头向多头进攻时，就从上方的半圆向中间的大圆球射出一个小球。如果是多头主动撤退，则从中间的大圆球中斜向下飞出一个小球；如果是空头主动撤退，则从中间的大圆球中斜向上飞出一个小球。

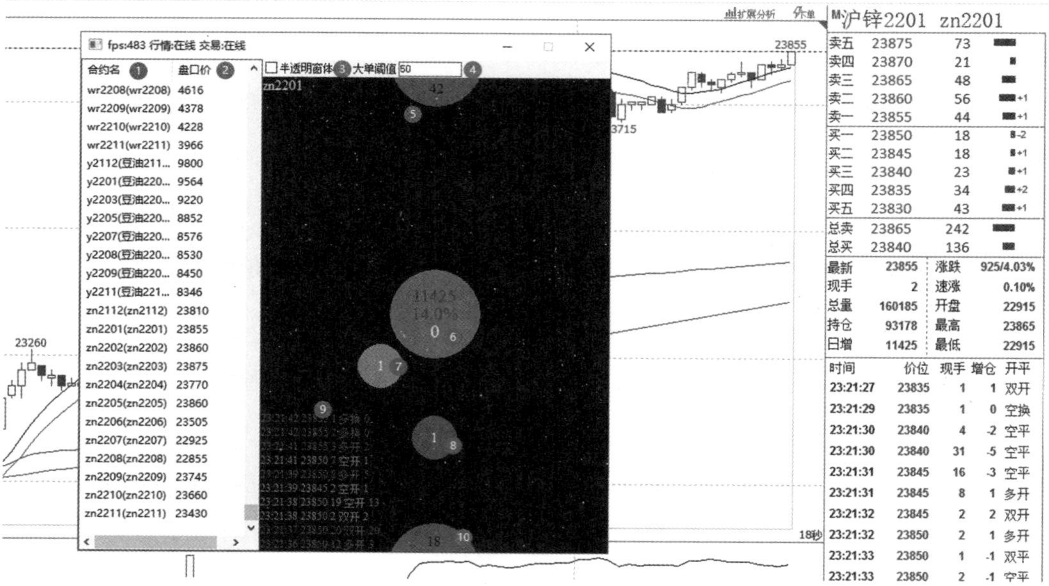

图 7-4　期货战争模拟器界面

图上标志所代表的含义如下：

①合约名字选择栏。

②当前最新价。

③窗体设置按钮（可以设置为半透明，方便看交易软件上的行情）。

④大单阈值设置，一旦大于该值，发射的球就会变大。

⑤卖一（此处数据不一样是因为两个软件使用了不同的数据接口，略微有点区别）。

⑥中间大球，显示持仓量，增仓幅度，增、减仓情况。

⑦从中间大球飞出的小球，代表减仓，颜色代表行情方向。

⑧从上、下半球飞向中间大球的小球，代表增仓，颜色代表行情方向。

⑨成交明细，是通过 CTP 接口直接获取的交易所 TICK 数据。

⑩买一。

模拟器上的多空进攻的球飞行的方向取决于该笔 TICK 的成交类型。这里根据价格、持仓量、成交量的变化，将成交类型分为 8 种，具体如下：

①多开：成交价为买价，增仓量为正。

②空开：成交价为卖价，增仓量为正。

③多平：成交价为卖价，增仓量为负。

④空平：成交价为买价，增仓量为负。

⑤多换：成交价为卖价，增仓量为0。

⑥空换：成交价为买价，增仓量为0。

⑦双开：增仓量=成交量。

⑧双平：增仓量+成交量=0。

第八章　期货战争中的趋势

前面我们讨论了期货战争中的价格是如何产生的。在起起落落的价格运动中，究竟哪些行情可以被称为确定性行情？究竟哪些规律是我们普通散户所能掌握和利用的？这两个问题的答案，最终都归结到一个问题上面：顺势而为。

顺势而为不仅是一种交易观，更是一种哲学观。人生处处充满着势，懂得顺势的猪不管多重都能飞起来，而逆势而为的人强如诸葛亮也终是举步维艰。要想顺势，首先就要能看懂势，连势是什么都搞不清楚，又谈何顺势而为呢？

要想看懂势，我们要明确两个内容。一是明确趋势的定义。这个定义非常重要，它能帮助我们清楚地判定当前趋势是否存在。这个定义越精确，越贴合我们所描述的事物本身的特性，则可操作性越强。二是通过定义，我们要归纳总结出趋势产生的条件，掌握其发展的客观规律，从趋势的产生、发展，到趋势的终结，我们都能够做出判定，给我们顺势而为指明可行的道路。

趋势的定义

究竟什么是行情的趋势？有的人说是不断抬高（下降）的高（低）点，有的人说是连续朝一个方向的波动，有的人说是供求关系回归的力量体现。

当《期货战争论》于2021年在期乐会上初次连载的时候，有网友在趋势这一章节下留言，说我居然需要花十年时间才能认清趋势，而这是非常简单的问题。

事实上，从我开始接触期货起至今，顺势而为思想就一直贯穿其中。我所开发的所有交易策略，都是趋势追踪类型的。问题的关键在于，当时我以为自己已经懂了趋势，但是实际上并没有真的懂，而市场上大部分所谓趋势交易者都处于这个状态。

因为交易这个东西非常抽象，不管多么复杂的分析、多么眼花缭乱的交易技巧，最终落实到交易上的时候，只有开、平、多、空四个概念。从表象上看，用掷硬币决定的交易和用科学的方法所做出的交易决策在交易记录上是无法被直接分辨出来的。

技术派可以简单地把趋势划分为多头和空头，甚至连对多头和空头的定义都非常简单，例如价格在60日线以上运行称为多头，在60日线以下运行则称为空头。可是为什么要这样分？这样分真的科学吗？

“趋势”即事物发展的动向（用“趋势”这个词表示一种向尚不明确的或只是模糊地制定的遥远的目标持续发展的总的运动）。

对于这个定义，我个人认为是不够精确的。一是所谓的动向，杂乱的运动也算是一种动向，应当对这个动向的持续时间和方向加以限定。二是有的动向没有能量的积蓄与推动，充其量只能算是波动。三是我认为趋势要具备可观测性和可预测性，无法被观测和预测到的趋势是没有意义的。

2017年9月的一天，正蹲在山里创业的我遭遇了一次天灾，真实地感受了一把百年不遇的暴雨的威力。平日山沟里那条细细的山泉，在铺天盖地的暴雨的裹挟下，越变越大，最后成为一条宽约20米的瀑布，混合着如浓汤般的红色泥浆，伴随着树木折断和岩石崩塌的声音，从近50米高的半山腰上倾泻下来。那种声音、那种场面、那种气势让人终生难忘，感觉它能摧毁任何阻挡它的东西。只见大如饭桌般重数吨的巨石被它冲得不停翻滚，而两三百斤重的条石，则轻如风中飘絮，瞬息间便没了踪影。我想起了一堆成语：势如破竹、危如累卵、千钧一发、雷霆万钧。是不是特有画面感？这些成语都是形容趋势的，它们给人一种对趋势非常感性的认识，有一种可以意会却无法言传的神妙感觉。这次天灾让我损失惨重，却也让我顿悟，解开了多年悬而未解的难题，这泰山压顶般的能量倾泻而出，不就是趋势吗？

我们再来看某些具体的交易，它们通常都伴随着巨大的持仓量增加，这就像某个池子里面越积越多的水。而伴随着持仓量的增加，多空双方想要平稳平仓的难度就越来越大，因为这意味着要让对手认输。于是市场中有人总结出了一句经典的话：多头不死，跌势不止；空头不死，涨势不止。

利用归纳法和演绎法，我最终提出了期货市场中趋势的定义：**市场中相互没有关联的参与者们在利益的驱动下，不约而同地做出同一个方向的可被观测的交易，通过集合竞价和连续竞价机制的共同作用，在一段时间内持续推动价格和行情进一步朝某个可预测的方向连续发展的过程**。

趋势的成因

趋势是怎么产生的？事实上在我对趋势的定义中就已经回答了这个问题。总结起来就是一个词：势因利导。

也就是说，期货市场的所有趋势，都是以利益为原动力而产生的。但是需要注意的是，这里的利益不特指经济利益，有可能是政治利益等其他利益。但是在大多数时候，可以说 99.99%的时候都是因为经济利益，而本书的讨论也仅限于经济利益。

前面我们说过期货市场上有各种类型的参与者，他们为什么来参与期货交易呢？不外乎是为了利益。基本面派的交易者认为供大于求或者某件商品的价格已经严重低于它的真实价值，此时买入相当于捡了大量的便宜货。技术派的交易者认为行情出现了某种确定的交易信号，此时参与有利可图。套利交易者认为若市场上的两个品种之间出现了非常反常的价差，则在它们在回归正常范围的过程中可以实现无风险收益。

正是受这种经济利益的吸引，市场上的很多相互之间毫无联系的交易者产生了相对趋同的交易，然后出现了能量的积累（持仓量增加），导致一方占优势地位（单边上涨或者下跌），最终表现出一轮完整的趋势和行情。至于走势的形态变化，只是在这个运动当中所产生的映射。由此我得出一个推论：**通过利益关系来寻找和分析趋势，则趋势就没有分析不准确的。通过形态来寻找和分析趋势，则趋势就时有时无，好像捉摸不透一样**。

这句话在《文言文版期货战争论》中被简化为：**以利寻势，则势无一不准；以形寻势，则势若存若亡**。

趋势与主力

我们在本书前面章节和与交易类相关的书籍当中可以看到一个概念：主力。大家都说龙上天入地、施云布雨，维护天地阴阳、人间四季的正常运行，但是又没有人真的见过龙。主力在大多数投资者心目中就是这样一个类似“龙”的存在。

单纯从字面上讲，主力就是主要力量的意思。但是，要想把它定义准确似乎有点难，起码在我之前阅读过的交易类书籍当中都没有将这个问题解释清楚。

我曾经用过这样一个比喻：假设我们往鱼塘里丢了一大块面包，不一会儿，引来了一群小鱼，它们在水里将面包顶来顶去，抢食面包上掉下来的碎屑。过了一会儿之后，出来了几条较大一点的鱼，它们顶掉的面包屑更大，而面包的运动幅度也更加大了。偶尔有一两条鱼顶着面包游了很远一段距离，在其他鱼赶上来之前吃到了更多的面包屑。直到最后，水里突然冒出来一个黑影，露出硕大的脑袋哗啦一张口吞下了整个面包，大尾一摆瞬间消失在水面下，只留下巨大的波纹证明着曾经有一个庞然大物的出现。

由此推论，对面包屑施加影响的大小，与抢食面包的鱼的体积成正比。而如果要对期货价格施加影响，就必须具备一定的实力，这种实力可以是经济上的，也可以是政治上的或者是别的方面。当这种实力大到一定程度的时候，我们就可以认为拥有这种实力的参与者就是主力。

事实上，这种定义也不是很准确和实用。它存在这样几个弊端。一是这里的主力针对的是单个的交易个体，比如某个机构，可以持续影响到某个商品的价格，我们就认为它是主力。但是如果有一群散户，通过某种机制或者联系，事实上造成了和这个机构一样的效果，是不是也应当将他们认定为主力呢？而且如果这样的主力有很多个，那么我们又应当以主力中的哪一个为尊呢？二是无法解释主力的方向问题。我们究竟是应当将主力分为多头主力和空头主力，还是合并为一个方向（当前行情的方向）呢？三是我们有观测和跟踪主力的手段吗？如果没有，这样的定义就是空中楼阁，无法指导具体的实践。

为了解决上述问题，我从对趋势的定义中，衍生出了对主力的定义：**主力就是**

在利益的驱动下，不约而同地做出同一个方向的交易并且对当前行情起主导作用的可被观测的交易者群体的集合。

“势因利导”是本质，“不约而同”是现象。**主力就是主导当前市场趋势的主要力量。**例如当前的某个品种处于多头趋势，而我们在这波行情中参与了做多，那我们也是主力中的一部分！

趋势与波动

从期货战争理论对趋势的定义我们可以发现，市场上超过80%的行情都不能被认定为趋势，这里我将它们认定为“波动”。市场上有一类观点认为，行情是涨还是跌并不重要，只要它有波动，那我们就可以盈利。这个观点是存在明显问题的，单纯的波动带有极强的随机性，我们参与这类交易不可能获得概率学上的优势。短暂的交易可能盈利，但是长久下去必然会亏损。而期货战争理论中定义的趋势相对于这种随机的波动来说是有更高的确定性的，我们参与趋势确定的行情才有长期盈利的可能。由此我们还能得出另一个推论：**参与期货交易正确的做法就是不断地将趋势从大量的随机波动中剥离出来。**

从上面的推论我们也可以衍生出很多结论。例如为何在趋势的定义中我要强调主力们不约而同做的是可被观测的交易。因为如果这个交易无法被判断出来是不是主力做的，那么对于我们交易者来说，它与普通的波动就没有任何区别。而对于所有的交易者来讲，自然不希望自己的对手盘知道自己的交易计划、交易策略、交易目标等重要信息。他们会想方设法隐藏自己的交易痕迹。比如机构们经常将自己的大单拆分成很多零散的小单，除了想降低本身的交易对市场的冲击以外，另一个原因就是不想让别人发现自己的交易痕迹。**这也就是说，散户需要不断提升自己观测和跟踪主力意图的能力。**

在市场上有少数品种会呈现非常有趣的走势。如图8-1中，以沪深300股指加权合约为例，其走势不管如何，它每一天的持仓量总是呈现特有的变化规律。我将其称为V字形持仓结构。

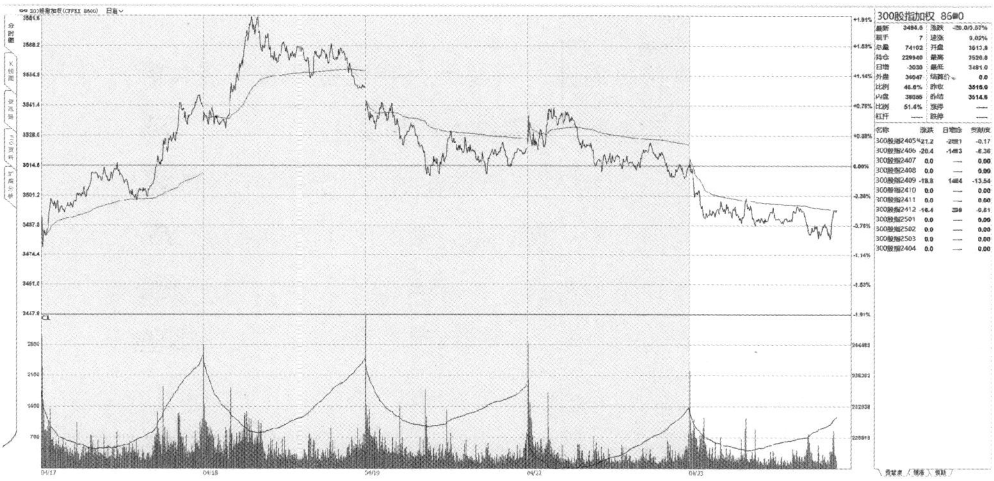

图 8-1　沪深 300 股指加权分时图

沪深 300 股指的沉淀资金正常情况下都在数百亿元左右，和股市几十万亿元的体量相比，简直是沧海一粟。在这种市场容量下，要想对市场施加日线级别的影响，至少要有百亿元级的股票和十亿元级的期货持仓才有可能。纵观整个市场，除了国家队，没有任何市场参与者有如此实力。但普通机构常有而国家队不常有，所以大部分时候，在其他商品合约上可以呼风唤雨的机构投资者，在股指合约上则只能做短周期的交易，就像追逐面包的小鱼一样，对市场只有极其微小的影响，市场价格的形成，颇有些类似随机运动的意味。

交易所并不希望市场上搏短的资金过于活跃，为了限制这些资金的活跃度，它们将日内平仓手续费提高到了交易者难以承受的高度。然而，上有政策，下有对策，通过锁仓的操作，交易者可以将今天的交易全部推至下一个交易日平仓，而盈利却得以锁定。于是沪深 300 股指的持仓量就出现了非常有规律的变化。在交易日的前半场，前一天的投机力量分出了胜负，大量的交易者将前期的锁仓单解锁，持仓量呈现持续性减小。当行情继续发展，上半场盈利或者亏损的日内投机者开始锁仓，新的押注就又开始了，于是持仓量走出稳步上升的形态。如此循环往复，最后持仓量在走势图上留下了一个又一个 V 字。

很明显，沪深 300 股指也可能有确定性非常高的走势，但是，对于我们散户来讲，基本上无法进行观测和跟踪，而用普通的技术分析手段，又无法将趋势和普通的随机波动剥离。所以对于散户来讲，大多数时候沪深 300 股指都是没有交易价值的。

而这种V字形持仓结构突然消失（不是因为手续费调整而消失的），则意味着这个品种的参与者结构发生了变化，即将有大行情发生。

从2019年1月起，前期一直是V字形持仓结构的铁矿持仓开始发生变化，持续了数年的V字形持仓结构消失了。当时尚未发生巴西溃坝事故，但是持仓结构却提前开始变化。1月25日溃坝事故发生，铁矿价格增仓放量突破，迎来了大牛市，颇有一点阴谋论的感觉。

自此以后，铁矿分时走势图再难看到V字形，并且走出了标准的增仓上涨的趋势行情。这种情况一直持续到2019年7月，当月月底，在经历了多次大增大减之后，多头主力顺利实现高位换手，把锅甩给了别人，久违的V字形持仓结构重现江湖。当年8月初，铁矿价格崩溃，指数从881点的高点一路狂跌至574点，而铁矿分时图上的V字形持仓结构，仿佛成了多头主力胜利的手势。

大家再思考一个问题：2015年9月8日之前，为什么股指加权指数的持仓结构是倒U字形呢？

趋势与概率

在刚刚关于趋势与波动的讨论中我们提到了概率的概念，为了方便读者搞清楚这个问题，我们就来看一看概率在行情中的变化规律。在连续竞价期间，如果我们不考虑跳空情况，那么价格通常会有这三种可能的走势：

①比前一笔涨一跳，概率为a。

②与前一笔相等，概率为b。

③比前一笔跌一跳，概率为c。

有的交易者认为，做多和做空赚钱的概率一样，都是50%。其明显的错误就在于其先入为主地预设了a和c的数值各为50%，并且默认b为0。

在上述三种走势中，a、b、c的值是会随着行情的发展不断变动的。假设a、b、c的值保持长期稳定，那么在后续的行情中价格尽管可能会有非常大的起伏，但是最终一定会向着概率更高的走势发展。

如果行情是随机的，那么 a、b、c 是不是都应该等于 1/3 呢？这属于曲解了随机的意思。行情随机的意思是我们无法知道 a、b、c 的具体数值和相对差值，也无法知道它们相对变化的规律。比如说，我们如果知道了 a 的数值为 80%，且这个数值保持长期稳定，那么最好的策略一定是重仓做多。

我们用演绎法来推导趋势行情中 a、b、c 的变化轨迹。以多头为例，如果某一个品种中产生了一段多头趋势行情，那么在被我们发现之前，a 的数值已经在逐渐变大，而 c 的数值在逐渐变小。当趋势发展到足够明显的程度，被我们所观察到时，a 和 c 已经出现了巨大的差值。而随着价格的上涨，原有趋势的相关因素在价格的调控下影响力逐渐下降，a 和 c 的差值从巅峰开始回落，一直到无法被我们观测和预测到为止。而无法被观测到 a、b、c 具体数值或者相对差值的行情，我就认为它是一种波动。

这就是前面我在趋势行情的定义中，会特别强调趋势的可被观测性的原因。如果我们无法知道 a、b、c 的具体数值或者相对差值，就无法获得交易中的确定性。所以，当某个行情中 a、b、c 三个数值出现了相对的差值，并且这个差值可以持续一段时间，我们就认为这段行情是趋势行情。而如果一段行情中 a、b、c 的具体数值无法确定，我们就认为这段行情是随机波动。

从实践的角度来看，解决交易中的概率问题最好的流派就是贝叶斯派而非频率派。由于行情中的概率在不断变化，频率派的解决方案就是用移动筛选样本的方法，具体点就是统计最近一段时间的数据，例如移动平均线就是不断统计一段周期内最新的价格平均数。而期货战争理论是更倾向于贝叶斯派的，例如一旦出现了我所总结的趋势行情类型，比如增仓突破，我们就可以参与这一段行情。当这种趋势类型背后所倚仗的依据消失之后，我们就可以选择平仓。

这就是“对就留、错就砍，直到永远！”这句话背后的概率学原理。

趋势的种类

结合趋势的定义和期货战争的实际需要，我总结出了三大类型的趋势。这里所谓的趋势，都是可以被普通散户观测和跟踪的，如果我们有更加先进的手段，还可以继续拓展趋势的种类。

1. 攻城之势

攻城之势，就是一方资金向另一方资金发动进攻所产生的趋势。其认定条件为：

①持仓量相较于前一个交易日增加3%以上。

②收盘价相较于前一个交易日涨跌幅超过1%。

③成交量大于前五个交易日的平均值。

④如果对应的这根日K线上涨，则认为这一天多头处于优势地位，反之则反。

以上条件缺一不可（第③项除外），如图8-2中，箭头所指的日K线，就是标准的攻城之势。

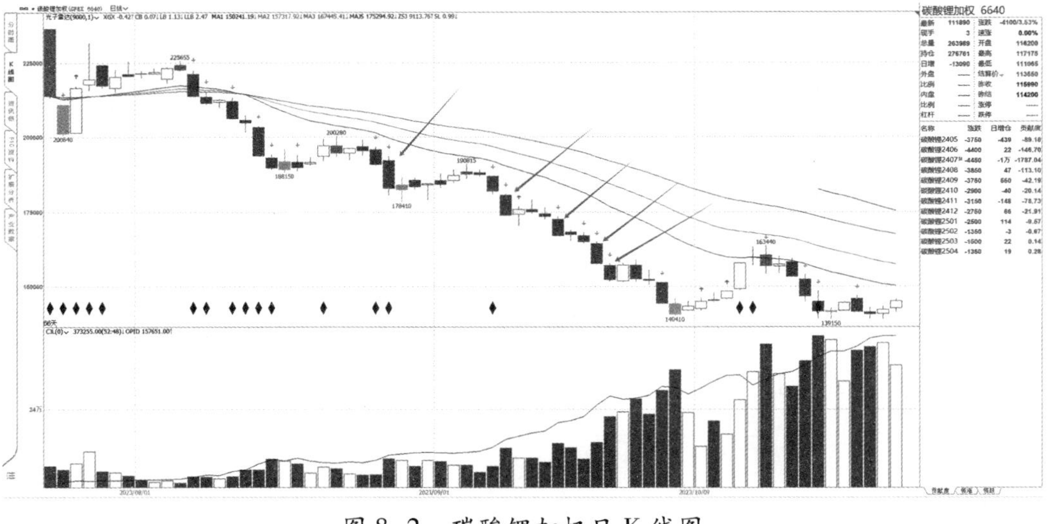

图8-2 碳酸锂加权日K线图

标准的攻城之势当天的行情也是非常强势的。我们可以看到如图8-3中的行情，价格与持仓量一起增加，呈现出高度的相关性。

前面我们说过，持仓量与价格之间本没有特别的联系，但是当它们发生联系的时候，就意味着存在交易的机会。以上条件中，①中的3%这种具体的数值，是由本人总结归纳得到的一个参考值，目的是用来判断一段行情的能量积蓄是否足够；涨跌幅超过1%用来判断多空双方之间的力量差距是否足够大；而要求成交量大于前五个交易日的平均值则是为了判断这段强势的行情活跃度是否足够。但是在实践中，比如在光子雷达指标的具体设置里面，我删去了关于成交量的要求，主要原因在于加入成交量对提高攻城之势的胜率并不明显。

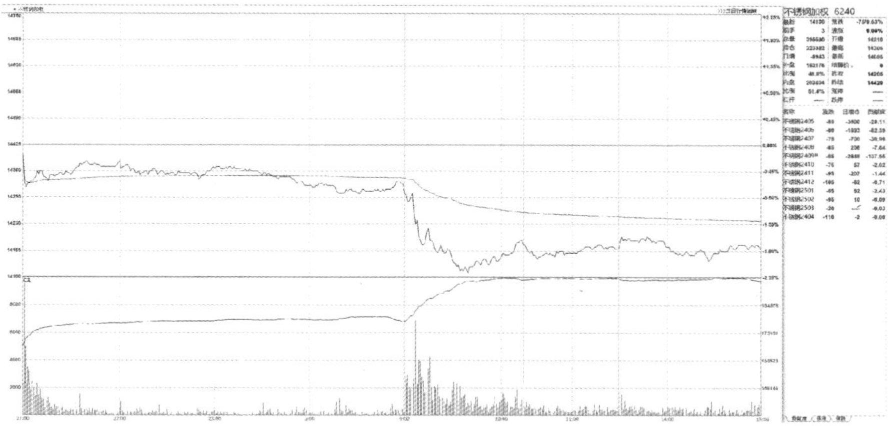

图 8-3　不锈钢加权日线分时图

有的交易者很快就可以发现一个情况：为什么在外盘当中极少能看到攻城之势？这难道是只有我国才有的独特走势？事实上，我们对攻城之势的定义只是对这种类型趋势的一个表征描述，期货战争理论更多的是推崇“得意忘象”的行情分析原则。抛开攻城之势的表现形式看，我们可以发现攻城之势的本质是“围城打援”，是一种标准的阵地战。那么，为什么外盘当中的攻城之势（见图 8-4）特别少呢？

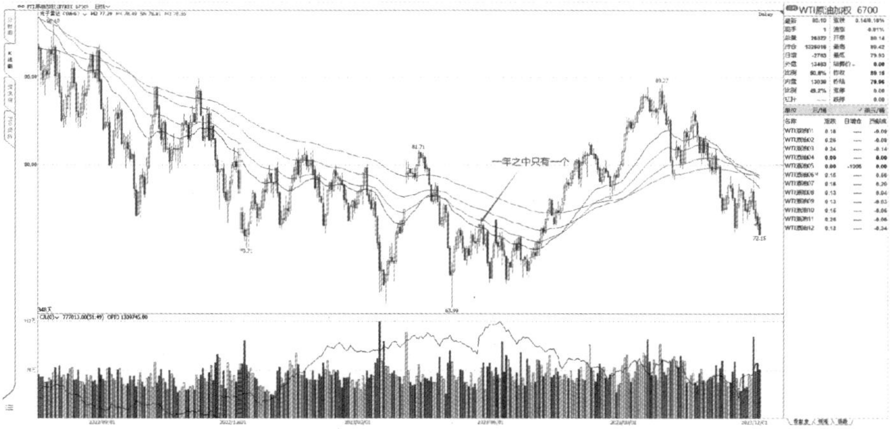

图 8-4　WTI 原油加权日 K 线图 1

实际上，外盘不仅攻城之势少，崩盘之势也少，时制之势就更少了。这个和外盘所处的历史发展阶段是有关系的。其核心原因就是对手盘的缺失。

一个交易市场的发展，往往要经历初始期、高速增长期、成熟稳定期、衰退期四个时期，这四个时期的行情表现又各不相同。

先说初始期。初始期的交易市场各项软硬件建设都不完善，例如交易规则、监管制度、风控制度等，都处于摸着石头过河的阶段。市场里的参与者们相对来说非常大胆，常常有擦边、过界等情况的出现。随着时间的推移，大资金、聪明资金们开始利用市场的各种漏洞来谋取利益。行情之间的博弈也是非常地剧烈，各种逼仓、作弊等手段层出不穷，财富转移血腥且残暴。对应我国市场的历史阶段的话正是从 20 世纪 90 年代到 2010 年这段时期。

当市场的发展经历了探索与创新之后，监管部门的职能得到了充分界定与发挥，各项规章制度已经相对完善，市场发展进入高速增长期。这个阶段的市场最大的特征就是有日益增多的市场参与者和资金。源源不断进入的散户为各种大行情提供了巨大的对手盘，这时候的行情发展就会有非常多的攻城之势存在。我们看看发达国家的交易市场，在这个阶段的行情也存在大量的攻城之势。随着大量散户被消灭，攻城之势才越来越少。我们国家的交易市场目前正处于这个阶段，由于我国人口数量巨大，潜在交易者的人数众多，这个阶段可能会持续很长一段时间。而这个阶段也正是个人交易者最容易成功的时期，趋势的外在表现形式也更明显，更容易被捕捉，再加上对手盘多，交易成本相对更低。

等到市场进入成熟稳定期。此时的存量资金相对稳定，增量资金的规模开始走下坡路。由于大量的散户被消灭，又没有了新的血液进行补充，一些原本需要很多资金才能推动的行情，其推动的难度也变小了。同样是阵地战，同样是增仓推动的行情，但是却达不到攻城之势 3%的增仓标准了。而市场也从原来的机构与散户之间的博弈变成了机构与机构之间的博弈（如图 8-5 所示，2007 年后，国际原油行情中攻城之势就变得非常少了，但是在此之前也是非常密集的）。

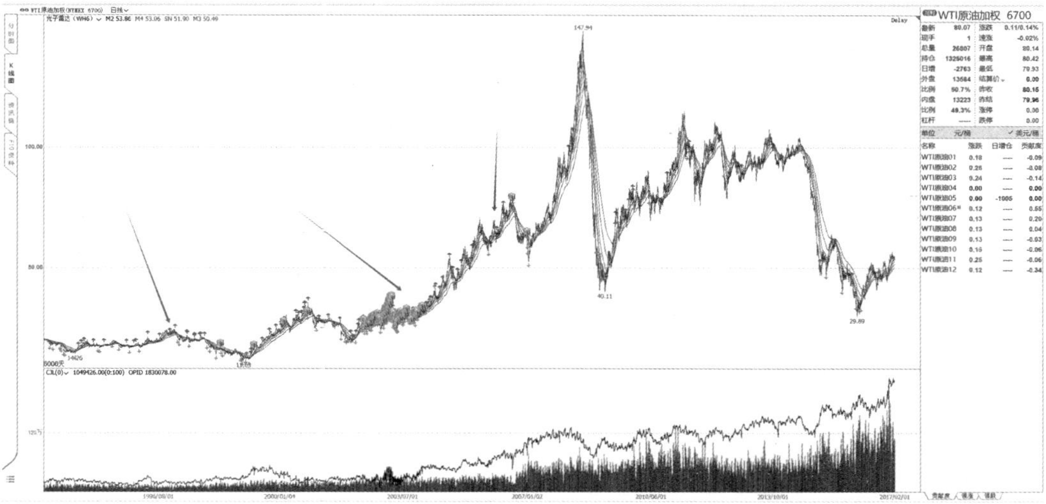

图 8-5 WTI 原油加权日 K 线图 2

机构与散户的区别之一就是对待砍仓的态度，由于机构的仓位管理和风控相较于散户更加严格，因此它们砍仓都是非常果断的。这也导致市场上出现僧多粥少的局面，所以一旦市场上出现了某一个犯错的机构，就会被一群饿狼扑上去绞杀。这个阶段的散户实现盈利的难度会变得更高，因为趋势产生（主要是能量积累，没有对手盘就没有能量的积累）的难度增加，而趋势可能走出的规模又变小了。作为散户交易者，应当尽可能地在市场进入这个阶段以前完成资本的原始积累。

如果市场进入衰退期，那就完全没有参与价值了。这个阶段的市场非常缺乏流动性，资金进去后很容易出不来，交易的滑点非常大，走势的连续性很低，大量跳空缺口的出现让行情完全失去交易价值。

2. 崩盘之势

崩盘之势是相对于前面的攻城之势来说的。攻城之势出现之后不一定有崩盘之势，但是崩盘之势出现之前一定有攻城之势。一段大行情通常会经历持仓量的巨量增加，这种形式的增加不可能是无穷无尽的。当持仓量增加到了极限，再也没有新的资金进来参与行情的时候，原本持仓的这些资金就会选择出逃，如果在出逃的时候资金发生踩踏就会形成崩盘之势。崩盘之势的认定条件（这些条件是可能随着时间的推移而有所调整的）应当是这样的：

①崩盘之前存在大量的攻城之势，持仓量巨量增加。

②持仓量骤减，单日超过 12%。

③行情涨跌幅超过 2%。

④成交量放出巨量，大于前五个交易日的平均值的 1.2 倍。

崩盘有两种行情发展的方向。大多数情况下，空头行情会反方向崩盘，因为对于一个连续下跌的行情来说，往往会有跌破其生产成本价的情况发生。在价格低于生产成本价之后，空头主力如果想退出，基本上不太可能靠逼迫多头强平来出货。因为逼迫多头强平会引来新的抄底资金，而这些资金的成本就更低了。空头主力通常只能靠吸引新的追风盘进来之后自己主动撤退实现盈利的兑现，在盘面上的表现通常就是大减仓。

如图 8-6 中的燃料油大空头行情，其持仓量最高的时候甚至达到 100 万手，当其达到极限之后，持仓量便呈现断崖式的崩溃。而如果是多头的崩盘之势，则既有可能向上崩盘，也有可能向下崩盘。俗话说“钱比货多”。当多头行情发展到疯狂阶段的时候，多头不计成本地买买买可以吓破空头的胆，导致空头被迫砍仓，而摸顶的交易者被吓得只敢在外围观望而不敢轻易进来摸顶。

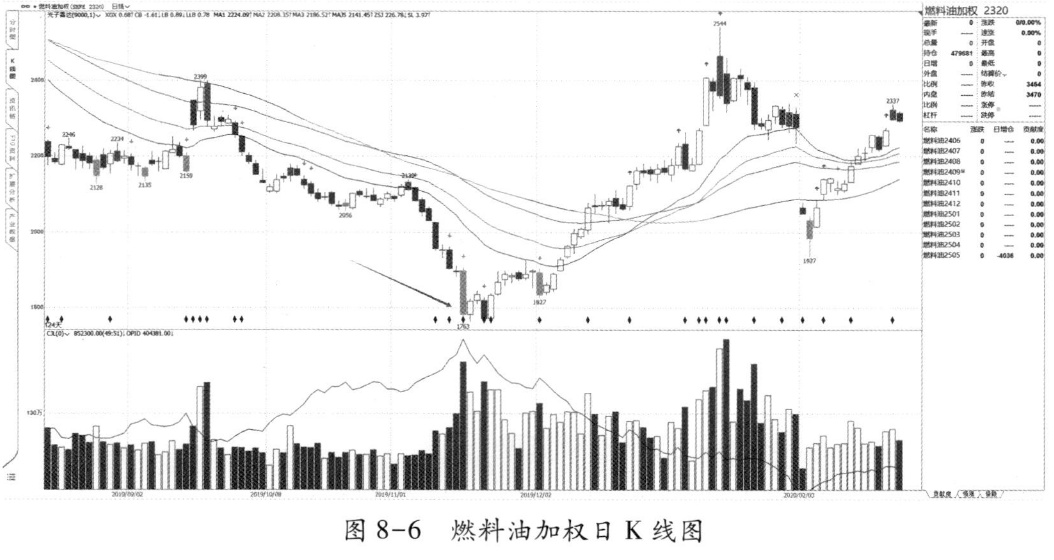

图 8-6　燃料油加权日 K 线图

如图 8-7 中的集运欧线行情，先是增仓上涨，连续的爆拉之后吓得空头望风而逃，没有丝毫的还手之力。

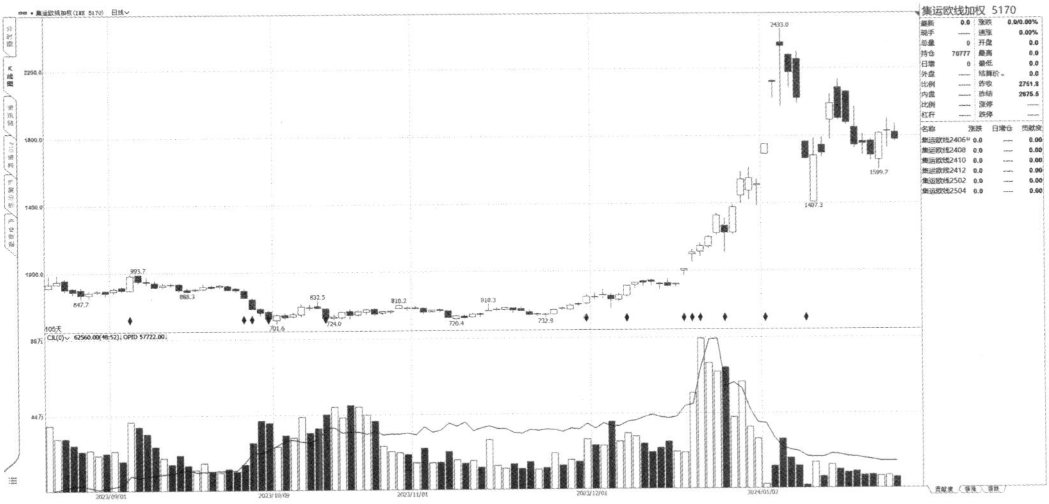

图 8-7　集运欧线加权日 K 线图

而如图 8-8 中的橡胶行情，则在连续的增仓上涨之后达到极限，最终以大减仓结束行情。并且，由于崩盘之势的反应时间短、幅度大，通常情况下都是日内趋势行情，不能将其当作大周期的趋势，除非量变引发质变，导致大周期上的趋势发生完全逆转。

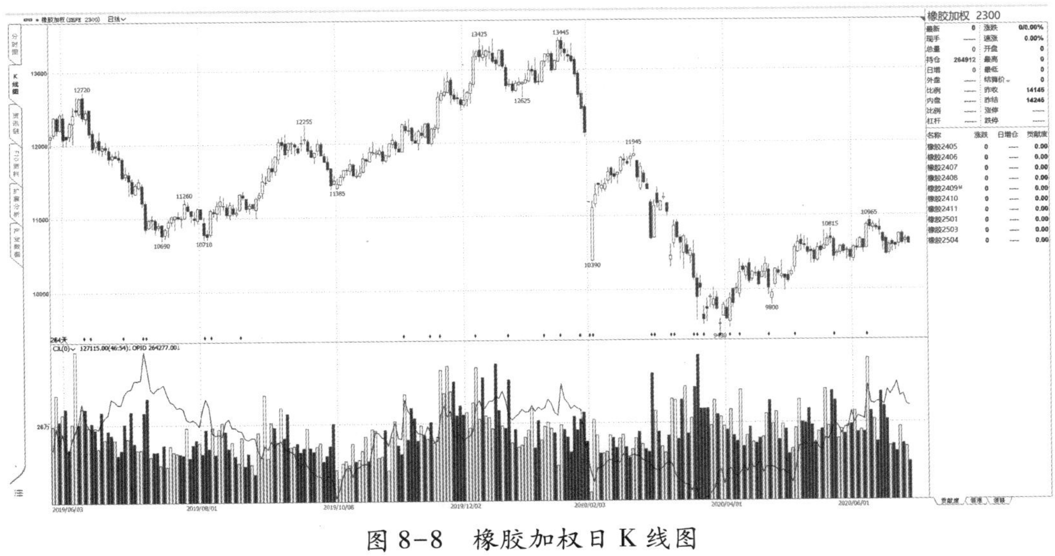

图 8-8　橡胶加权日 K 线图

3. 时制之势

时制之势从字面意思来理解其实就是资金被时间所制。表现为资金在合约即将进入交割月时不得已砍仓出局，造成持仓量暴减、价格大幅单方向运动。它是三种趋势当中确定性最高的一种，也是最值得参与的趋势。但是，出现这种交易机会的可能性很小，正常情况下一年当中只有几次。时制之势的表现形式也是大减仓，看起来和崩盘之势非常类似。崩盘之势与时制之势最核心的区别在于：前者是由于没有新的资金推动而发生踩踏，可能发生在任何时间节点；后者是交割时间迫近，其中一方到了不得不平仓的地步（不平仓就会面临巨大的交割成本，远超砍仓带来的损失）而发生踩踏，其只会发生在临近交割月的时候。

如图 8-9 中，鸡蛋 2402 合约在进入 2024 年 1 月的第一天时，投机持仓还剩下一个月到期。在总共只剩 23 个交易日的情况下，持仓量高达 7.4 万手，是鸡蛋期货上市以来所有 2 月中持仓量最高的一次，前高为 2022 年的 3.5 万手。

并且，由于鸡蛋的限仓数量极低（近月中的后半月需要强制减仓到 150 手以下），而多头又处于弱势（前面一直被动下跌），所以多头面临巨大的平仓压力。随着近月时间的逐渐临近，多头们不得已砍仓出局。期货价格在深度贴水现货的情况下一路下跌，走出了一波非常流畅的空头行情。

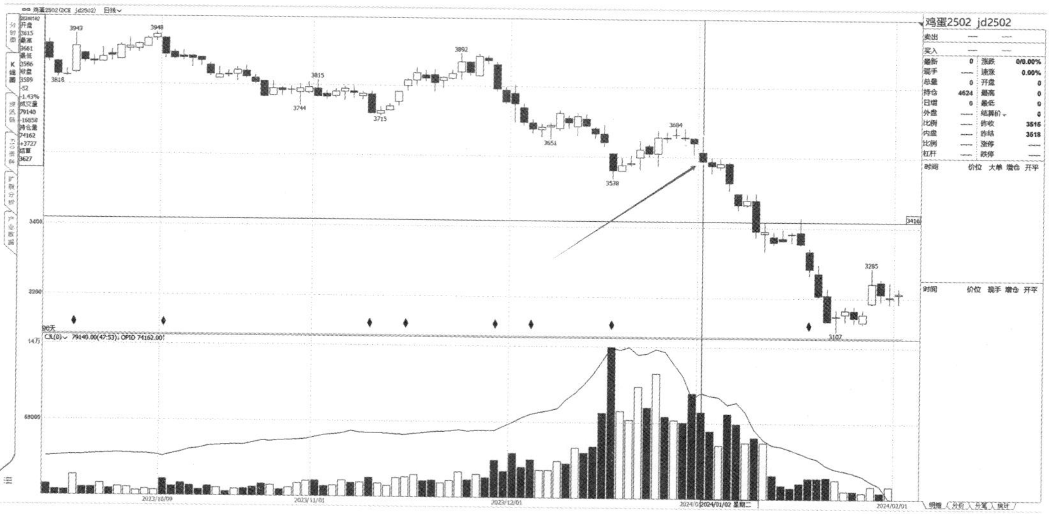

图 8-9 鸡蛋 2402 日 K 线图

总结时制之势所需满足的条件，大致有以下几个：

①距离进入交割月所剩的时间很少，不超过25个交易日。

②多空双方中有一方明显占优。所谓明显占优，就是一眼就能看出谁在里面是主动进攻的一方。

③持仓量非常高。要么与往年同比偏高，要么与当前主力合约同比偏高。此处需要参考该品种正常情况下进入近月的持仓规模，主要可以用持仓量、剩余交易日等数值来与往年同期的进行比较。

④移仓异常（此条不是必须条件）。例如某个品种正常的移仓都是从5月移到9月，但是这次偏偏移到了6月。在2020年的鸡蛋行情中甚至出现过主力合约本来已经从5月移到了9月，又重新移到6月的情况。所谓事出反常必有妖，那么它很大概率会发生时制之势。

⑤该品种当前的现货市场有供需失衡的情况，或者市场上强势的一方有尚未兑现的预期存在（此条也非必须条件，但是有的话更好）。

趋势的周期

任何交易理论当中，关于趋势的论述都有一个重要的维度：周期，即当前这个趋势是什么级别的趋势。如果它是小周期上发生的趋势，那么我们以此为依据所进行的交易也应当是小周期的。如果这里的交易方向和大周期上的趋势方向是相反的，就更意味着我们不能长时间持仓。由于周期的不同，在其他的交易理论中我们能看到很多所谓的趋势相反的情况出现。例如以均线的排列为标准所认定的趋势，就很有可能出现互相矛盾的情况。

图8-10反映了1分钟级别的棉花加权EMA均线呈现空头排列的情况，而图8-11中的1小时级别的棉花加权EMA均线则呈现多头排列的情况，两者出现了明显的背离。

图 8-10　棉花加权 1 分钟 K 线图

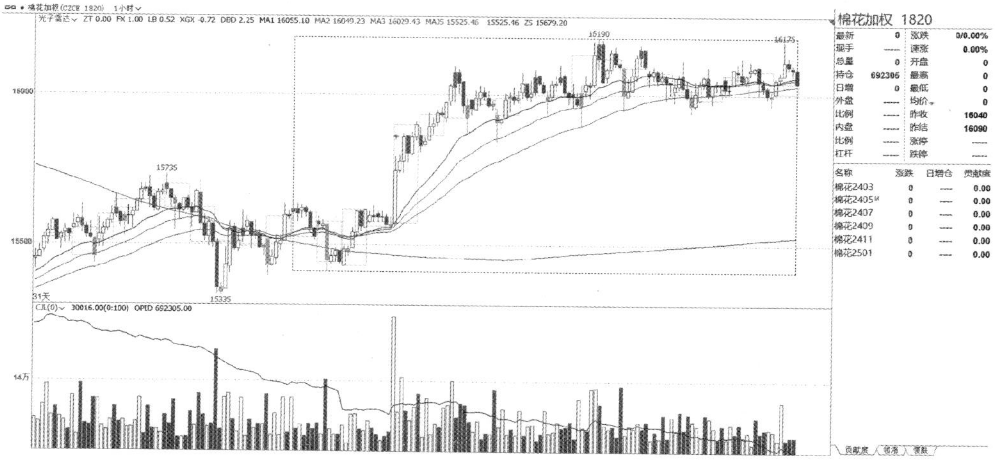

图 8-11　棉花加权 1 小时 K 线图

在技术派交易理论中，将不同周期的趋势出现一致形态的情形称为共振，并且认为这种共振可以提高交易胜率。但是，由于这些理论存在天然的缺陷（后面会进行详细讨论），这种基于形态学的分析并不能起到提高胜率的作用，只是降低了交易频率，让大数法则发生效力的时间延后。

在期货战争理论中，趋势的周期与方向是高度统一的。趋势发生逆转的条件相对也很苛刻，很难出现单根 K 线改变信仰的情况。本书将趋势分为两个不同的周期，即日内周期和非日内周期。非日内的所有周期，其趋势的方向大多数时候是一样的。例如某个品种在 15 分钟 K 线上处于多头趋势，那么它在 30 分钟 K 线上一定也处于多头趋势，在日线级别上也应当处于多头趋势。

日内周期和非日内周期上的趋势方向是可以不一样的。我认为，大级别周期上趋势的逆转是由一次又一次日内趋势的逆转累积产生的，这也符合量变引起质变的客观规律。

从反应时间、交易成本、分析难度等多维度考虑，我认为参与非日内周期趋势相较于参与日内周期趋势的成功率更高一些，这也是为什么我开发的大多数交易系统是大周期级别的原因。

趋势的强弱与转化

归纳各种趋势是为了更好地分析行情，但是，分析行情不能被定义所限制，必须具体问题具体分析。在实践中，可能会出现很多个品种同时满足趋势的定义的情况。由于我们的账户资金有限，很多时候不能做到全部参与，并且我们在交易中从确定性的角度出发，当然是希望所参与的行情的确定性越高越好。在这种情况下，怎样确定品种之间的趋势谁强谁弱呢？这也就是我常说的如何“强中选最强”的问题。

1. 三大趋势的确定性对比

正常情况下，这三种趋势的确定性应当是：时制之势大于攻城之势，攻城之势大于崩盘之势。因为时制之势的出现伴随着极短的剩余交易时间以及巨大的持仓量，所以此时的弱势方面临着非常大的交割压力。在市场极度缺货或者现货极度过剩的情况下，这种供求关系失衡的状态很难在短时间（剩余交易时间）内发生改变。所以，这种趋势所推动的行情往往是迅速的、连贯的、一插到底的（我将其称为一搧直下走势，见本书第十二章）。

而攻城之势中，由于距离交割月还有时间，弱势方暂时没有交割的压力。其唯一的压力，来自对手盘。如果弱势方还有一战之力，在盘面上甚至会有反复，最终行情会呈现出一波三折的走势。而崩盘之势发生的时候，买卖盘压力是非常大的，这种崩盘与我曾经遇到的洪水非常类似，逆势交易几乎无法阻挡它的攻势。

那为什么说崩盘之势的确定性小于攻城之势呢？因为崩盘之势有个最大的问题，那就是展现时间极短、持续性不够。很多时候行情的崩溃发展得过于迅速，让交易者还没有区分出其到底是正常的回调还是崩盘之势行情就结束了。如果交易者介入的时机稍晚，很有可能这波踩踏已经发展到了末期，进去之后行情陷入盘整，走势不上不下让人尴尬。

2. 攻城之势的趋势强弱对比

多个品种同属于攻城之势的时候，它们的趋势强弱，或者说确定性高低应当如何判定呢？这里我们首先默认一个品种的趋势越强，其未来走势的确定性越高。从攻城之势的定义来看，其强弱的判定应当遵循如下标准：

①**比较能量积累的规模，规模越大的趋势度越高**。具体来讲就是看持仓量的大小以及沉淀资金的多少。例如沉淀资金为300亿元的品种，它走出来的趋势性行情的确定性会高于沉淀资金只有10亿元的品种。主要原因是沉淀资金越多、持仓量越大的品种，里面的主力规模越大，博弈规模也越大，行情发生逆转所需要的能量也越大。其走势的程度和稳定性都高于小盘品种。

②**是看多空双方力量差距的大小，多空双方力量越悬殊，其趋势性越强**。例如在同时符合多头攻城之势的几个品种之中，大家都是增仓5%，其中一个品种的涨幅高于其他品种，那么就可以认定该品种相较于其他品种的趋势度更高。或者说，大部分品种的涨幅都差不多，但是其中一个品种所增仓的幅度相对低于其他品种，也可以认定这个品种的趋势度高于其他品种。这里需要注意的是，如果一个品种的增仓比例不太正常，比如过于大，反而是一种不好的表现。

③**当品种沉淀资金规模和攻城之势规模都差不多的时候，突破关键阻力位的品种趋势度更高**。如果某一个品种的攻城之势发生在历史行情中的关键阻力位上，那么它的确定性就相对高于其他发生在普通位置上的攻城之势。

④**比较供求关系，供求关系严重失衡的品种，其确定性相对更高**。此条信息不是所有的交易者都有条件获取，但是有条件的交易者可以以此作为参考。例如某个品种的攻城之势的出现是伴随着某个突发事件而产生的（如红海事件），那么它的攻城之势的确定性就高于其他品种。

3. 崩盘之势的趋势强弱对比

当多个品种出现崩盘之势的时候，判断其强弱和判断增仓突破趋势的标准非常类似：

①前期沉淀资金、持仓量增加幅度越高的品种，其崩盘之势确定性更高。

②崩盘之势发生的时候减仓规模越大的品种，其确定性更高。

③崩盘之势发生时，供求关系跟着发生变化的品种，其确定性更高。

4. 时制之势的趋势强弱对比

时制之势的趋势强弱的比较标准更加简单：

①进入近月的品种，持仓量/剩余交易日的值越大的确定性越高。

②多头的时制之势的确定性高于空头的时制之势的确定性。

③异常移仓的品种的确定性高于正常移仓的品种的确定性。

5. 三大趋势之间的相互转化

三大趋势之间存在着一定的相互转换关系，例如崩盘之势本身就是由连续的攻城之势发展而来的。而连续的攻城之势在进入近月之后也可能继续发展成为时制之势，因为时制之势本身所要求的高持仓量就是在前期逐渐积累起来的。

在近月发生的满足攻城之势和崩盘之势条件的趋势都只能被认定为时制之势，因为时间的制约度高于金钱的制约度。保证金不足还有筹措的可能，但是正常情况下交割时间是不可能展期的。

趋势的不确定性

趋势的不确定性实际上就是期货行情的不确定性。不确定性是期货交易风险的源头，是交易者焦虑的根源，也是所有期货投资者想要消灭的对象。市场上随时可能出现的黑天鹅事件，比如沙特减产、“乌龙指”等本身就是不确定性的表现，所有的交易者都想把不确定性彻底消灭掉，但这个想法有没有理论的支撑？能否找到有效的途径呢?

对于确定性和不确定性的争论由来已久，在数学、天文学、生物学、物理学等领域，也广泛存在着。军事理论历来受决定论的影响很小，古今中外的军事家都强调战争的不确定性。毛泽东说：“战争现象是较之任何别的社会现象更难捉摸，更少确实性，即更带所谓‘盖然性’。”克劳塞维茨则说：“战争是不确定性的王国。”当我们把期货交易与战争画上等号时就能明白，**不确定性本身就是期货的重要属性之一，而且是无法完全被消灭的。但是我们明显可以得出结论：趋势行情的确定性高于普通的波动行情。**

我们可以看到，不确定性可能导致原有趋势的终结甚至逆转。这也就意味着，我们的交易计划或者交易系统，在设计和制订的时候，就应当将不确定性的影响考虑进去。例如本书后面部分中的舍价取势交易系统，所用到的止损位和仓位的设置方法，都将极端的情况考虑了进去。

不得不提的是，市场上所谓的黑天鹅事件，很多时候都是向优势方的优势扩大方向发生的。也就是说，**对于有的交易者来讲是黑天鹅事件的所谓不确定性，对于另一小部分交易者来讲，其实是必然事件，中间就是一个信息差的问题。**

我们参与期货交易，本身就是想赚取风险收益。这一点恰恰和很多散户的交易心理相悖，他们都是极端的风险厌恶型交易者，想要很高的胜率，为此不惜以牺牲盈亏比作为代价。我们应当坚决反对这种因噎废食的行为。如果输不起，就不要来参与期货交易!

第九章　主流的行情分析理论

资本市场建立至今已有数百年的历史，在商品期货、外汇等投机市场，出现了许多的重要理论。其中最为出名的，当数基本面派与技术派。这两种派别的理论，都为行情的分析和具体的交易提供了依据。期货战争理论作为一套成体系的期货专用理论，有必要针对基本面派和技术派的理论进行研究，取其长处，去其糟粕。下面我们就来对其逐一进行研究。

善变的基本面派

基本面派简单来说就是研究交易标的的行业背景、宏观政策、供求关系、生产成本等环节的一个流派。在我编写的另一本书《商品期货产业链手册》中，就针对期货品种的交割品标准、生产工艺、上下游产业链、生产成本等进行了简明扼要的总结。如图 9-1 中，我们可以清楚明了地看到工业硅产业链的相关信息。

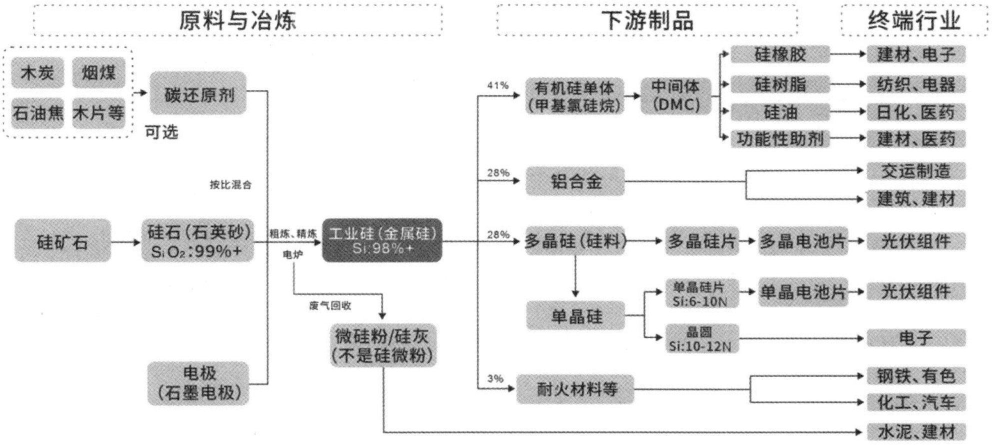

图 9-1　工业硅上下游产业链示意图

在期货市场中基本面派以研究供求关系（这也是他们的主要理论依据之一）为主。比如当他们研究出某一个商品的现货处于供不应求的状态时，就会以此为依据进行做多。而这个商品期货价格当前的涨跌并不是他们关心的主要问题。**有一个成语叫作“师出有名”，意思是要打仗必须有正当合理的理由，期货市场中的基本面派，实际上就是“师出有名”派。**

1. 基本面派的理论依据

基本面派的理论依据主要有两个，一个是供求关系，一个是价值回归。

①**供求关系**。供求关系是指在商品经济条件下，商品供给和需求之间相互联系、相互制约的关系，它也是生产和消费之间的关系在市场上的反映。

供给和需求一般包括表9-1所示的方面。

表9-1 供求关系表

供给端		需求端	
生产工艺	生产工艺的难度、可替代性	消费用途	主流需求的分布
生产周期	生产周期以及供给端的大周期	需求量	决定供需平衡表
生产成本	原材料、劳务、货币等成本	消费能力	宏观经济景气度
产能分布	主产区为主、次产区为辅	需求弹性	刚性需求的占比
供给弹性	生产周期决定供给弹性	—	—
储存	保质期决定储存成本与交割成本	—	—
替代品	替代品之间存在相互替代关系	—	—
进出口	根据商品的实际情况来判断	—	—

从表9-1中可以看到，需求是基本面的一个重要组成部分。但是，需求不好确定，所以很多时候基本面派就看库存数据，比如铁矿港口库存、棕榈油MPOB库存。库存消耗得快说明需求旺盛，反之亦反。当然，在基本面派的眼中，价格变化是由需求与供给发生的相对变化而推动的。何为相对变化？比如尽管供给增加了，但是需求增加得更多，便可以视作利多；供给减少了，但需求减少得也更多，则就是利空了。

以上理论是正儿八经的经济学理论，本身没有任何问题。我们甚至还能总结出如表9-2中这样的结论。

表9-2　供求关系变化表

相对变化		价格变化	失衡程度
供给增大，需求不变		价格下跌	一般
供给增大，需求减小		价格下跌	严重
供给增大，需求增大	供给增大程度小于需求增大程度	价格上涨	轻微
	供给增大程度大于需求增大程度	价格下跌	轻微
供给减小，需求不变		价格上涨	一般
供给减小，需求增大		价格上涨	严重
供给减小，需求减小	供给减小程度小于需求减小程度	价格下跌	轻微
	供给减小程度大于需求减小程度	价格上涨	轻微

有了这样的经济学理论加持，基本面派大多数时候觉得自己是王者之师，自己所在的方向代表着正义的方向。如果技术派正好和自己的方向一致，那基本面派也会认为技术派是借着王者之师的兵锋，沾了一点光而已。如果技术派的方向和自己相反，那对不起，你正是王者之师要讨伐的对象。基本面派就会如同有个动画片里面的台词那样："代表月亮消灭你。"

基本面另一个重要的组成部分是消息面，比如宏观政策最开始都是以消息的形式直接影响着市场。

②**价值回归**。前面我们提到，除了供求关系的相对变化以外，基本面派通过研究期货品种的上下游生产链，结合前端原材料成本、仓储、运输等影响因素设计定价模型，对该品种进行定价。

理论价格=生产成本+储存成本+收益溢价+货币成本+时间成本+其他影响因素

基本面派认为，商品的价格应该围绕这个商品的价值波动，若价格远离这个价值，就会出现非常大的套利力量将其拉回到正常的范围。

正常情况下，商品的现货价肯定是高于或者等于这个价格的，不然生产企业就会面临亏本。于是基本面派喜欢把这个价格当作该品种的抄底线，当期货价格接近甚至低于这个价格时，便会吸引来很多的抄底资金。同理，当期货价格远高于这个红线时，意味着生产企业将有巨额的暴利产生，也会引发他们的摸顶行为。

从上面公式可以看到，一般的定价模型不会考虑需求端的具体情况，也就是说，在定价模型中是不会有理论价格低于生产成本的情况出现的。但是在实践当中经常有价格跌破生产成本的情况，这通常是由于需求端的极度疲弱和供给端的天量供应不能在短时间内得到修正造成的。那么以此为依据参与交易依旧有被打爆的危险。除此以外，该公式一般很难得到精确的数值，往往只能计算出一个理论价格带。

除通过定价模型计算出的理论价格以外，基本面派认为期货还存在着期现合一的回归力量，在期货市场中的表现通常有两种情况：

一是期货价格往现货价格上靠拢，多见于近月交割合约。

二是现货价格往期货价格上靠拢，因为期货市场具有价格发现的作用。

其实很难预判这两种情况到底以哪种方式实现。很多交易者看着现货价做期货，以为可以提高交易的胜率。但除非我们是有现货背景的产业交易者，通过期货和现货的价差进行套利，赚取少量的无风险收益。否则所谓的基差，对我们而言很多时候是没有用的。

2. “王者之师”的命门

供需理论本身没毛病，可是在期货战争派眼里，供需理论只是获得了出师之名，而出师有名并不代表着百战百胜、逢战必胜。综合起来，基本面派的王者之师们至少有四大命门。

一是基本面派存在着天然的缺陷。在基本面派的理论里面有一个前提设置，**那就是他们认为以供求关系为交易逻辑的交易力量始终在市场中占据主导地位。**很多基本面交易者甚至没有意识到他们的理论有这样一个前置条件。不得不说，以供求关系为交易逻辑的交易力量在市场当中确实很容易处于主导地位，因为市场中的重要参与者——产业交易者的套期保值盘和大多数成员出身科班的机构投资者都是属于这个群体的。但是一直处于主导地位和很容易处于主导地位是两个概念。如果以情绪为交易逻辑的交易者在当前的市场中占据了主导地位，那么在情绪盘的疯狂推动下，行情的震荡往往会非常剧烈，哪怕你是“高举王旗的正义之师”，也很有可能牺牲在黎明前的黑暗中。

二是供需研究的难度太大。首先影响供需的因素非常多，比如，马来西亚的天气、种植情况、出口政策、生物油技术发展情况，国际市场棕榈油需求等五花八门的因素都能对棕榈油价格产生影响。除此以外，还有相关的同类产品，如豆油、菜油等，也会对其产生影响。也就是说，研究棕榈油的基本面，还得顺带把豆油、菜油的基本面一块儿研究了。仅针对棕榈油的上下游进行研究就如此复杂，如果还要考虑宏观经济、汇率、通货膨胀之类的，那难度就更大了。

现在傅海棠作为基本面派的大佬被推崇备至，甚至因此掀起了一股现场调研热。他对基本面的研究颇有心得，研究基本面需要长期深入产地实地调研，他的调研开销比很多小散的账户权益还大。叶庆均所在的永安期货是基本面研究的专业机构，他们是组团作战，这种优势是散兵游勇根本无法与之相提并论的。他们研究的基本面才有可能是最接近真实的基本面，这种情况下说“代表月亮消灭你”才算合乎情理。然而大部分所谓的基本面派就是在网上看到一些过时的抄来抄去的数据，或者捡到几条消息就拿着鸡毛当令箭的人，他们的基本面研究，更多时候是靠猜、靠想象。

三是价值回归的时效性。刚刚我们说到，基本面派认为，价格会围绕品种的价值上下波动，不论乖离多少，最后都会回到合理的差值内。此理论最大的致命问题是，对价值回归的时间没有要求，但是期货合约却是有明确到期日的。就算你真的获得了最真实的基本面，你的对手盘也完全可以在价格回到合理差值之前把你“打死”。在前面我们所讲到的时制之势，其价格发展的过程，就有可能完全脱离该品种所谓的价值，并且直到最后一个交易日也没有实现所谓的价值回归。战争派认为期货的本质是战争的理由之一也正是来源于此，杠杆赋予资金攻击力，也带来所谓的爆仓和穿仓的可能。

基本面派喜欢说一个词——“物极必反”。这个词是中国古典哲学的精髓之一，却也是把期货投资人害得最惨的一个词。正是这个词，造就了一大批前赴后继、舍生忘死、抄底摸顶的人。这个词的意思不用我多言，关键的问题在于，所谓“极”，究竟怎样才算“极”？所谓“反”，又是什么时候“反”？如果没有经过深入细致的研究，单纯靠眼睛看就觉得价格已经到达了“极”，然后头脑发热就去交易，浮亏了还不止损，一般这种人最后会死得很惨。比如，你通过基本面研究发现橡胶的合理价格应该在30000元附近，于是你现在在15000元做了多，可是空头直接进攻把你打到爆仓，等你爆完仓之后价格噌噌噌就上去了，实现了所谓的价值回归，可是你没有办法“活”着等到那一天。

还有一种情况，就是你运气好，确实买到了“极”，但是它并不如你所愿立马就“反”，而是变成死鱼行情横盘震荡，甚至继续反向运行。而期货合约是有明确到期日的，还没等来胜利的希望合约就要到期了，怎么办？移仓？下一个主力合约和你算出来的理论价差不多，本来该有的价差就这样凭空消失，价值回归就在这样的移仓当中实现了！

四是供需是可以创造的。我想了一句话送给基本面派：“不怕供需分析难度大，就怕供需有变化。”期货是人与人的斗争，当敌人想要进攻你的时候，就算没出师之名，也是可以创造出师之名的。你本来站在正义的一方，成为天选之人，胜利已经唾手可得，然而敌人抄你的后路，“咔！”把供需给改了，你立马傻眼！2020年春节后令天地变色的原油暴跌行情不就是如此吗？沙特因为政治原因突然宣布扩产并且将价格打到“骨折”进行销售。这些实际上就是在改变供需。以前我还写了一首打油诗：

要想空头变多头，炸厂、环保、生物油。

配上天灾和文件，大坝位移鬼神愁。

这首打油诗是有其写作背景的。一个化工品种的行情不太好，有的时候就会像有预谋一样突然出现爆炸之类的事故，然后价格瞬间就跟着噌噌噌地上去了。而类似黑色系这样的品种，环保对它们就会产生巨大的影响。在做多的人群里面，或许就有人利用其信息优势，提前知晓环保检查或者环保政策的发布，这并不是什么稀奇的事情。

供需的改变有时是突发性的，但更多时候是人为的。试想两军交战，甲方已将乙方团团围住，但是乙方坚壁清野，固守待援，甲方长途奔袭不能久持，战争陷入僵局。突然乙方城中有百姓得了感冒，此时甲方派出奸细到乙方城内，到处散播消息：“乙方城中发生瘟疫，且粮草将尽，大家赶快逃命去吧。”城中军民闻之，斗志崩溃作鸟兽散，胜负已然定矣！

3. 基本面在期货战争中的作用

从期货战争理论的角度来看，虽然基本面派有其致命的缺陷，但也有不可或缺的优势。

战争很多时候恰恰就是需要出师有名的。在一场行情当中，一方的主力要想获取最后的胜利，就要想办法团结一切可以团结的力量。基本面就像一个任人打扮的小姑娘，她背后所代表的供求关系，台前所代表的政策与消息，就是最好的利用工具。

综合来看，我们要想区分这段行情是波动还是趋势，研究以基本面作为交易逻辑的交易者在当前行情中所处的地位具有非常重要的作用。基本面就是为强者锦上添花，让弱者回光返照的出师之名。

抽象的技术派

1. 再论技术派三大基本假设

一说到技术分析，绕不过去的首先是它的三大假设，我们认为技术分析有用，就等于默认了三大假设是对的。我在刚开始学习技术分析的时候，根本就没有怀疑过这三大假设的正确性。但是现在我自己都在开宗立派、著书立说了，就不得不重新来认真审视一下这所谓的三大假设。在本书第1部分的第三章，我曾经简单讨论过“市场包容消化一切信息”这一假设。我站在期货战争这一角度推定，市场行为涵盖一切信息不代表价格涵盖一切信息。但是，这样的推定也许不能让人完全信服，下面我们就对这三大假设逐一进行拆解，以去伪存真。

第一个假设：市场包容消化一切信息。影响交易标的价格的因素有很多，比如基本面变化、政治因素、心理因素、消息面等，这些因素都会体现在交易标的的市场活动（价格）中。这个假设的关键表述如果换一种说法，我认为是可以这样理解的：市场的价格在形成的过程中没有信息丢失，它只是转换成了价格的走势变化，被市场“包容消化了”！

如果说基本面的特征是善变的话，那么技术面的特征可以说成是抽象。相信很多朋友都玩过投影游戏，就是在黑暗的环境中，将一样东西置于光源处，它就会在墙上留下一个投影。一个乒乓球，在墙上留下的投影通常是圆形的；一个圆柱体，在墙上留下的投影通常是长方形的。可是如果我将圆柱体圆形的这一面正对着光源，它是不是也可以在墙上留下一个圆形的投影呢？那么现在问题就来了，我们可以通过墙上的投影推导出此刻放在光源旁边的是乒乓球还是圆柱体吗？

我们回顾前面第八章中提到的价格的形成过程，是否就类似于这样一个投影游戏呢？在价格形成的过程中，参与者的身份信息、资金信息，尤其是交易逻辑等非常关键的信息，都在价格形成的过程中丢失了，这个过程正是一个将全体交易者的交易行为进行抽象化的过程。所以技术分析的第一个假设，是有很大的问题的。如果这种所谓的包容消化是无法逆向推导的，那和丢失又有什么区别呢？

第二个假设：市场行为以趋势方式演变。三大假设中说到的市场行为其实就是价格的涨跌。这个假设首先需要讨论的是趋势，该假设没有对趋势进行精确的定义。如果定义不够精确，也是会影响这个假设的正确性的。由于趋势本身可以有很多定义的方法，怎么定义取决于定义者本身的认知，但是毋庸置疑的是这个定义如果越接近市场的本质，其有效性就越高。

如果我们简单地用技术分析中的双均线来定义趋势，比如短周期均线在长周期以上运行为多头趋势，反之为空头趋势，市场的走势非多即空。那么可以认为这个假设是正确的，但是它虽正确却无法指导具体的交易。

如果这里的趋势是我们期货战争理论所认为的趋势，那么同样是价格的涨跌，它就有可能不是趋势，而是波动。这里从逻辑学的角度来分析，就会得出这样一个结论：**趋势一定会导致价格的涨跌，但是价格的涨跌不一定是因为趋势（价为势之必果，势非价之必因），即趋势是价格涨跌的充分不必要条件**。

第三个假设：历史会重演。简单来说就是一些 K 线形态出现过之后，后市还可能会再出现这些形态，并且指导意义是相同的。投资者可根据过去的形态，对后市做出判断。对于技术派交易者来说，这也是犯了形态学的错误。

在社会实践中，我们认识事物的基本要求，一定是透过现象看本质，形态只是表象，而非趋势的本质。所谓的历史会重演，那一定不是简单的重复，其对应的应当是基本逻辑的重演。受第二个假设的影响，我们可以发现，第三个假设也与趋势的定义有关。如果我们把趋势和波动混同在一起，就还是会得出第三个假设是对的的结论。形态就代表趋势，形态的重演就等于趋势的重演。我们更改趋势的定义之后就会发现，符合某种条件的趋势会走出对应的形态，但是这个形态却不一定是从这个趋势中走出来的。

2. 期货市场里的钓鱼人

刚刚我们说技术面容易陷入形态学的陷阱，在战争派看来，陷入形态学陷阱的交易者其实不是在炒期货，更像是在钓鱼。

钓鱼时，通过一个浮在水面的漂的动态，来判断水下鱼的状态。漂有很多种类，比如七星漂、台钓漂等，再精细点有大肚漂、长身漂、急收肩鱼漂等。这不就是行情历史图表里面的宝塔线、竹节线、蜡烛图吗？经验丰富的钓鱼人，可以通过漂的动态判断水下鱼的种类、大小以及吃口的深度和是否可以抬竿。比如先轻微地小动一两下，然后浮漂上升，基本可以确定是鲫鱼；而浮漂一直小幅度起伏，周围还伴有大小不一的鱼星子，是鲤鱼的概率就大了。这不就是各种K线组合或者技术指标的形态吗？我们知道突然黑漂往往意味着有大鱼上钩，可是，不到一寸长的小杂鱼一样能把浮漂拉得满河跑，这不就是技术分析里面的骗线、洗盘吗？十年前我们往河里撒点用酒泡过的米，用一根竹竿和一小截玉米秆做成的浮漂，或者一盒蚯蚓就可以有满满的渔获，现在我们鱼竿越用越贵、饵料越用越精、鱼漂越调越灵敏，却发现鱼越来越难钓了，这不就是主观交易、程序化交易、高频交易的发展历程吗？

凭借高超的技术，用极小的止损（鱼饵）去博取大的收益（鱼），这里的盈亏比往往大于10：1。在钓鱼的时候还可行，可是如果用来行军打仗，这种观点难免太单薄。首先，我们的对手是活生生的人，而不是鱼，两者的智商完全不在一个层次上；其次，我们做期货的时候既是钓鱼的人，也是被钓的鱼，我们所付出的代价（亏损）也远比鱼饵来得更贵，这里的盈亏比很难大于10：1。所以，战争派认为，技术面是侦察敌人和欺骗敌人的手段。

3. 技术分析能否抢在趋势前面?

不管是技术派还是基本面派，他们都有一个共同的目标：捕捉一段尚未展开的趋势。基本面派自不用多说，前面我已经明确说明了基本面派只能获得出师之名，至于战争打多久、打到哪儿、胜负谁属，都是无法预测的。那基本面派办不到的事，技术派办得到吗？我们试以一段行情来分析。

以苹果这一合约为例。假设苹果正处在开花期，天气预报中心突然发布消息，“陕西苹果主产区预计将出现风雹灾害”，排除掉有投资者提前获得了信息的情况，那么获得了出师之名的多头正式集结，对空头发动进攻。空头里面一定会发生叛变，盘面在此消息发布后以增仓上涨或者减仓上涨甚至是跳空的形式发展。如果是增仓上涨，说明多头进攻的力度强于空头撤退的力度；如果是减仓上涨，说明空头撤退的力度强于多头进攻的力度。趋势追踪类的技术指标将发生诸如金叉、发散之类的变化，而震荡类的技术指标将发生超买、钝化之类的变化。假设空头主力要发动反击或者防守，反击的理由随便，由于多头兵锋正盛，所以空头主力只能凭借更高的城池（关键阻力位）来布置兵力。

在以上的行情里面，技术指标有没有起到预见未来行情的作用呢？首先，技术指标肯定无法预见这个消息的发布，除非有人提前获知了这个消息将要发布，在市场上进行了大量的买入操作，触发了某些技术指标，否则用技术指标预测这个消息的准确发布时间基本上属于玄学。值得一提的是，波浪理论就自以为能干这种事。而消息发布之后的短期上涨不用技术指标都能预判，因为这个消息级别可以说是核弹级的，直接就改变了基本面。那这个行情能发展到什么程度技术派能预测吗？通过图表分析，技术派能够大致估计出空头反击或者防守的位置，但是仅凭K线图和技术指标，却无法预测出在该位置多空最后的胜负。而通过预计未来苹果的供需变化来分析苹果的价格，又属于基本面派的范畴了。

由此可见，技术面只能反映当前行情处于什么趋势，不仅不能预判一个趋势的发生，也不能预估已经发生的趋势的规模，就好比浮漂只能反映出当前水下鱼的状态，而不能准确判断出附近有什么鱼会来。技术面对于趋势未来走向何处、能发展到多大规模根本无法预测，而反映当前行情处于什么趋势，价格本身作为一种浮漂已经足够反映出来了，用技术指标完全有多此一举的嫌疑。只有在某些价格不太好量化的场景，技术指标才可以表现得比价格本身更好。在实际的操作当中，有的交易者不但不明白这个道理，还将指标弄得越来越复杂。比如 MACD 发出买入信号还不够，还要均线系统也发出买入信号，美其名曰滤杂，目的是更加保险。小周期的信号不够，还要大周期的信号来凑，即所谓共振。这就好比钓鱼者觉得一个台钓漂不够用，还在鱼竿前面加了个铃铛。以上做法始终停留在形态学的困境当中，没有任何实际的指导意义。水下面如果有大鱼咬钩，不用漂都能钓到；没有鱼的话，就算在鱼线上安一串浮漂也不会上鱼。

真正的解决之道在哪里？安一个水下摄像机比一万个浮漂都管用。期货交易有没有水下摄像机？有。在谁手里？交易所。很多时候交易所发布的一些消息能比技术指标提供更加有用的信息，在后面章节会详述。作为普通的小规模交易者，我们能从市场上获得的信息非常少，而裁判的一些动向就是为数不多的极具指导意义的信息，我们甚至可以结合这些信息为我们在趋势追踪时寻找完美的出场时机和点位。

4. 技术指标在期货战争中的作用

我们说技术指标只能反映当前价格处于什么行情中，而无法预测行情发展路径与规模，那它还有用吗？答案是肯定的，在期货战争派看来，它的作用主要有以下几个方面。

一是辅助发现行情当中的趋势。前面我们说，价格的涨跌既有可能是趋势的推动，也有可能只是单纯的波动，利用指标，可以将趋势从单纯的波动中剥离出来。我们用非四价法开发的指标配合纯价格开发的指标就可以有效地避免形态学陷阱，提高判断的准确率。比如从我们前面对趋势的定义来看，从持仓量上可以判断出是否有能量的积累，与价格配合使用，就能有效地分辨出波动和趋势。

二是为具体的交易提供参考。不管是单纯的波动还是趋势，当我们利用多种手段从一堆波动中找到了趋势，其在外形上别无二致。这种情况下，我们可以利用技术指标作为我们交易的具体参考以及确定进场位、止损位、关键阻力位。在本书的第 3 部分就有我开发的专用技术指标，从多个维度多个模块评估行情的趋势有无、涨跌方向、确定性高低等，让交易者从技术分析的形态学陷阱中脱离出来。

三是可以成为哄骗敌人的工具。技术派在市场的参与者中占比非常大，各种技术指标的使用者非常多，其发出的交易信号可以引发使用者的交易行为。故意触发技术指标的信号，吸引跟风盘，壮大己方实力，此谓之哄。先触发信号吸引跟风盘进来，然后突然反向操作，把新进来的跟风盘活埋宰杀，此谓之骗。

第十章　天道与人道

期货战争规则的制定者，就是我们的交易所。**交易所任何政策的发布都是一个目的：稳而有序**。作为期货战争的参与者，大多数时候我们是感受不到交易所的存在的，只有在行情非常极端的时候，交易所才会出来发布一些政策。作为理智的交易者，我们应当如何解读这些政策，又应当如何利用规则制定者制定的这些规则来帮助自己取胜呢？《道德经》中有一句名言："天之道，损有余而补不足。人之道则不然，损不足以奉有余。"我们和交易所的关系，实际上就是天之道和人之道的关系。

损有余而补不足的天之道

要搞懂交易所的天之道是什么，首先要明白国家建立期货交易所的目的：一是为实体经济提供套期保值的工具来规避价格波动风险，二是利用期货市场具有的价格发现功能为商品合理定价。

这两个目的的实现是通过详细的交易规则来完成的。**那对于交易所来说，市场上所有的参与者，在没有违反规则的情况下，都应该被无差别对待**。正所谓"天地不仁，以万物为刍狗；圣人不仁，以百姓为刍狗"，也就是说，只要你在交易所制定的交易规则范围内交易，交易所没有理由也不应该去干涉你的交易，只有在极端行情的时候，交易所需要从保护投资者的角度去发布一些政策为行情退热，降低当前交易的风险，而这本身也是交易所交易规则的一部分。

交易所作为"水下摄像头"的持有者，市场上的参与者们处于什么状态它都一清二楚。比如出现了一方被另一方摁在地上摩擦的情况，谁的资金被爆掉了，谁的仓已经穿了，交易所都看在眼里，但是只要参与者没有违规，它都不应该拉偏架。**交易所的原则总结起来大致上就是：可以高涨但是不能快涨、猛涨，可以深跌但是不能快跌、猛跌。如果发展过于猛烈，交易所有为其降温的权力，也就是我前面提到的“稳而有序”。**

在现实中有很多交易者并不理解交易所的使命，出现了一些“交易所放任投机者乱来”“和大机构狼狈为奸收割散户”等不和谐的声音。这实在是一场天大的误会，交易所只负责交易合法合规稳定运行，并不负责价格调控，价格调控是国家发展改革委与国家粮食和物资储备局的事情。**裁判永远都不应该下场当运动员，一旦拉偏架，对偏袒方与被偏袒方都是灾难。**

损不足以奉有余的人之道

为什么《道德经》中讲人之道是“损不足以奉有余”呢？这个问题我们可以举一个例子来说明。假设现在竞技场上有两个人在单挑，其中一个人人高马大，手上拿了根钢管，全身还有严严实实的护具，另外一个人面黄肌瘦，身上衣不蔽体，已经一周没吃饭了，正在挨打。这个时候手无缚鸡之力的你必须选择一方加入其中（你做出选择后，友军就不会攻击你），这个时候你会怎么选？

一般来讲，只要这个时候那个明显处于弱势的人不是你的挚爱亲朋，那你就一定会选跟着强者打弱者。我们的加入会让已经很凄惨的弱势方雪上加霜，而强势方因为有了我们的加入变得更加强大，这就是所谓的损不足以奉有余了。期货市场就是这样一个竞技场，一旦多空双方出现了严重的实力差距，就会有一方把另一方摁在地上摩擦的行情出现。但现实是，很多交易者选择了弱势方！那些在大牛市中不断摸顶的交易者，实际上就是选择了弱势方。明明这些人都是脑回路很正常的人，甚至有的是高智商，为什么会做出这种行为呢？

不外乎有这几点原因：第一是期货市场的行情是经过了抽象转换的，谁强谁弱没那么好判断；而且多空双方的实力也不一定有上述例子当中比喻的这么悬殊，如果遇到黄飞鸿单挑霍元甲，这种时候就不好站队。第二是惧怕援军的出现，比如目前看起来弱势方正在挨打，但是如果弱势方突然加入了一个武林高手呢？因为例子里面是一对一单挑，但是期货是从单挑上升到群架，再上升到两个军队之间斗争的层面，而我们又无法从行情软件上判断出自己的队友到底是什么实力，对敌人援军的恐惧战胜了理智，最后就出现了这个现象。第三是个人英雄主义的幻想作祟，具体来讲就是每个人都想做那个点石成金的人，想做那个从垃圾里面发现宝藏的人，想做那个力挽狂澜、济弱扶倾的人，想做那个买到最低点、卖到最高点的人，想做那个吃到整段行情的人，甚至想做“天之道”的执行者！比如高喊为国空矿、为国空煤的交易者。

交易所的调控手段

交易所调控市场的手段主要有以下几种。

①**调整手续费**。调整手续费是调控市场活跃度的一种手段。对于某些成交不活跃、流动性不足的品种，交易所就会降低其手续费标准，吸引短线交易者参与，例如沪镍曾经的交易手续费只有 1.5 元，而且平掉当天的仓位还免收手续费。而如果某些品种的波动率大，市场过热，手续费通常都是交易所最先拿来开刀的手段，市场上几乎所有异常波动的行情，都伴随着手续费的提高。手续费最高甚至可以提到原来标准的 10 倍左右，这里通常还伴随着平仓加倍的操作。除了提高手续费，交易所还有一招就是停止返还手续费。从 2020 年开始，很多交易品种都前后经历过被交易所停止返还手续费。

从通过调整手续费来调控市场的这种方式的原理来看，其主要是通过控制交易者尤其是短线交易者的交易成本来奏效的。但是就实际效果来看，可能并不能达到交易所的预期。对于那些非常疯狂的品种来讲，提高手续费几乎很难阻止短线交易者的步伐。而停止返还手续费也没有太大的作用，反倒把期货公司整得比较惨，因为本来是其大头的收入被取消了。

②**调整保证金比例**。这种手段控制风险的效果明显好于调整手续费。正常情况下，交易所都是为了降低风险临时提高保证金比例，基本上没遇到过降低保证金比例的。那些临时提高了保证金比例的合约，在到期之后就自动恢复成原来的标准了。增加保证金最主要的作用体现在每日无负债结算上面，对于交易所来说，是不

允许交易者结算后有负债的，如果有，就会被强平。有的交易者本来被套牢了，但是舍不得砍仓，一旦交易所提高保证金标准，很有可能就会导致他爆仓，逼迫他提前砍仓。

这个手段通常会被交易者诟病，不管是强势方还是弱势方。弱势方觉得，交易所如果不提高保证金比例，自己不被强平，还能再扛一扛，尤其是在他被强平后若行情极速转向，这种反身性效应就会更加明显。**但是我们常说多头不死涨势不止，此类交易者根本无法理解行情之所以反转正是因为他们这一人群被强平造成的，如果他们没有被强平，行情还将继续往不利于他们的方向发展**。从这个角度来说，交易所提高保证金比例，导致他们被强平，其实是减少了他们的损失。而强势方觉得，交易所提高保证金比例，增加了他们的持仓成本，让他们继续推动行情发展需要的资金更多，而且由于提保触发了某些对手盘的强平单，己方阵营会有人顺势减仓，自己也不得不跟着减仓，从而让自己的利润下滑，所以也会对交易所有意见。

③**扩板**。扩板就是扩大涨跌停板的限制幅度，其具体的规则交易所都有相关的文件。由于行情的剧烈波动，其波动率上升到了一个新的水平，原有的涨跌停板可能已经无法满足当前的需要，这个时候就需要扩板，这样也同时减小了弱势方被活埋的概率。因为在涨跌停板上要想平仓通常需要排队，而扩板之后要想砍仓可能只需要多付出一点价格上的代价。

④**修改最低交易数量**。这个手段的主要原理与调整保证金比例类似。例如郑商所就曾经将红枣的最低交易数量提高到 4 手。一个品种在连续被提高保证金之后，本来 1 手持仓的保证金就比较高了，这个时候再限制其最低交易数量，就会直接将很多散户交易者排除在外，因为这意味着他们要想开仓可能就需要数万元的保证金。而原本已经有持仓的交易者也不敢轻易平仓，因为平仓后就有可能买不回来了。

⑤**修改交割规则**。这是一个大招，有可能直接逆转多空的局势，有拉偏架的嫌疑，会损害交易所的公信力。除非市场上出现了明显的利用交割规则漏洞来逼仓的动作，否则交易所一般是不会用的。

那么，作为战争派的交易者，我们应当怎么做呢？

第一点，要有自知之明。我们做期货首先就是奔着钱来的。期货市场不创造财富，只能掠夺，也就是说，我们必须做一个彻头彻尾的“人之道”的贯彻者，面对强势方和弱势方二选一的问题，一定要毫不犹豫地选择站队强势一方。至于弱势方有没有援军、什么时候来援军，那不是我们能解决的事。一定不要觉得自己是天选之子，可以代替交易所去干“损有余而补不足”的事。

第二点，要学会看懂交易所公告背后的潜台词。交易所的政策和公告本意是控制风险，但是我们可以从中发现交易的机会。当交易所开始提高某个交易品种的手续费和保证金比例的时候，它的持仓量也在节节高升，还伴随着铺天盖地的舆论战，那么这个交易品种很有可能将上演历史级别的大行情。如果是风险警示函，那是在告诉我们某合约可能有人要挨打，我们可以去凑凑热闹了。提高隔夜手续费和保证金是在告诉我们，某合约有人正在挨打，快来一起打他！提高日内手续费是在告诉我们，除了隔夜能打他，日内还可以加点仓位打他。

第十一章　散户的战略目标与战术任务

在本书的第六章中，我特别地讨论了期货战争中的数学问题。通过该章节内容，我们可以得出这样的结论：**期货战争整体负和博弈的属性决定了整个市场上的参与者拉长周期之后一定是稳定亏损的，对于时时刻刻强调“顺势而为”的交易者来说，参与期货交易本身就是最大的逆势**。

这是一个非常沉重的话题。试想，作为交易者如果参与交易的根基本身就是错的，那么建立在这个根基之上的所有东西都成了空中楼阁。我们可以看到期货市场建立至今，有多少交易者想要将交易作为他们终生追求的事业。尽管他们在市场上反复摸索，付出了巨大的精力财力，但最终并没有换来好的结果，只能黯然退出。

如果我们完全用数学来计算我们做某些事情的意义，那么人生似乎也是没有意义的。每个人生不带来死不带去，从 0 开始到 0 结束，不也是妥妥的数学期望值为 0 吗？这和期货市场的小于 0 的数学期望值比起来也不过是五十步笑百步而已。可是如果我们奋起自己的力量，在这个世界上拼搏过，恰好又有那个运气碰撞出一点火花，那也无悔来这个世界走一遭了。

人生有的时候就是这样，有的事情是不得不去做的。如同我在自序中说的那样，对于很多交易者来说，参与期货交易是他们咸鱼翻身、逆天改命的机会。大多数参与期货交易的散户是普普通通的老百姓，他们参与期货交易的初衷，不过是改变自己的命运、提高自己的生活质量而已。**可以说，现在做期货是为了将来不做期货**。

德国股神、证券教父安德烈·科斯托拉尼有一句名言：“**有钱的人可以投机，没钱的人必须投机**。”投机本无罪，如果走错了方向，定错了目标，带来的大概率就是灾难。所以，面对期货战争，我们应当做到敢于斗争、善于斗争。对于散户来讲最重要的，则是搞清楚下面这两个核心问题。

散户正确的战略目标

包括曾经的我在内，大多数交易者参与期货交易的战略目标就是错的。很多人这样认为："期货市场不缺明星，缺的是寿星。我们要争取成为期货市场的寿星。"

有一句唐诗如此写道："凭君莫话封侯事，一将功成万骨枯"。自古以来想要通过战争获得战功的人数不胜数，但是到底有多少人真的实现了功成名就的目标呢？就算暂时实现了这个目标，可是"自古名将如美人，不许人间见白头"，又有多少交易者在取得了短暂的成功之后如同流星一样，消失在这个市场上了呢？

从交易市场的实际情况来看，类似林广茂这样通过一两次交易获得大量财富的交易者（明星）很多，而那种实现了所谓的稳定盈利、把期货市场当成提款机的交易者似乎并不存在（有些看似已经稳定盈利的人也会随着时间的推移在某一天跌下神坛），这是否也说明，成为明星比成为寿星简单多了？那么，如果使用科学的方法，再加上一点运气的加持，是不是就意味着大多数交易者都有成为明星的机会呢？而如果他们有人生大智慧，懂得功成身退的道理，是不是就能保住胜利果实呢？

前面我们在趋势的章节（攻城之势在不同市场的表现）中讨论到，随着参与者的变化，市场本身也在不断地演化。这种演化会导致可被观察和预测到的趋势行情越来越少，而交易者识别趋势和波动的难度也会随着时间的推移越来越大。演化所带来的影响甚至比期货市场本身的负和博弈属性对交易者的影响还要大，所以能越快从交易中脱离出来越好。

我国古代的军事智慧结晶《孙子兵法》云："不战而屈人之兵，善之善者也。"有什么不通过战争（期货交易）的方式就能让交易者主动把钱交给我（不战而屈人之兵）的办法呢？我想，成为一个期货市场的明星，然后退出交易，在居间、交易培训等无风险的环节中实现盈利，就是这个问题最好的答案。

综上所述，期货交易者正确的战略目标应该是这样的：**尽可能通过少量的确定**

性极高的交易获得足够多的盈利，当一个期货市场的明星，然后退出市场。

然而问题远没有这么简单。

我认识这样一个交易者，他在短短的大半年时间里，通过短线交易，将80万元本金做到了3000万元，然后却在一个月之内遭遇连续大幅回撤，最终被打回原形。有的读者或许就要说了，按照刚刚的说法，是不是意味着这个交易者就是没有大智慧的那一种，他要是选择在3000万元的时候清仓退出，那不就成为期货市场里的明星，可以功成身退了吗？

如果说他的交易是80万元直接变成了3000万元，这时候清仓退出是没什么好争议的，但是问题的关键就在于，他这3000万元是从80万元一点一点逐渐增加起来的。作为旁观者，我们在事后看到了他的结局，自然可以不痛不痒地说他没有大智慧，不知道应该在3000万元的时候退出。那如果说他在3000万元的时候应该退出，难道在2000万元、1000万元、500万元甚至只是160万元刚翻倍的时候就不应该退出吗？

如果我们真的有机会成为一个明星，究竟应该制定怎样的目标，或者在什么时候退出，才是合适的呢？

对于一个普通人来说，在其所居住的城市能够依靠资产被动收入过得很不错，那以这个资产规模作为目标基本上就是个不错的选择。

我们都说，凭运气赚的钱，最后都会凭实力亏回去。如果在赚钱的过程中运气成分的占比太高，那么应当将这个目标适当地下调；如果在赚钱的过程中实力成分的占比更高，那么将目标稍微设置高一些也无妨。

散户真正的战术任务

战术任务应当是在战略目标的指导下制定的具体行动方案。因为战略目标不同，战术任务自然也会不一样。若交易者的战略目标是在期货市场实现稳定盈利的时候制定的，那么他们的战术任务，天然地就必须满足一些条件。

首先他们所涉及的交易系统，其数学期望值必须大于0。在很长的一段时间里，我也认同此种说法，但是问题的关键是，这和后面具体交易策略的开仓信号设计是相矛盾的。因为要想交易系统的数学期望值大于0，就必须尽可能地参与确定性更高的趋势行情，但是趋势行情的出现时间、持续周期等都不稳定，这必然会带来交易信号的不稳定，而所谓的稳定盈利，不仅仅是资金曲线的稳定，还应当包括时间的稳定。我们都说数学期望值能够发挥作用，必须在大数法则的作用下体现，如果这套交易系统的交易频率不够，那么它的交易将带有很大的偶然性，根本无法实现资金曲线的稳定。前面我们讨论过，市场行情包括趋势行情与普通波动，普通波动交易结果的数学期望值约等于整个市场的数学期望值，如果我们参与的行情都是趋势行情，那么确定性相对比较高，其数学期望值可以大于0。程序化交易者都知道，交易系统本身是一个非常精细的东西，手续费、滑点、保证金比例、仓位等都可能影响交易系统的稳定性，如果参与的交易中普通波动的占比太高，就会严重影响到整个交易系统的整体数学期望值。

由此我们可以发现，为了实现“稳定”的战略目标，交易者必须付出巨大的代价，这个代价包括整体数学期望值的下降。如果能够在这两者之间达到平衡，这个交易系统的有效时间又会缩短，有的时候会出现长时间连续大幅回撤的情况，为了稳定反而变得更加不稳定了。

当我们有了正确的战略目标后，才有可能制定正确的战术任务。

散户参与期货战争的首要战术任务，就是将确定性更高的趋势行情从随机的波动行情中剥离出来，并且准确地判断它的方向。

这个战术任务的具体实现过程，就是利用“得意忘象”的行情分析理念，透过行情走势的形态表象，发现主力的真正意图，总结出行情中曾经发生了什么，当前正在发生什么，从而推导出将来会发生什么。

散户参与期货交易的第二个重要战术任务，就是制订与从首要战术任务中剥离出来的趋势行情未来可能出现的走势相匹配的交易计划。

这个战术任务的具体实现过程，则是利用“舍价取势”的实战操作手段，为每一笔具体的交易制定科学合理的方案。这个方案既要考虑行情波动对权益带来的影响，又要兼顾目标收益和市场的不确定性等因素之间的平衡，让交易者进可攻、退可守。通过先为己之不可胜，让自己立于不败之地，再求敌之可胜。

散户参与期货交易的第三个重要战术任务，就是保证前一个战术任务中所制订

的交易计划能够被精确地执行。

任何交易计划的成功实施，都离不开交易者本身强大的执行力。这不仅涉及交易信仰、交易心理、交易纪律等，还与交易硬件设施、软件设置等息息相关，在后面我将对其逐一分解、讨论。

舍价取势

第 3 部分

行情分析方法：得意忘象

市场上主流的行情分析理论都是从形态分析的角度出发。交易者总结出一大堆令人眼花缭乱的走势形态，并且为它们取了非常高大上的名字，比如波浪理论中的“浪里个浪”、传统技术分析中的“头肩顶”“W 底”、缠论中的分型等，还衍生出了诸如背离、超卖等概念。由于形态分析极难被量化，往往出现“千人千形”的结果。交易者赚了钱，往往归功于形态分析；可一旦出现了亏损，一般都归咎于自己对这个形态的理解不到位，没有掌握该理论的“精髓”。于是导致交易者们在形态分析中困心衡虑，围着行情不停地转圈圈，却始终不得其门而入。本部分的内容，主要讲述期货战争理论中最核心的思想之一——得意忘象，引导交易者摒弃“以形寻势”的错误理念，转而走上“以利寻势”的正确道路。同时，本部分内容还介绍了期货战争派所使用的辅助指标，以及所采用的行情的具体分析方法和示例。

第十二章　得意而忘象

很多朋友都以为“舍价以取势”的核心交易思想是我的得意之作，其实“得意而忘象”的期货战争观才是我所认为的神来之笔！

“得意忘象”有一个近义词“得意忘形”，为现代人多用作贬义的形容词，形容某个人沾沾自喜，忘记了自己有几斤几两，但是得意忘象的原意并非如此。“得意忘象”一词最早出自魏晋时期的王弼，他的“得意忘象”概念是指在解读《周易》时，不应局限于卦象和爻象的具体表现，而应超越这些具体表现，把握更为抽象的道（太极本体），这样做是为了能够统摄整个现象界的所有内容。王弼通过《庄子·外物》中的比喻阐述了这一观点：“筌者所以在鱼，得鱼而忘筌；蹄者所以在兔，得兔而忘蹄。”意思是我们在追求目标时应忘记辅助工具，要直指问题的本质，此为“得意”，当搞懂了问题最核心的东西之后，它的表象就可以忽略不计了，此为“忘象”。

唐朝梁肃在《止观统例议》中提道：“非夫聪明深达，得意忘象，其孰能知乎？”意思是如果一个人聪明无比，能直取事物的本质而无视其形式，还有什么是他搞不定的吗？

我多次强调期货价格的形成过程，这个过程中伴随着大量的信息被压缩与丢失，并且我认为这并非技术派所认为的“包容消化一切信息”，而是纯粹的数据丢失。综合起来，行情的产生就是一个不断抽象的过程，从某些角度来看，它和《周易》六十四卦所形成的原理是一样的，都是将大量的信息压缩、简化，在这个过程中，原本很多看起来毫无联系（象不一样）的东西，最后都会被归为一类（意相同）。

在前面对趋势的讨论中，我们认识到了行情中包含着大量的波动与少量的趋势。从数学的角度来讲，参与波动的我们没有任何概率上的优势，唯一有参与价值、有出路的，就是参与趋势。而我们应当如何将趋势从这样一堆迷乱的行情当中剥离出来呢？其具体的指导思想，就是“得意忘象”。

那么，到底应该怎么“得意忘象”呢？首先我们不得不借助于某些具体的方法。在期货交易的实战中，从来不缺少关于道和术的争论，最为出名的论断不外乎“有道无术，术尚可求；有术无道，止于术”。这句话颇有哲学的意味，在我看来，道和术不应当成为对立面，如同这个世界不存在单极子一样，道和术不能单独存在。没有术的支撑，不管多么微妙玄通的道也会变成空中楼阁，不能落到实处；只有术而没有道的指导，就算有一身绝世本领，也很难将它发挥到最佳的状态。作为期货战争理论的实践者，在具体的交易中，结合期货战争理论，引入科学的分析方法来分析行情、指导交易，不失为一种理论指导实践、实践检验理论的选择。所以，作为期货战争理论指导思想之一的“得意忘象”之道，需要具体的“术”来付诸实践。

下面我们来谈一些常用的“得意忘象”分析方法。

常用分析方法

1. 极值法

极值思维是一种常见的数学思维，在数学、化学、物理等学科中都有较为普遍的应用。具体来讲，就是在遇到数据不足、变量太多或者某些非常复杂、难以分析的情况时，将其中一些变量往无限大或者无限小进行假设，通过推理或者实验来验证其数据发生了变化之后对整体产生的影响，从而解决问题。趋势中的时制之势实际上就是假设的交割时间到期这一极端情况。

那我们在哪些情况下会用到极值法呢？

一是在分析某一特定变量对行情的影响时，比如仓单、套保盘。有的时候我们在持仓龙虎榜上可以看到，某些合约的一方持仓越来越大，行情往对持仓者不利的方向发展，这种情况下为什么该仓位的持有者能够承受巨额的亏损而不受影响？我们用极值法大致就可以推论出来。如果该持仓全是套保盘，自然就能够承受这样的行情波动。如果我们假设该持仓套保盘数量为0，他们还能持有不被强平，我们就能推出如下结论：该持仓仓位对于持仓者来说非常轻；该持仓可能在另外的相关合约上有对冲持仓；该持仓的换手率很高，可能里面的交易者已经在一轮行情当中换了一茬。那么大资金的操作手法，我们也就略知一二了。

二是在做基本面研究时。基本面派在研究供求关系时，往往也会对某个合约估值，难免就要用到极值法。极值法可以估计出某个产品的大致生产成本，也可以估计出当前合约的供求数据和前面同期数据的比值，用来预测未来行情会发展到什么程度，从而确定当前应当采取的策略。在我看来，出师之名虽不能决定战争胜负，但是对左右战局有巨大的作用，用极值法来进行这些分析可以让我们做到心中有数、进退有据。除了估值之外，在对理论产能与实际产能、供需平衡表等相对关系的分析当中也经常可以用到极值法。

三是在制定具体的交易策略时。这是极值法在实战中最大的用处，具体来讲就是五个字：做最坏打算。比如在我们的某一交易组策略中，每个品种开仓的单笔回撤额为本金的2%，该组策略一共有20个持仓，那就可以简单地推算出最严重的情况下本金会损失40%，也就是说我们可以根据交易者不同的风险预期来制定交易不同仓位比例的组策略。我们可以用极值法推断出参与某一段行情最好的可能与最坏的可能分别会造成哪些后果，从而评估某一笔交易是否具备交易价值。

2. 归纳法

我们可以把归纳法简单理解为经验总结。看到这四个字可能做量化的朋友马上就要跳出来指责我，因为经验总结是很难被量化的。如同不相信盘感一样，我也不相信单纯的经验总结，但我相信经过提炼之后的经验总结。为了方便大家理解，我用前面提到过的例子解释。

在趋势章节中，期货战争理论定义了三种常见的趋势。其中崩盘之势的必要条件之一是减仓12%以上，那为什么是12%，而不是13%，也不是10%呢？如果是做量化的朋友，他们很有可能直接写成程序，拿到历史数据里去拟合一下，然后得出一个更加精确的值。

那我是如何得出这个数值的呢？比如崩盘之势，它的实质是前期获得了优势的一方为了兑现盈利而平仓，引发对手盘的顺势平仓和后期跟风者的砍仓而造成的。核心是这里面有一个相互倾轧的过程，前期的优势方已经将大部分盈利落袋为安，在平掉剩余的仓位时可以不计成本，所以往往出现反向的大阴线或大阳线甚至跳空缺口，而后期跟风进来的持仓发现趋势衰竭也不计成本地退出，由此就会产生大减仓。理论上10%的大减仓就足够动摇趋势了，加上2%的余量是为了增加确定性，而在某些盘子小的合约里面，这一数值往往要提高到16%。这里的12%也好，16%也罢，其本质就是倾轧。如果发生了倾轧，就算只有8%的减仓也应当算作崩盘之势。这要具体问题具体分析，也就是刚刚讲的“得意而忘象”。

哪些地方会用到归纳法呢？其实技术派的朋友每天都在用。比如形态分析，头肩顶、W底实际上就是一种归纳。比如指标的使用，RSI值在80以上就叫超买，在20以下就叫超卖，这实际也是一种归纳。而基本面中的供求分析，很多时候也用到了归纳法，比如供求与价格的对应关系。

在使用归纳法时，一定要避免两个问题。第一个要避免的是幸存者效应，也就是说必须思考你归纳出来的东西有多少反例，成功的例子占了多少比例。举个例子，我们发现有的日K线见顶时会出现一根长上影线，如果我们想把长上影线作为判断行情到顶的依据就必须思考有多少半山腰上走出长上影线的行情。耐心去统计一下，结果有可能和你的预期完全不一样！第二个要避免的是因果倒置。所谓前因后果，即先有的因才有的果。比如W底，是因为它涨了，而且碰巧走成了W的造型，所以成为W底，而不是因为它走成了W的造型，就一定要涨。我听到有的交易者说：“某某合约均线金叉了，要涨了！”这简直滑天下之大稽，是因为它涨了才出现金叉，而不是它出现金叉了才涨，各位读者要切记！

3. 演绎法

期货合约从挂牌开始到交割，是一个完整的过程，这个过程是可被追溯的。也就意味着，我们可以运用逻辑推理，甚至结合使用前面的极值法、归纳法来推导行情的发展，从而指导我们的具体交易。下面我们试着用一个新上市的LPG合约来演绎一次。

该合约上市基准价在2400点左右（指数），后通过集合竞价确定了开盘价。开始交易后，投机资金持有者们开始根据各自的分析来选择站队，在连续竞价机制的撮合下，一笔笔交易成交了，合约持仓量不断放大。由于此时LPG定价较低，下游的需求方将会在合约上进行买入套保，这是最先进入的套保资金。（知识点来了，如果其他合约上存在这种类似的机会，意味着上市当天便有了机会）

如果某一方投机资金持有者认为当前价格被低估，开始大量做多，盘面上将会表现为继续增仓做多。随着时间的推移，有了足够多的K线图之后，技术派的交易者们陆陆续续涌入，开始用技术面寻找交易机会，而做多的这个大资金就成为市场的主力，为了赚取对手盘更多的钱，同时加上参与者越来越多，盘面不再那么容易受控制，就会出现一些增仓突破、指标出现交易信号等五花八门的行情（攻城之势就藏在其中）。

如果价格继续高涨，则有可能吸引LPG生产厂商或者经销商到该合约上进行卖出套保，为了方便交割，他们将会注册仓单，盘面的参与者越来越多，持仓量进一步上升。

随着行情的发展，有可能出现其中一方继续猛攻（攻城之势），或者某一方投降（减仓），或者趋势逆转的行情（崩盘之势）等。

随着交割月份的临近，各个投机力量开始退出，转移到更远的合约上，开始下一轮的争夺。如果此时的多空双方中一方泥足深陷，有了巨大的浮亏，那另一方多半会痛打落水狗，借助基本面的出师之名或者交割的规则大棒，对弱势一方进行屠杀，行情将会演变为期货市场中确定性最高的近月行情（其中也有交易机会）。

距离交割月仅剩几个交易日，剩下的投机盘将在最后几天全部减仓，然后合约顺利进入交割月。有的时候我们也能看到大量套保盘进入交割月的情况，因为自然人账户不能进入交割月，故此处不再细说。

在以上的演绎中我们可以厘清期货交易的一整套运作流程，一旦里面有反常的情况出现，我们就能在其中寻找到交易的机会。演绎法可以是宏大的、完整的，也可以是细致的、局部的，这取决于我们具体的分析需求。

以上三种是我常用的分析方法，除此以外还有倒推法、假设法等，大家不可拘泥于此。所谓兵者，诡道也，十八般兵器，能用来打仗的都可以拿出来比画。

趋势的形与意

前面在趋势的章节中，我不但给出了趋势的战争学定义，还对三种较为明显的趋势进行了分类整理，对其认定标准进行了量化，但是唯独没有对趋势的走势形态进行总结。原因在于，按照趋势的定义，其最终的走势形态可以有多种不同的表现形式。这里我们就通过“得意忘象”的期货战争观来分析一下趋势的形与意。

从行情的具体走势来看，我将趋势的走势主要分为“一搨直下”和“一波三折”两种走势。

“一搨直下”本是一个书法专业术语，意思是用笔的时候将毛笔直接切入纸面，没有藏锋等动作，用在期货上面可以理解为“一搨直出”，也就是没有铺垫动作，直接展开行情，并且在趋势的推进过程中没有出现回调或者说回调幅度很小。这里的回调并不是指空间上的回调，主要是指时间上的回调，也就是回调时间短，通常少于 3 个交易日。

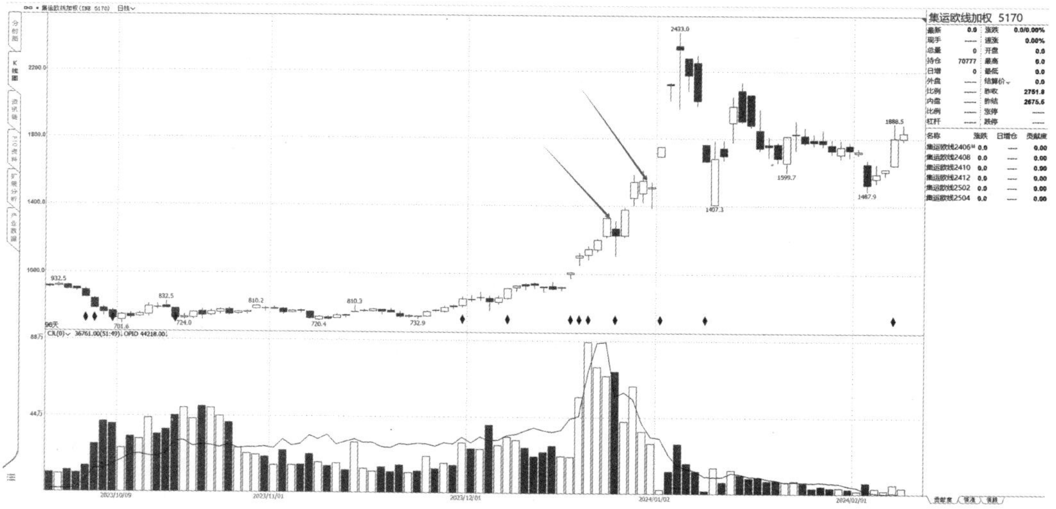

图 12-1　集运欧线加权日 K 线图

在图 12-1 中，集运欧线的这一波单边上涨的趋势行情，就是标准的一搨直下，尽管图中箭头所指的回调幅度特别大，但都是在短时间（不超过 3 个交易日）内调整结束，重新开始上涨走势。

与一撸直下相对应的走势，就是一波三折。从字面我们就能简单地知道它的特征，那就是行情不是一竿子插到底的，而是在其中反复，但是主力始终掌握着主导权，并且在其调整的过程中，每一次的调整时间都相对于一撸直下走势要长。

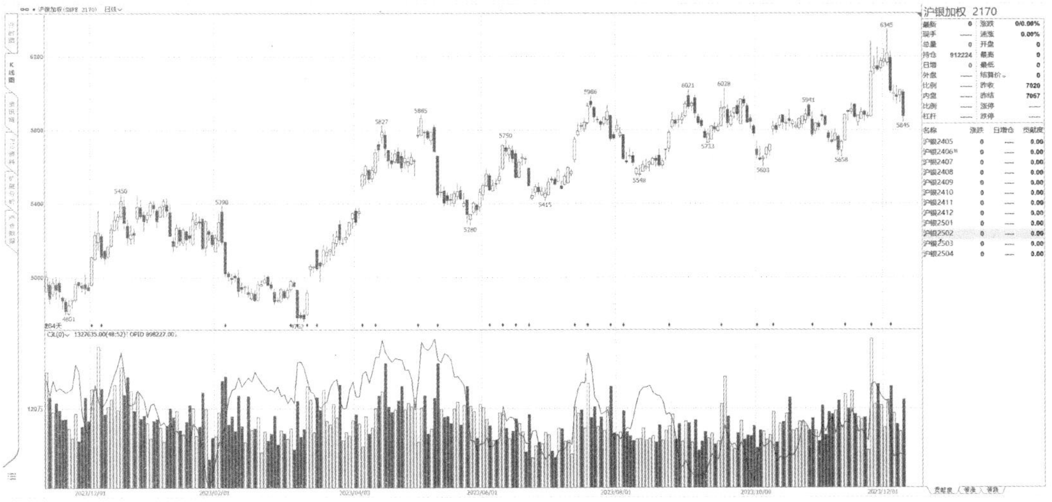

图 12-2　沪银加权日 K 线图

在图 12-2 中，沪银加权的走势就是上涨一波，然后回调，再上涨一波，又回调，如此循环往复。如果我们观察它的关键阻力位变化，就可以看到相对低点在逐渐上抬。这种形态表现，像极了波浪的运动，也像一座又一座山头，难怪会有前人根据这种形态变化总结出波浪理论。但是这种以形态学为基础的分析方法不能完成期货交易的主要任务，即将趋势从波动中剥离出来，所以，不管是波浪理论还是山峰理论，都会陷入形态学的迷雾，在其中转圈圈无法走出来。

趋势行情的走势可以分成这两类，普通波动走势也可以这样分类，不过单纯地分类还只是在“形”的层次上。除了剥离趋势与波动外，行情分析的第二项重要工作就是预判趋势的行情发展是一撸直下还是一波三折。但是在趋势还没有完全走完之前，我们想提前预测它是一撸直下还是一波三折是有难度的。

在前面定义的三大类趋势中，时制之势一定是一撸直下走势。原因在于其交易时间所剩无几，已经不太可能有过多的时间去横盘整理，行情通常都是一边倒地迅速发展。从交易实践的角度来讲，这种行情非常适合重仓且配合浮盈加仓的做法，所以在本书后面讲实战的内容中，我是倾向于在时制之势中放大风险敞口的。

而崩盘之势，由于其发展时间更短，往往是在一个交易日内完成走势，所以不能简单粗暴地将其归类为一揭直下走势。但是其在日内的崩盘过程中，由于持仓量的崩溃非常迅速，资金之间相互倾轧的速度和惨烈程度都非常剧烈，所以其在日内的表现往往也是直上直下的走法。由于日内走势的特征主要表现为短、快，所以崩盘之势不适合用浮盈加仓的手段进行交易，但是可以适当地增加仓位。

三大趋势之中，攻城之势是最难预判其走势类型的。攻城之势在整个行情中相较于前两种趋势出现的次数最多，我们在交易的时候大部分都是参与的攻城之势，但是它的复杂程度远远超过前两种趋势。一般来讲，受长期不可逆的供求关系改变而主导的攻城之势往往是一揭直下的走势，而短期的供求关系改变或者无法确定其背后主力身份的攻城之势则有可能出现一揭直下，也有可能出现一波三折的走势。如果不能提前预判，我们在参与交易的时候，行情是一波三折的走势的话，止损位和仓位的设置要以不被行情的回调扫到或者打爆为宜，这里可以用极值法确定。

上述的三种趋势，其中有两种都是在资金的推动下产生的，另外一种是在时间的“胁迫”下产生的。这里其实间接说明了攻城之势和崩盘之势所体现的核心实质就是资金对行情的掌控程度，掌控程度越高，这个趋势的确定性也越高。由此我引入了一个概念，那就是价格与持仓量的相关性，简单来说就是一段时间内价格和持仓量的皮尔逊相关系数，最大值为 1，最小值为-1。本书的核心内容，除了“得意忘象”的行情分析理念和“舍价取势”的实战操作手段以外，最值钱的就是这个系数了，它代表了得意忘象理念在趋势分析中的具体应用。此概念从创造出来到具体应用再到完全定型，总共经历了至少三年的时间，而我最引以为豪的“舍价取势”的实战操作手段从总结提炼到升华，前后也不过半年左右的时间。

我们在讨论趋势的时候，首先明确了一点，趋势产生的前后经历了能量的积累和释放。趋势的能量积累很多时候表现为持仓量的大量增加，在持仓量的增加过程当中，如果其中有一方非常强势，那么它将主导整个行情的发展，而另一方虽然也在增仓，却都是被动的反应。如果两方实力相当，那么在增仓的过程中可能行情就没有那么流畅，会有所反复。换句话说，就是主力对盘面的掌控程度不够，甚至可以说主力之间有分歧。

以攻城之势为例，不管它是一揭直下还是一波三折，都表现出主力对行情的绝对掌控，例如牛市通常都是增仓上涨、减仓调整，如果发展到减仓上涨或者增仓下跌的阶段，往往意味着行情即将走向终结。时制之势虽然是受时间所制而产生的趋势，但是交易当中被时间所制的这一部分交易力量，其实主导了整个盘面的走势，在这个时候，它们的持仓量与价格的相关性通常也是非常高的。

第十三章　光子雷达指标

工欲善其事，必先利其器。在参与期货战争的过程中，我基于期货战争理论的基本原理开发出了一套完整的技术指标，名字叫作“光子雷达”。它将期货战争理论中趋势的定义、强弱的判定、阻力位的寻找等重要环节整合到了一起，用来帮助我们分析行情，可以起到事半功倍的效果。

该指标基于文华财经的麦语言开发。此套指标免费提供给本书的读者使用，并且会不定期更新（截至目前已经更新到 7.0 版本），有兴趣的朋友可以通过添加小助理的联系方式获取。

光子雷达简介

图 13-1 为光子雷达指标在日线级别行情上的运用。在日线级别上，有四条均线类的线性指标，即三条 MA 均线和一条跨周期 MAJX 均线。当周期切换到 1 分钟级别的时候，MAJX 的计算方式会发生改变，如图 13-2 所示。

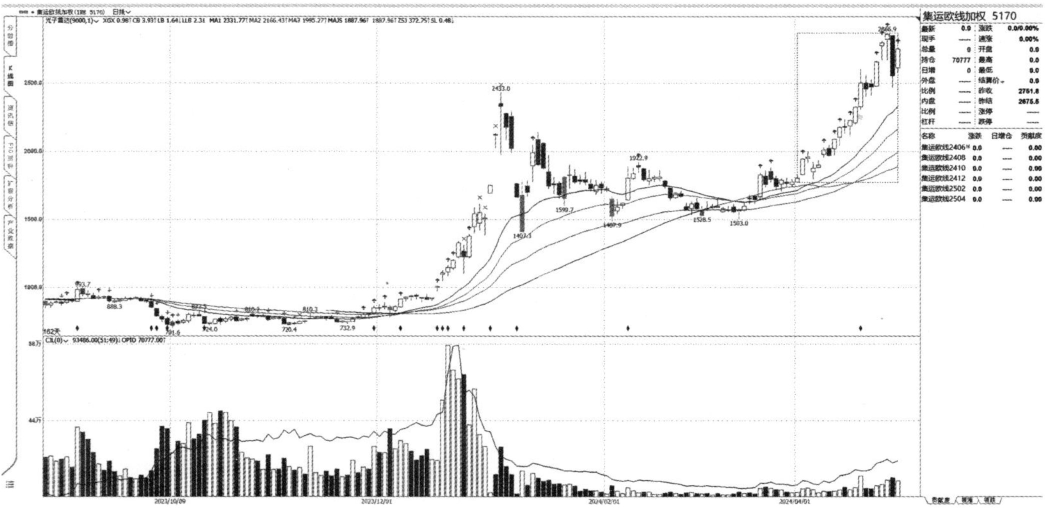

图 13-1　集运欧线加权日 K 线图

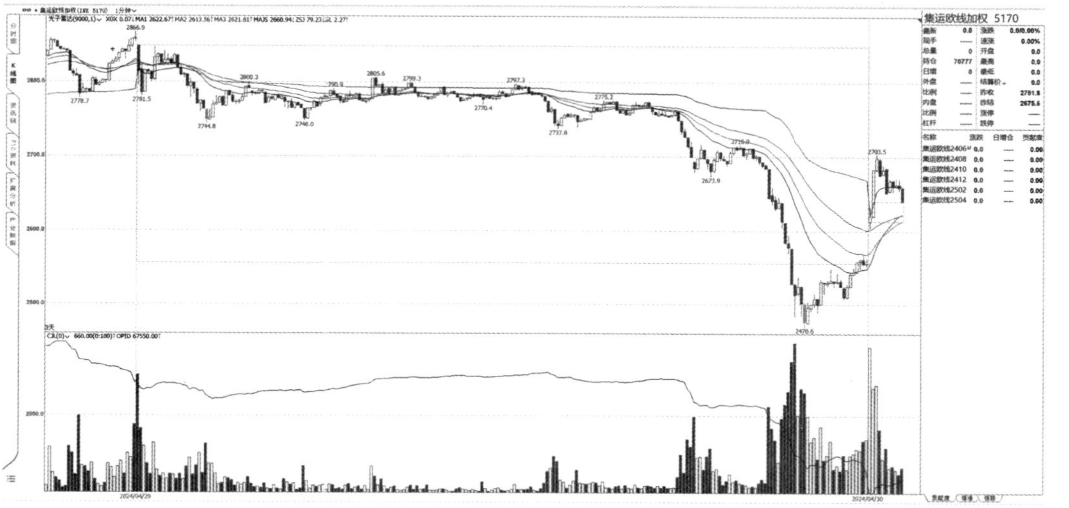

图 13-2　集运欧线加权 1 分钟 K 线图

在日 K 线图的最右边，有一个虚线组成的方框，这个方框也是跨周期显示的。在 1 分钟线以上、日线以下的周期范围内，所显示的行情是最近 20 个交易日的。

在有的 K 线图之上，有红、绿两种颜色的箭头，这个箭头也是跨周期显示的，不同周期上的计算方式略有不同。这个箭头代表攻城之势，红色代表多头增仓突破，绿色代表空头增仓突破。

在极少数的 K 线图上方，有一个红色的小叉，代表此根 K 线出现了巨量的减仓。

在 K 线图中，有少数 K 线的颜色与其他 K 线的不同，其中红色代表波峰，绿色代表波谷，是跨周期显示的指标，一半红一半绿代表附近的 K 线中最高价和最低价同时出现在此根 K 线上。

在行情图的左上角，有一连串的变量，各自代表了不同的含义。

XGX：相关性。此数据为跨周期显示，在 3 分钟级别到日线级别均可以显示。具体的计算方法为当前 K 线最近的 20 个交易日中持仓量与价格的皮尔逊相关系数，属于趋势强弱判断模块。

CB：代表最新持仓量与前一根 K 线的比值，单位为%；仅在日线上显示，属于趋势强弱分析模块。

LB：代表对应周期最新成交量与当前 K 线最近 20 个交易日的成交量平均值的

比值，单位为倍。该指标可以跨周期显示，属于趋势强弱分析模块。在日 K 线的虚线方框内，可以看到一个深红色的小圆点，代表其对应的那一根 K 线的 LB 数值为最近 20 个交易日中最大的，属于行情方向判断模块。

LLB：代表最近 20 个交易日中，LB 最小的那一个交易日 LB 数值的 3 倍，属于行情方向判断模块。

MA1-MA3：EMA 均线。其周期从小到大分别为 13、21、34，属于行情方向判断模块。

MAJS：跨周期均线。在日线上为 60 日移动平均线，除 1 分钟线以外其余周期与其类似，但是计算结果略有出入，在 1 分钟线上则为分时均线，属于行情方向判断模块。

ZSJ：止损参考，是根据最近 20 个交易日行情的波动率计算出来的止损参考数值，属于交易风险控制模块。

SL：根据仓位止损平衡公式算出来的最佳仓位（详见本书第十五章）。

下面就以上指标进行详细阐述。

行情方向判断模块

①**MAJX 均线**。在 MA 均线中，60 日均线被称为生死线，意思是如果行情在此线上方运行，则大概率处于多头趋势，而如果行情在此线下方运行，则大概率处于空头趋势。同时技术派总结出：60 日线上不做空，线下不做多。技术派的交易者群体基数庞大，靠着参考此条均线交易，变相地让这条总结更加有效。我们在判断一个品种的具体方向时，此均线是一个重要参考维度。MA 均线（移动平均线）相较于 EMA 均线（指数移动平均线）而言，有的时候反应会更加灵敏。在光子雷达中，MAJX 的周期为 60 日，大于 MA1-MA3 的周期，但是其对行情的反应更加灵敏。在日线中，我们可以沿用技术派的判断标准，即多头趋势大多数时间一定要在 MAJX 均线以上运行。这里一定要正确理解，那就是在 MAJX 均线以上运行不一定是多头趋势，但是多头趋势一定在 MAJX 均线以上运行。

在图 13-3 中，豆粕指数在箭头处下破 MAJX 均线，我们至少可以认定豆粕已

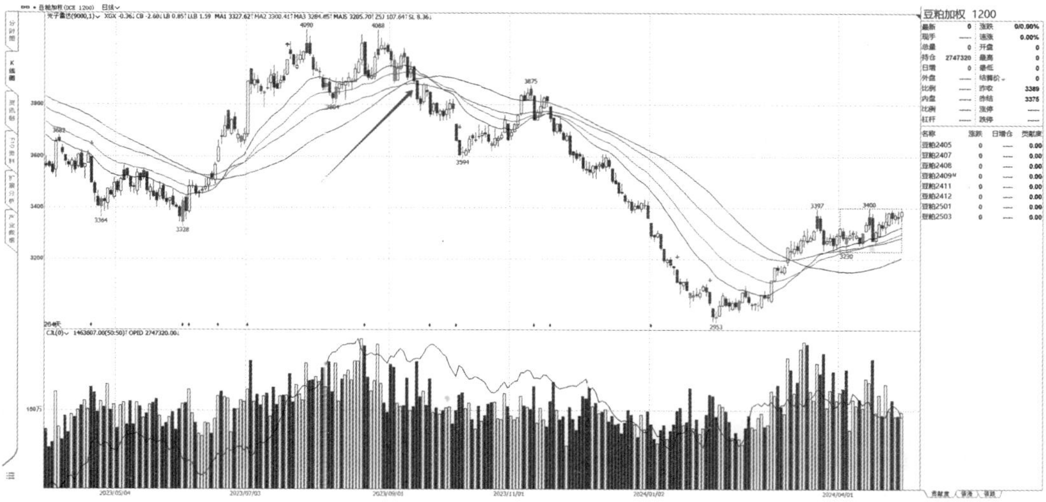

图 13-3　豆粕加权日 K 线图

经不再是多头趋势了，绝对不能考虑做多。如果配合其他的维度分析，我们得出了豆粕已经属于空头趋势，则应当利用 EMA 均线或者波峰波谷函数寻找进场条件。

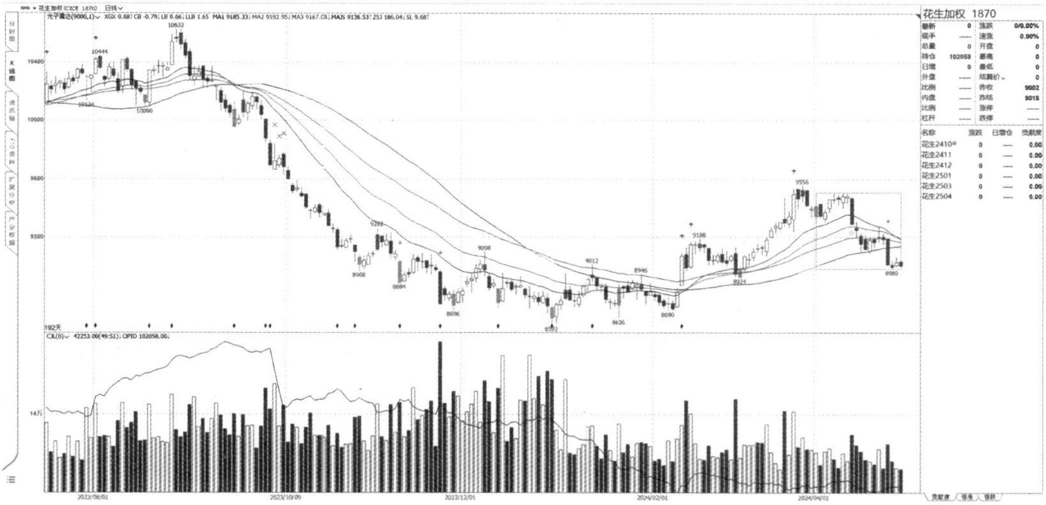

图 13-4　花生加权日 K 线图

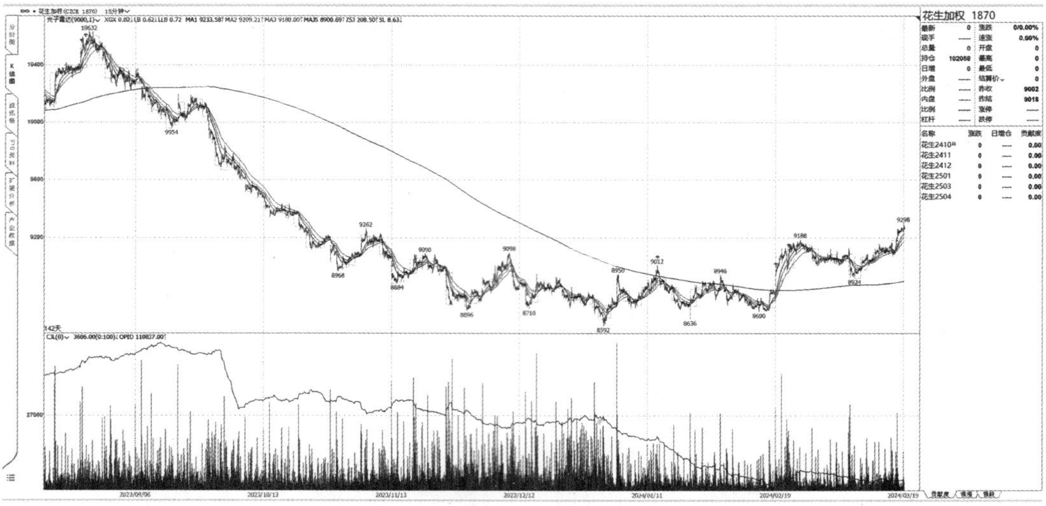

图 13-5　花生加权 15 分钟 K 线图

MAJX 均线是可以跨周期显示的，即其他周期上显示的依旧是日线上的数值。但是日线上的 MAJX 每一根 K 线只有一个数据，跨周期的时候每一个交易日有多根 K 线，而且跨周期的时候无法简单地利用 MA 函数求得我们想要的数据，此时如何处理呢？文华财经的软件支持少部分数据跨周期引用，但是非常不方便，为此我设计了一个方法（后面多处用到此法，我将此法命名为求参倍乘法），首先求出该交易品种对应周期一个交易日 K 线的根数 N（把 N 作为一个参数，不同的品种，交易时长不一样，该参数也就不一样），然后以 60×N 为周期求出该交易品种的移动平均线，这样画出来的均线就成为一个连贯的、类似于 60 日线的均线（可以理解为比 60 日线分辨率更高）。如图 13-4、图 13-5 所示。

②MA 线。此线一共有三条，命名为 MA1、MA2、MA3。这三条线其实是 EMA 均线，由于文华财经有一个内置函数叫作 EMA2，为了不引起冲突 EMA 均线选择了简写。它们的周期分别为 21、34、55。由于这三条线没有做跨周期处理，所以不同周期上显示的数据是不一样的。

这三条线可以用它们的多空排列来分析方向，例如在图 13-6 中，菜籽油在箭头处发生了死叉，随后开启一段行情。如果我们配合其他的维度分析，就很容易参与到此段行情。对比，我们通常使用 15 分钟周期上的 MA 金叉、死叉来辅助判断。

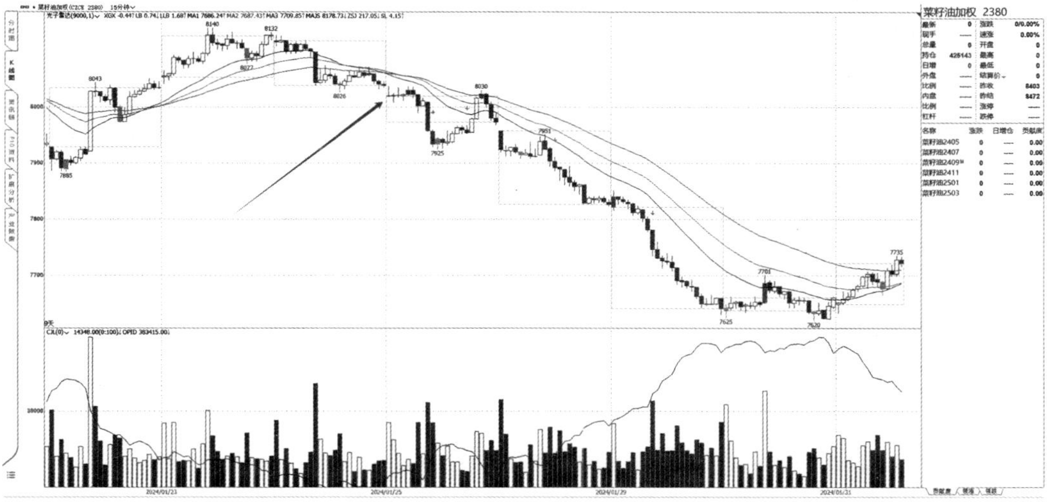

图 13-6　菜籽油加权 15 分钟 K 线图

除了金叉和死叉以外，MA 均线也可以用作回调进场的参考位。例如在图 13-7 中，我们可以在价格反弹到 MA 线以上时开空。这是一种典型的回调进场模式，MA 线对应的点位，往往恰好是黄金分割线所在的点位，这和其计算方式是否有关系有待数学高手验证。

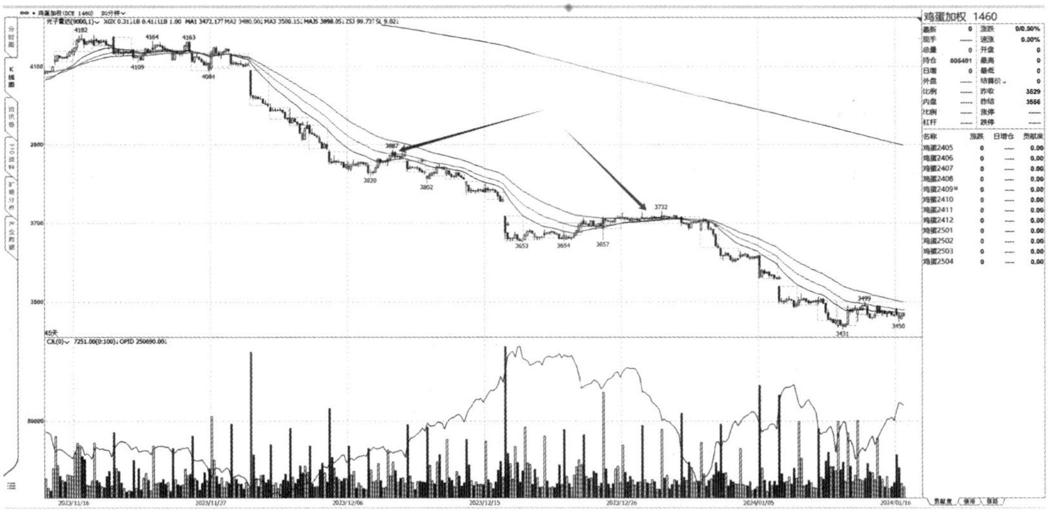

图 13-7　鸡蛋加权 30 分钟 K 线图

③**SP 线**。当 K 线图切换到 1 分钟周期时，原来的 MAJX 就改变了计算方式，变成一根 SP 线。在实践中我发现，这是因为当 K 线周期很小的时候，日线级别的

60日线就失去了它应有的作用。但是为了完善整套期货战争理论，让它能够服务于所有级别的行情，我特别引入了日内行情最有用的日内分时均线。这根线在1分钟线上的地位，等同于日线上的60日线，再配合其他的维度分析，就可以打通所有周期的交易。如图13-8中，沪金在箭头处向下突破，随后行情走出一波较大的下跌趋势。

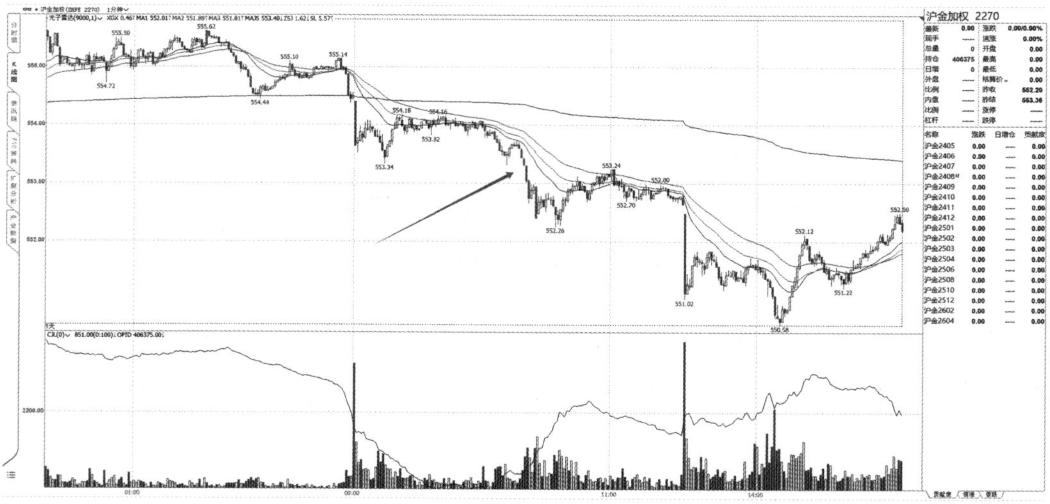
图13-8　沪金加权1分钟K线图

④**攻城之势**。在前面阐述趋势的部分，我们所讨论的攻城之势，目前其标准是：涨跌幅度相对于前一个交易日收盘价超过1%，持仓量相对于前一个交易日达到3%，我们就认为这一根日K线满足攻城之势的条件。这个标准实际上是会随着市场的发展而演变的，具体可以参见第八章“攻城之势在市场不同阶段的表现”部分内容。那么在实际运用中，我们除了可以用攻城之势来进行日线级别行情的复盘，还可以利用它来参与日内的行情。具体来讲，就是找到某个交易品种在日内刚好达到攻城之势条件的那个时间，供我们作交易参考。

如图13-9中，K线图上出现向上的小箭头的时候，意味着集运欧线加权在这一分钟结束时，刚好达到增仓超过3%，且下跌幅度超过1%的标准。

攻城之势所对应的箭头是一个跨周期指标，可以用在日线以下所有周期上。基于它的计算规则，有时候会出现不同周期上信号不一样的情况，当然，只会是有无的区别，没有大小的区别。例如某个品种在10分钟内的某一分钟达到了攻城之势

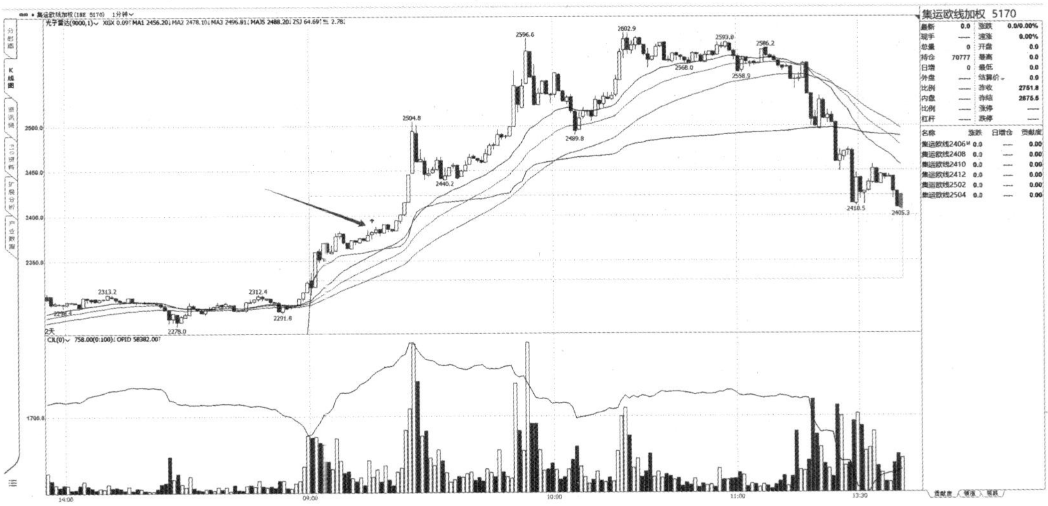

图 13-9　集运欧线加权 1 分钟 K 线图

的条件，然后在这 10 分钟收盘前又失去了这个条件，那么在 10 分钟周期上不会留下代表增仓突破的小箭头，但是在 1 分钟线上却会留下痕迹。同理，不同周期的行情中都有可能出现此类情况，其中确定性最高的当数日 K 线。

趋势强弱分析模块

通过以上的行情方向判断模块的综合使用，我们可以简单快速地判断出一个品种当前的行情方向。但是在前面趋势部分的讨论中，我提出了“有的行情只是波动，并不是趋势”的观点，并且认为，作为交易者一定要尽可能地参与趋势行情，而非波动行情。

然而只通过前面的行情方向判断模块无法准确快速地区分出趋势行情与波动行情，有鉴于此，光子雷达引入了趋势强弱分析模块，通过这些工具，我们总结出了分析一个交易品种走势趋势度的具体标准。

①XGX **相关性**。这个数据所展现的就是资金对行情的掌控程度，也就是前一章“得意忘象”中所提到的“意”。

如果一个交易品种的价格走势和持仓量的相关性非常高，则意味着资金在其中起到了决定性的作用，也就是控盘程度非常高，也预示着这个交易品种可能会有大的行情发生。如果这个交易品种刚好又出现了前面行情方向判断模块所追踪的方向，那么这波行情的确定性就会变得非常高。

如图 13-10 中，十字光标所在的 K 线中，XGX 数值非常高，大于 0.9，意味着这里多头占据了行情的主导地位，当前的下跌是由多头减仓导致的。而后行情一路下杀，出现了非常连贯的大空头行情。

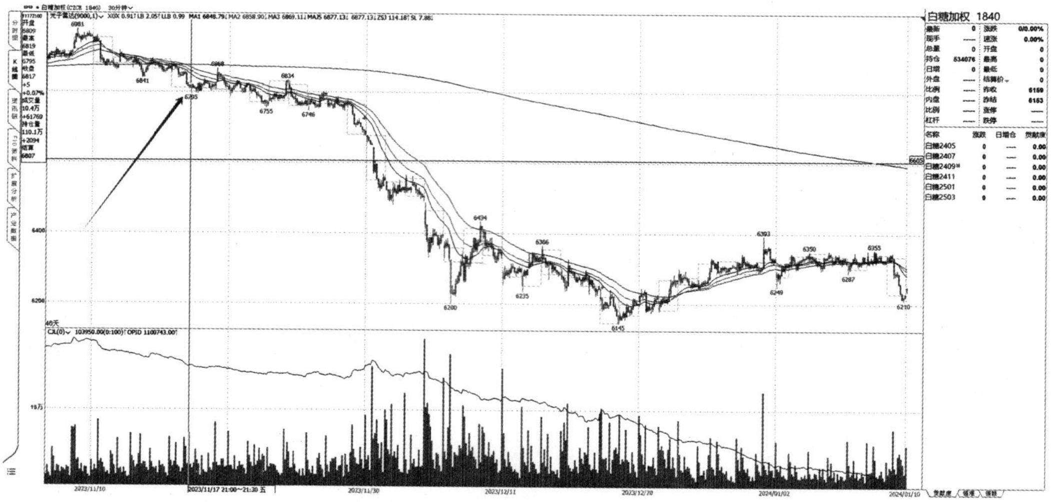

图 13-10　白糖加权 30 分钟 K 线图

②CB 值。CB 值即仓比值，就是当日持仓量相对于前一个交易日的变化百分比，单位为%。这个指标主要用来判断资金参与行情的热度，与攻城之势有一定的关联，是攻城之势的两个关键判断标准之一。

对于一些非常猛烈的行情来讲，持仓量往往会经历非常大幅的增加（由于品种规模大小不一样，小盘品种的仓比值波动往往大于大盘品种的仓比值波动）。在行情的初始阶段，出现大幅的仓比值增加，尤其是伴随着价格的突破和均线格局的改变时，通常意味着行情的开始，其后劲和爆发力都非比寻常。

图 13-11 是 2023 年 7 月 17 日的红枣加权日 K 线图，对应的十字光标当日 K 线仓比值高达 31.88%，创造了一个历史纪录，此后一路上涨，开启了轰轰烈烈的大牛市。而如果巨大的仓比值出现在行情的相对高点或者低点，反而有一种强弩之末，势不能穿鲁缟的感觉。

如图 13-12 中，沪镍加权在一波大牛市的末期，出现了一次凶猛的增仓，幅度

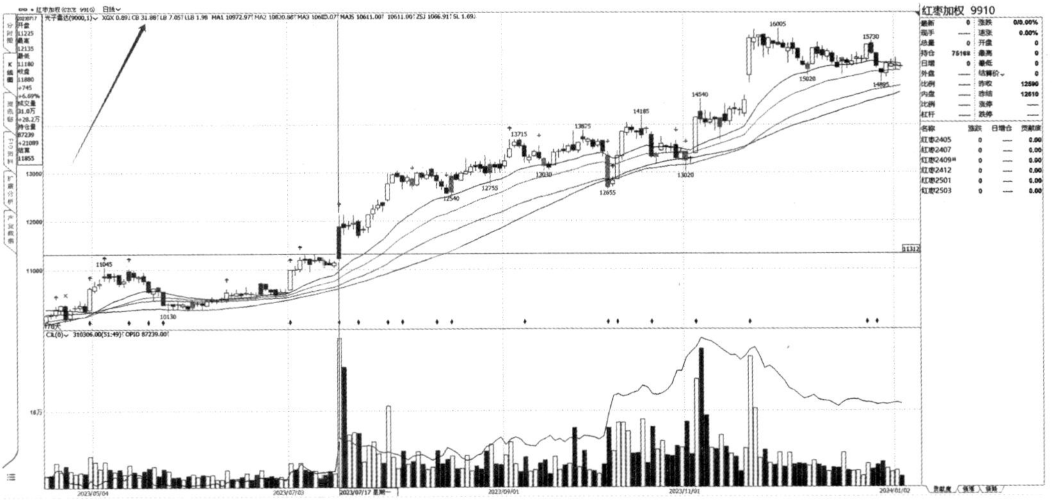

图 13-11　红枣加权日 K 线图

为 19.08%。对于一个盘子非常大的有色品种来说，出现此种幅度的增仓可以说是非常夸张了，而下一个交易日，行情创新高之后开始转向，步入漫漫熊途。

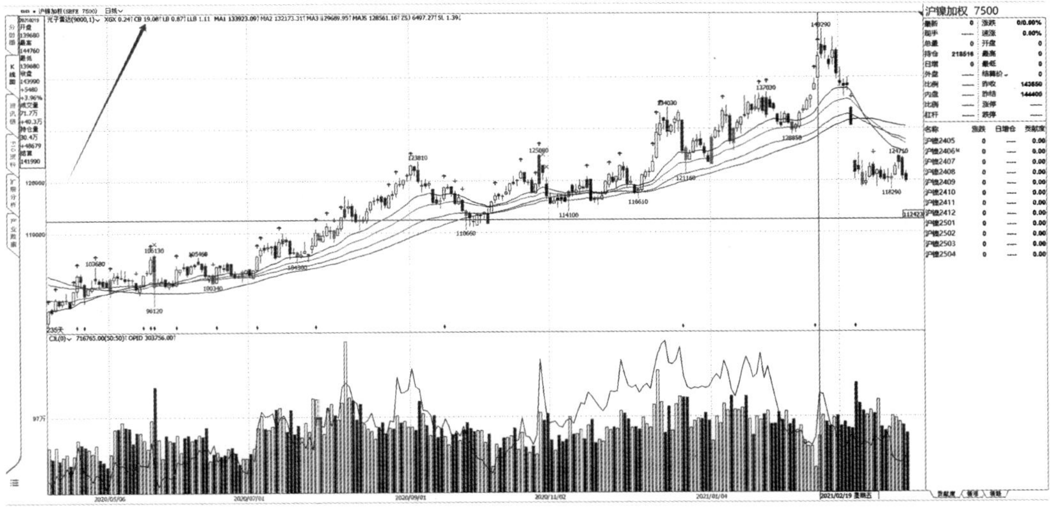

图 13-12　沪镍加权日 K 线图

③LB 值。LB 值即量比值，是一个跨周期数值，为当前 K 线与前 20 个交易日对应周期的成交量平均值的比值。它也是一个反映市场热度的数值，其比值越大，说明该合约在当天相对于前面交易日有更高的人气，往往代表着市场上有突发事件

或者较大的能够影响交易品种供需平衡的因素出现。一段大行情的展开同时伴随着成交量的放大，量比上便会有所反应。

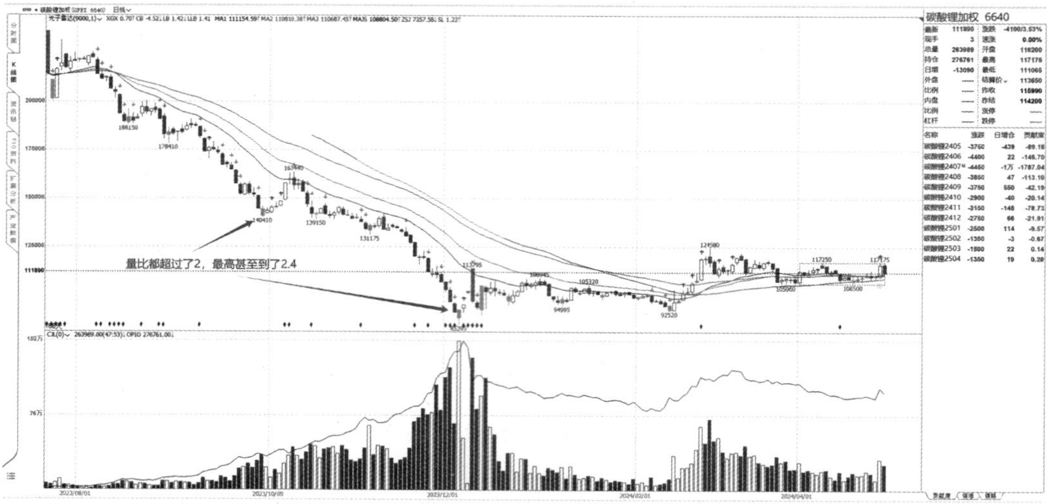

图 13-13　碳酸锂加权日 K 线图

如图 13-13 中，碳酸锂在 2023 年的下跌行情中，持仓量与成交量不断放大，走出了一波史诗级的大行情。如果量比过于高，就和仓比一样属于过犹不及，例如碳酸锂在这波行情中两次量比超过 2.4，第一次出现之后行情有过一段较为激烈的反弹，第二次则直接极限反转，宣告大空头行情的结束。

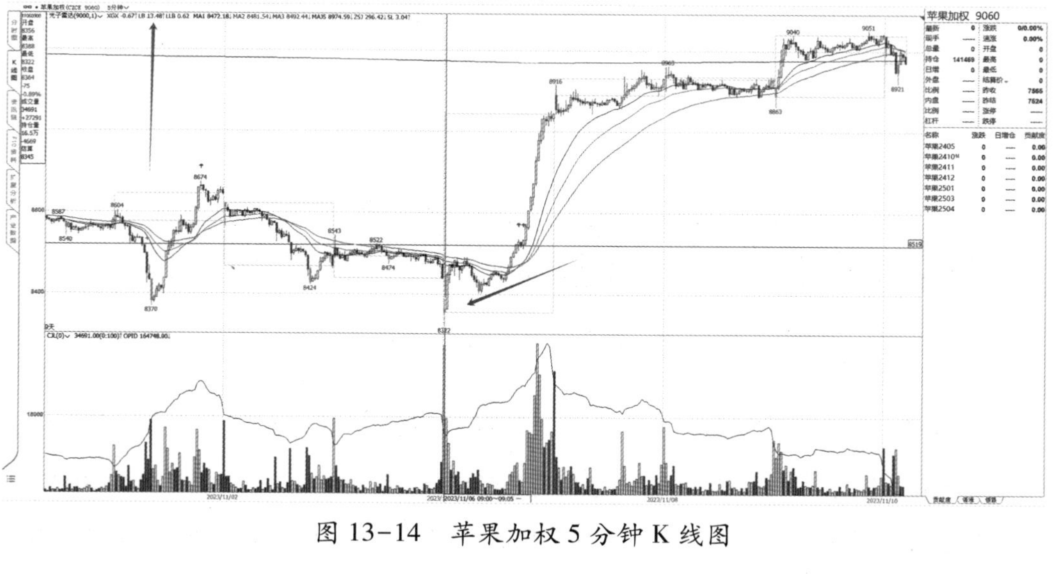

图 13-14　苹果加权 5 分钟 K 线图

在分钟线级别上，开盘出现量比特别大的品种，如果它还伴随着大幅高开或者低开的话，往往代表着日内走势的反转。如图 13-14 中，苹果指数在开盘大幅低开的情况下，首根 K 线量比高达 13.48 倍，随后低开高走，走出了一波大幅反弹的行情。

④**大减仓标记**。大减仓标记是一个红色的小叉，出现的位置在 K 线图单根 K 线的上方。前面我们提到，资金推动的行情，在发展到白热化或者极限阶段的时候，面临着盈利兑现，此时巨大的持仓量可能会以极快的速度减掉。为了跟踪到主力的此种大动作，我们开发了大减仓标记，其计算方式很简单，累计减仓量相对于前一个交易日超过 10%就满足条件。

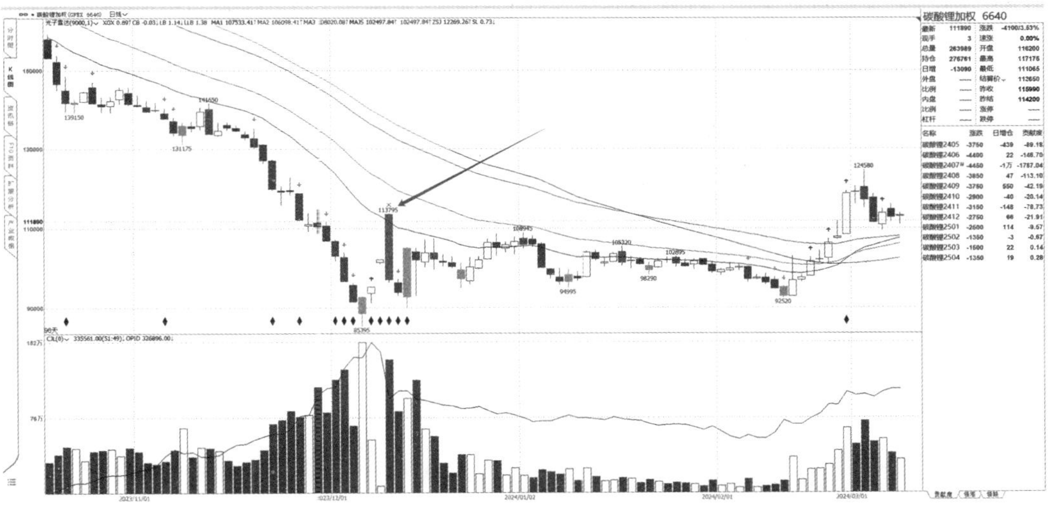

图 13-15　碳酸锂加权日 K 线图

如图 13-15 中，碳酸锂在箭头处出现了一次超大规模的减仓，从实际上宣布了前面空头行情的结束。同时，它当天所产生的相对高点，还成为后期的一个关键阻力位，这个位置不被突破，就不能轻易地说转向。除此以外，大减仓标记还是崩盘之势的重要条件。在具体分析崩盘之势的时候，大减仓标记可以帮助我们快速地识别持仓量变化，再配合 XGX、CB 等指标，就可以找出减仓崩盘之势。

交易风险控制模块

在分析了行情的方向，并且筛选出了比较强势的品种之后，就涉及具体的交易了。我们可以利用 MA 均线的金叉和死叉作为参考，除此以外，也可以利用光子雷达中的波峰波谷函数寻找关键阻力位。然后，在交易中应当用到多大的仓位，止损位最好是设置在哪里，都需要快速做出反应，所以光子雷达中专门开发了交易风险控制模块，供交易者参考。

①**波峰波谷函数**。波峰波谷函数是专门用来寻找关键阻力位的，是一个跨周期指标。在 10 分钟周期以下的 K 线图中，所显示的是 1 小时内的最高价和最低价。

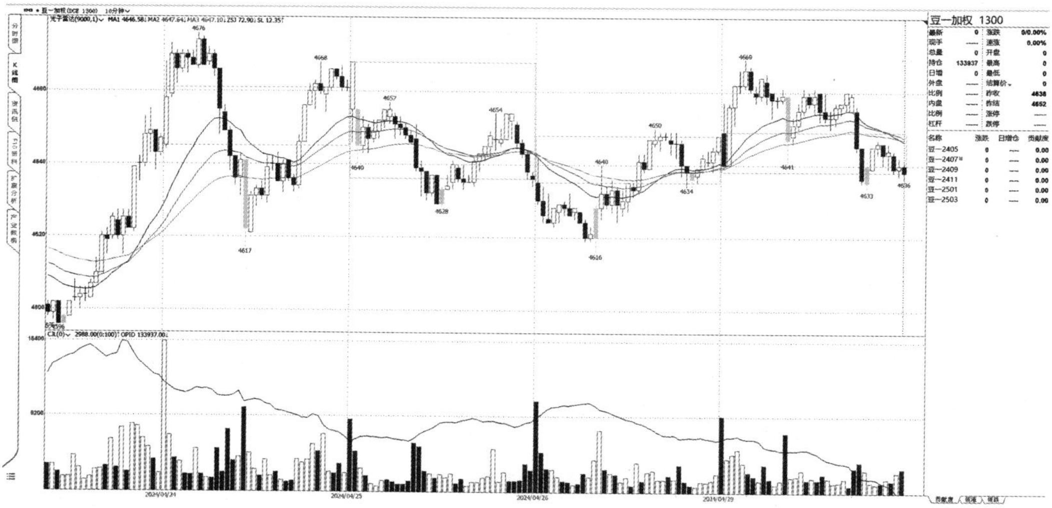

图 13-16　豆一加权 10 分钟 K 线图

如图 13-16 中，空心 K 线代表该 K 线往前、往后各推一个小时都是最高价。而实心 K 线则代表该 K 线往前、往后各推一个小时都是最低价。这意味着波峰波谷函数是一个未来函数，因为往前推是既定数据，但往后推不是。也就是行情走着走着，一个小时前的一根 K 线有可能会突然变色，因为它成了最近这一个小时内的最高（低）价。如果行情的周期小于 10 分钟，那么它们波峰波谷的位置都是一样的。

图 13-17 所显示的就是图 13-16 同样的位置。如果 K 线图的周期大于 10 分钟，

那么波峰波谷的计算方式就是往前推 N 根 K 线为最高（低）价，往后推 N 根 K 线也是最高（低）价，N 的数值默认为 5。

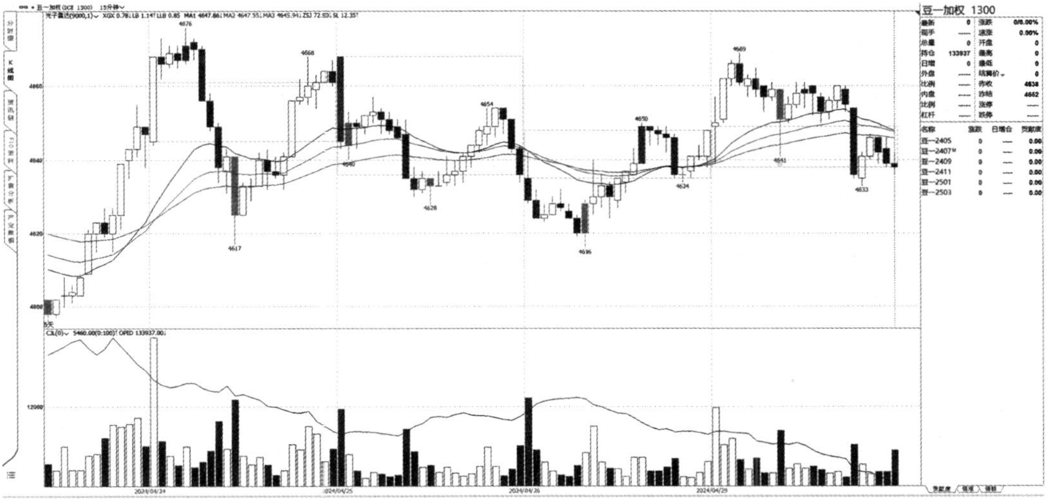

图 13-17　豆一加权 15 分钟 K 线图

如图 13-18 中，箭头所指的 K 线代表着该 K 线往前推 5 根是最高（低）价，往后推 5 根也是最高（低）价。根据期货战争理论中的定义，这些特殊点位的价格，就是期货战争中的兵家必争之地，也就是我们所说的关键阻力位之一。

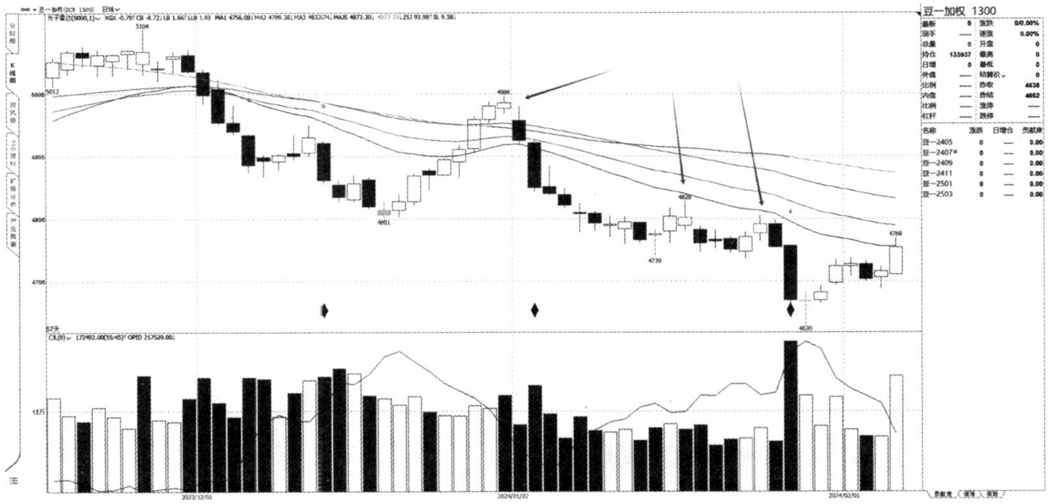

图 13-18　豆一加权日 K 线图

②**ZSJ 止损参考位**。这也是一个跨周期显示的指标。我们在交易中，为了避免

交易信号闪烁，通常都采用收盘价作为开仓价和止损价的参考。期货战争理论最推崇的，就是用最大波动率作为止损参考。ZSJ 则是根据当前品种的波动率算出来的值，如果是多头开仓，则将开仓价减去这个值作为止损价。如果是空头开仓，则将开仓价加上这个值作为止损价。

如图 13-19 中，假定菜籽油在 MA 线死叉处出现了一个开空的交易信号，其收盘价为 8011 元，光子雷达基于当前的行情波动率给出的建议止损位为 8148 元（进一取整），与附近的关键阻力位 8140 元相差不多。这里既避免了关键阻力位与波动率不匹配的问题，又给足了行情波动的空间，整体而言，是一种非常科学的止损方式。

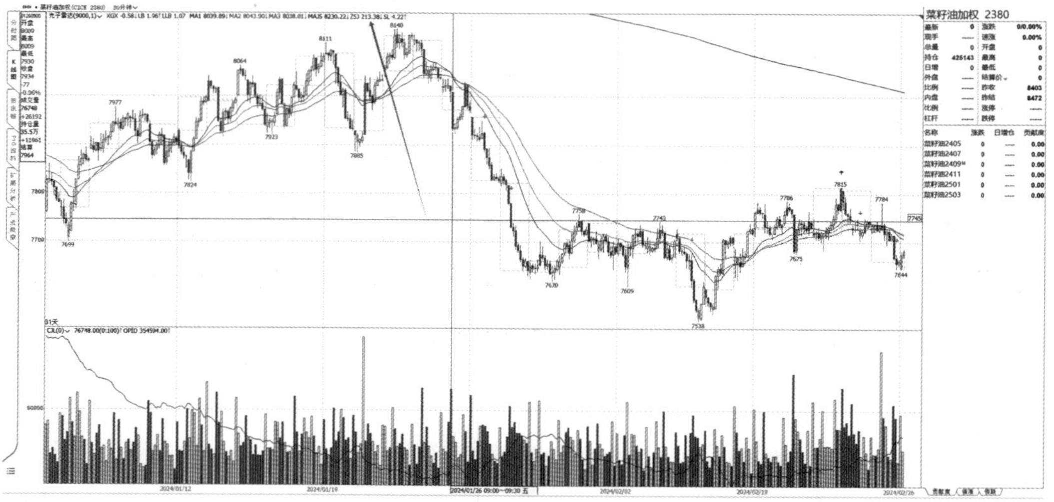

图 13-19　菜籽油加权 30 分钟 K 线图

如图 13-20 中，在焦煤加权的 1 分钟级别行情中，我们参与交易时，再用近 20 个交易日的最大波动率已经不合时宜。此时的 ZSJ，则是根据当前交易日中单根 K 线的最大波动计算出来的，所以就变成了适合日内交易的规模。图中出现了死叉（此处没有考虑 XGX 问题），此时光子雷达给出的参考止损位为 1808.5 元（向下取整），既充分考虑了日内均线的影响（均线以下不做多），又给了一定的行情波动空间，实现了风险的相对平衡。

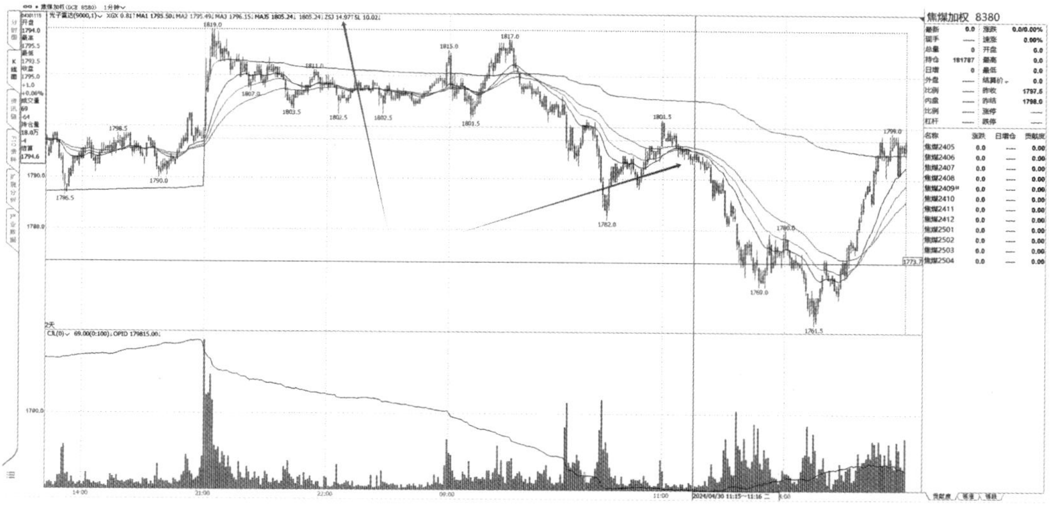

图 13-20　焦煤加权 1 分钟 K 线图

第十四章　行情的具体分析

有了前面的理论基础作铺垫，下面我们就在方法论（常用的分析法）和软件工具（光子雷达）的辅助下讨论散户的第一个战术任务：将确定性更高的趋势行情从随机的波动行情中剥离出来，并且准确地判断它的方向。这里首先就涉及行情的分析问题。对于行情分析，通常情况下分为盘中行情分析和盘后行情分析两种。盘中具有时间短、变动快的特点，对交易者的反应速度要求太高，分析的实践作用不是很大。我的建议是盘中行情分析的结论仅能用于平仓，不能用于开仓，并且这个用于平仓的分析决策过程必须在上一个交易日的盘后行情分析中有预案，也就是已经提前计划过出现这种情况后的操作。本章主要讲盘后行情分析。

盘后行情分析的主要步骤

盘后行情分析又叫复盘，是战争派分析行情所采用的主要方式。通常情况下包含六个步骤，下面我们依次说明。

1. 从讯的维度进行分析

所谓讯就是资讯。这里指基础信息，主要包括交易品种的物化特性、生产工艺、上下游产业链、供求关系、消息面、政策面等。为了方便交易者们快速掌握某个交易品种的基础信息，把握当前行情的主要影响因素，我特地编写了一本工具书，即前面提到过的《商品期货产业链手册》。通过这个手册交易者可以去粗取精，掌握交易标的的不同特性，为行情分析提供重要参考。

我们知道，技术派是完全忽视一个交易品种的基础信息的，比如这个交易品种是怎么来的？到哪里去？价值几何？有没有什么周期性影响因素？他们认为这些信息都被市场包容消化了。

与技术派的完全无视相比，基本面派则又将一个交易品种的基础信息提高到过于重要的位置，甚至认为这些基础信息（尤其是供求关系）在价格运动中永远占据主导地位。

前面我们已经讨论过这两种交易观点的错误之处，这里不再赘述。我认为，当一个交易品种的基础信息发生的变化在当前行情中起到主要作用的时候，我们就需要给予它足够的重视，需要对它所带来的影响的强烈程度和持久度进行分析。而当一个交易品种的基础信息发生的变化对行情带来的影响并不是很大或者无法被观测的时候，则应当以盘面为主。

在文华财经的交易软件上有一项信息灯塔功能。如图 14-1 中，软件下方有一个菱形标记，这个菱形标记有的时候表示有期货公司写了与该交易品种相关的研报，有的时候表示这个交易品种上发生了一些重要的事件，对该交易品种的基础信息产生了重大的影响。点开菱形标记就能看到具体的内容。

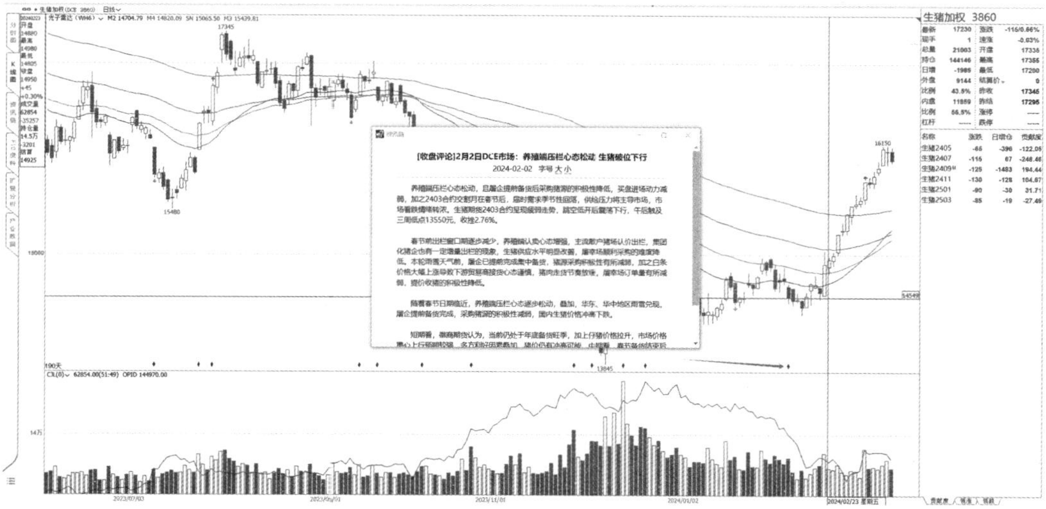

图 14-1　生猪加权信息灯塔

我们在进行行情分析的时候，第一步可以通过阅读信息灯塔中的内容掌握一些基本情况，然后提炼出关键信息。一般信息灯塔的数据有时效性，其出现的时间离现在越近越好。在光子雷达中，我设计 20 个交易日隔日框的目的，本身就是方便交易者总结近期行情的。在综合连续性和时效性的平衡之后，我们一般参考信息灯塔60个交易日以内的资料，时间过久的就失去了时效性。

对于一些没有信息灯塔的交易品种，基本上意味着其在当前的行情中没有明显的基础信息的变化。这时候可以简单看一些研报，但是要记住所有的基础信息都是“出师之名”，只有当它和盘面相辅相成的时候，才意味着它在发生着作用。

2. 从时间维度进行分析

这里的时间维度不是指不同的行情周期，而是指将时间作为主要因素进行考虑，发现当前行情中是否有因为时间因素引起的行情，例如时制之势。

从时间维度分析主要考虑的是时间节点，具体来讲包括这几个方面。

①主力合约是否正常。所谓主力合约是否正常，主要是分析当前某个品种的主力合约是不是常规主力合约。例如按照惯例，某个品种的主力合约应当是1月、5月、9月三个合约，但是这一次在5月向9月移仓过程中没有正常移仓，主力合约从5月变成了6月合约。

②剩余交易时间和持仓量是否正常。例如某一个合约距离进入交割月还有20个交易日，但是持仓量高达数十万手，这往往意味着交易机会，大多数的时制之势都有这个特征。

③合约当前是否处在该品种的重要时间节点上。这种情况通常出现在农产品上，在《商品期货产业链手册》一书中，我就总结了大部分农产品的重要时间节点。

如表14-1所示，苹果一般在2月就面临春节、元宵节两个重要节假日，并且在此之后到清明节之前都没有重要节日了，这意味着中间不再有节假日带来销量的提振。如果再加上当时的苹果库容率相对还比较高，那么苹果的供给将会给5月合约带来巨大的压力。如果此时的市场认可了这个情况，走出了空头主动控盘的趋势，那就意味着这是个绝佳的连续做空机会。

表 14-1　苹果重要时间节点

月份	重要事件
1月	元旦 1月5日移仓结束
2月	春节（有时春节在1月）、元宵节，此后至4月无重要节日 清库存
3月	清库存
4月	清库存 部分产区开始开花，注意多头天气炒作 5月10日移仓
5月	劳动节 产区集中开花、坐果、套袋。其中套袋数量可以间接确定产量 5月10日移仓结束
6月	生长期，重点关注天气对苹果质量的影响
7月	生长期，重点关注天气对苹果质量的影响，少数早熟品种上市
8月	生长期，重点关注天气对苹果质量的影响，少数早熟品种上市
9月	中秋节 生长期，重点关注天气对苹果质量的影响，各种早熟品种集中上市，同时部分晚熟果上市 10月1日移仓
10月	国庆节 采摘期，大量晚熟果上市，苹果产量和质量完全确定 10月1日移仓结束
11月	采摘期，大量苹果上市，苹果产量和质量完全确定 苹果入库成本确定
12月	圣诞节 此后数月重点关注库容比 次年1月5日移仓

④**当前合约是否在特殊节点刚好面临突破**。在第五章中我们说过，日线盘整行情的突破往往就发生在周五的夜盘。对于一些强势的行情来讲，主力往往会借助周一或者周五跨周的特殊时间进行突破，对对手盘发动攻击。这就和现实战争中对敌人发起突袭通常会将时间选择在凌晨是一个道理，攻敌人所不备。在复盘的时候，我们就要善于发现这种机会。

经过前面两个步骤，我们就能初步发现时制之势和某些确定性较高的趋势行情的走势的踪迹。接下来只需要再具体分析盘面的表现，如果和前面两个维度的分析形成了合力，那么就实现了将趋势行情从普通波动中剥离出来的目的，就可以进行战术任务的第二步，制订具体的交易计划了。

3. 日线级别行情分析

日线级别的行情整体来讲依旧偏宏观一些，我们主要从仓、价以及主力的控盘程度等几个角度进行分析。

面对日线级别行情，交易者要有快速推演行情走势的能力。具体来讲，就是使用演绎法，从战争的角度，迅速搞清楚当前一段时间内盘面上发生了什么事情。多空双方在哪些位置、哪些时间展开过较大规模的战斗？最终的情况又是如何？也就是前面所说的曾经发生了什么，现在正在发生什么，未来大概率会发生什么。

图 14-2　豆二加权日 K 线图

图 14-2 是豆二加权截至 2024 年 2 月 23 日的日线行情走势图，我们试着分析一下。豆二在当前行情中长期处于下跌趋势，价格一直在 60 日线以下运行，并且连续出现向下的攻城之势，其持仓量也处于连续的增加状态。由此可以断定豆二在隔日框左侧的一段时间一直处于空头趋势。

在隔日框左侧对应的最下面的指标附图中显示的是 XGX 值的具体数值（为了方便读者分析，我将光子雷达中的 XGX 单独写出来供大家参考，当它的颜色为红色时，代表 XGX 的值大于0.7；当其颜色为绿色时，代表 XGX 的值小于-0.7）。我们可以看到，隔日框左侧那一段时间对应的 XGX 值低于-0.7，这意味着这一段时间的空头控盘力度非常强大，盘面完全由空头主导，而多头已经放弃了抵抗。在隔日框中，连续出现了两次向下的攻城之势，然后横盘一个交易日之后，突然出现了一次幅度非常大的减仓，盘面上出现了大减仓标记，这意味着在这个位置空头大范围撤退，兑现了前期的盈利。

正是在这个大减仓之后，XGX 迅速上升到-0.7 以上，意味着空头已经丢失了盘面主导权。值得注意的是，空头前面的盘面主导权是以增仓来体现的，此时在减仓过程中失去主导权，则意味着在这个位置的减仓多头比空头更加急切。所以这里的攻守之势虽然发生了变化，但是并不值得试多，因为此时盘面已经不具备交易价值。并且由于临近春节，整体上有减仓的需求，而后一段时间开始出现横盘大减仓的走势，盘面陷入胶着，需要等待新的力量打破平衡。

随着春节假期的结束，交易所开盘，此时的盘面整体上应该有增仓的需求，但是依旧连续两天减仓，这说明当前的多空双方对后市并不看好。直到第三个交易日，盘面上再次出现增仓下跌的走势，空头有卷土重来的意思，但是并没有完全控盘。随后的下一个交易日再次出现了减仓，将上一个交易日的增仓幅度全部吃掉，从日线上看，此时盘面已经失去了交易价值。

后面隔日框的最后一个交易日，再次出现了向下的攻城之势，伴随着前期横盘低点的破位，同时日内 XGX 长时间保持在-0.7 以下，目前看空头重新在尝试掌控盘面主导权。

4. 15 分钟级别行情分析

为什么我同时选的三个不同周期的行情分别是日线、15 分钟线、1 分钟线呢？

首先是日线。日线作为一个交易品种最主流的行情周期选择，上可以横贯起来看到很长一段时间的行情，将交易品种的完整周期性波动囊括进来，下可以反映某一天的行情重点，是衔接大小周期波动的重要中间体，所以日线行情是分析的首选。

其次就是15分钟线。对于一个普通交易品种来说，一个交易日通常有6个小时，包括了24根15分钟的K线。这个数据不多也不少，既能够衔接日线的大周期，又可以有效地反映行情在短时间内的波动变化，不至于产生过多的滞后，且相比于1分钟线的波动又不会显得过于灵敏而导致失真。同时在交易的时候，它的波动率对权益产生的影响也在大多数交易者能够承受的范围内，所以很多交易者（尤其是程序化交易者）使用15分钟线。我们期货战争理论的一个核心论点就是要抓住主要矛盾，所以行情在15分钟线上的表现自然也就成了我们关注的重点之一。

最后就是1分钟线。1分钟线能够反映行情最新的变化，任何原有趋势的转向都是从1分钟线开始发生变化的。攻守之势的易形往往最开始就能从1分钟线上发现端倪。并且，由于1分钟线上的行情发展速度非常快，通常也是我们在分析盘中行情的时候所采用的周期，所以我们必须重视1分钟线上的行情。

解释了分析周期的问题，下面我们就将刚刚分析过的豆二加权行情切换到15分钟线上再看看有何不同。

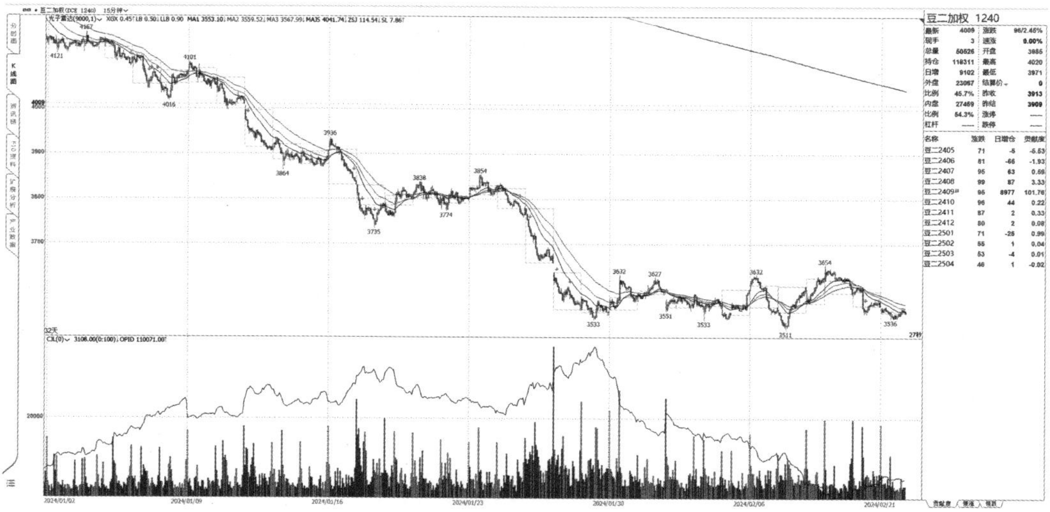

图14-3　豆二加权15分钟K线图

在图 14-3 中，豆二加权的 15 分钟线走势和日线走势一致，但是细节更多（在第十三章中我将其称为分辨率更高）。由于在日线图上我们已经进行过一次快速的推演，持仓量的变化基本没有太大出入，所以分析的主要方向就在价格和主力控盘情况上。

分析价格主要就是看当前行情中，处于优势地位的一方的最近几道防线在哪里，他们的攻击目标又在哪里。并且，通过价格的这种连续变化，我们还可以总结出当前趋势行情的走势类型（参见本书第十二章），为后面制订交易计划做参考。

而分析主力控盘的情况，则主要分析 XGX 的相关变化。XGX 本身是价格和持仓量共同参与计算的一个指标，它的数值与价格和持仓量都有关系。由于 XGX 的变化相对较为复杂，为了方便读者进行分析，现总结了 XGX 与持仓量、行情演变的一些非常明显且确定的相对变化，以帮助读者加深理解（见表 14-2）。

表 14-2　XGX 相对变化表

XGX 正负	持仓量	XGX 变化	对应情况
XGX 为正	增仓	数值变大	多头不断追加兵力，控盘力量增强，空头被动抵挡，多头优势逐渐扩大
		数值变小	多空双方均在追加兵力，但是多头控盘力量减弱，空头在组织兵力进行反击
	减仓	数值变大	多头不断撤兵，遭遇空头追杀
		数值变小	多头不断撤兵，空头顺势平仓
XGX 为负	增仓	数值变大	多空双方均在追加兵力，但是空头控盘力量减弱，多头在组织兵力进行反击
		数值变小	空头不断追加兵力，控盘力量增强，多头被动抵挡，空头优势逐渐扩大
	减仓	数值变大	空头不断撤兵，多头顺势平仓
		数值变小	空头不断撤兵，遭遇多头追杀

不管是什么周期级别，什么分析维度，其主要目的永远是分析出当前行情是否有确定性的趋势，这一点也就是我前面一直反复强调的“得意忘象”。XGX 的变化远不止表中所述的这几种，还有很多非常规变化，我们应当时刻以“利益”为核心进行分析。

5. 1分钟级别行情分析

相比于前两种级别的行情，1分钟级别的行情主要是反映当前的状态，对连续状态的反映有限。分析它的主要目的是防止突发事件对持仓和行情造成过大的影响，主要看这几个方面：

①最近几个交易日与大趋势走势之间是否匹配。

②最近几个交易日较前面行情的热度是否发生变化。

③最近几个交易日是否有持仓量发生异常变化的行情。

④最近几个交易日围绕关键阻力位发生了哪些战斗。

要得出这几个方面的结论：

①主导当前趋势的主力在短期的动向。

②当前行情有无发生变盘的可能性。

③如果发生变盘，应该用什么标准来进行判定才不会错杀也不会遗漏。

6. 汇总归纳得出结论

一个交易品种在经过上述五个步骤的分析之后，对于其是否有趋势行情，是否有交易机会我们就可以得出非常清晰的结论了。关于这个结论，我们最好可以做一个简易的复盘报告，可以以大纲的形式整理出来。如果我们能够坚持在每一个交易日收盘之后都做一个这样的复盘报告，对于持续掌握市场热点是非常有效的。这个大纲至少应当包括以下几个方面的内容：

①该交易品种是否有出师之名？如果有，它的持续性和影响力如何？

②该交易品种是否受到时间因素的制约？如果是，紧迫程度和力度如何？

③该交易品种的主要合约是哪个？其中可能有交易机会的是哪个？

④该交易品种这段时间的多空战况简述，及在三个不同周期上的表现是否一致？

⑤当前行情的优势方是谁？对当前盘面的掌控力度如何？

⑥分析当前交易品种的关键阻力位。

⑦顺势交易的战机在哪里？

⑧当前趋势要发生变盘需要满足什么条件？

我们可以将上述内容编成表格填写，以提高复盘效率。如表 14-3 所示。

表 14-3　××（品种）复盘表格

期货战争派复盘表格			
品种	（此处填写品种名称）	时间	（此处填写复盘时间）
出师之名分析	结合该品种的特性以及供求关系分析是否有明显的出师之名 它的方向与行情走向是否一致		
合约分析	分析当前的主力合约与次主力合约的关系，主力移仓是否正常 加权指数有没有失真，分析行情是看加权还是某个具体合约		
时间维度分析	当前合约是否处于重要时间节点 当前合约距离进入近月、交割月还有多少个交易日 用极值法分析，以上时间是否会对行情产生影响		
日线行情分析	主要采用演绎法，分析仓、价、主力控盘、量等不同维度的因素对行情的影响 重心集中于当前行情宏观的发展轨迹		
15 分钟线行情分析	细化分析仓、价、主力控盘、量等不同维度的因素对行情的影响 重心集中于 XGX 指标的变化		
1 分钟线行情分析	重心集中于最新行情以及最近的几个交易日的行情发展与前述两个周期上的行情是否一致		
关键阻力位分析	重点关注 15 分钟线上的关键阻力位，其次关注日线上的关键阻力位。配合变盘分析总结可能的走势，以及走势是一揭直下还是一波三折的类型		
战机分析	分析当前行情是否还有交易机会。如果有，应当在哪些位置或者时间进场		
变盘分析	分析如果当前趋势宣告结束或者发生逆转，行情可能会有哪些走势		
总结	当前品种是否有趋势 如果有，属于三大标准趋势还是非标准趋势 趋势的确定性如何 趋势的可能走势是一揭直下还是一波三折 如果变盘，需要满足什么条件，可以做什么预案		

盘后行情分析实例

为了让读者能够直观地理解我的分析思路，下面我将按照行情分析的主要步骤对部分品种进行分析。对于相关品种，我将配上三个周期（日、15 分钟、1 分钟）级别的行情走势图。对于有出师之名的品种，同样配上相关的资料，然后采取填写复盘表格的方式展现复盘结果。所有行情的复盘时间为 2024 年 2 月 24 日晚（当晚对应的交易日行情没有完全走完，可能对结果略有影响），当前实例中有的内容（战机分析）在后面章节中有具体的解释，各位读者可以对照分析。实例分析见图 14-4 至图 14-15 及表 14-4 至表 14-7。

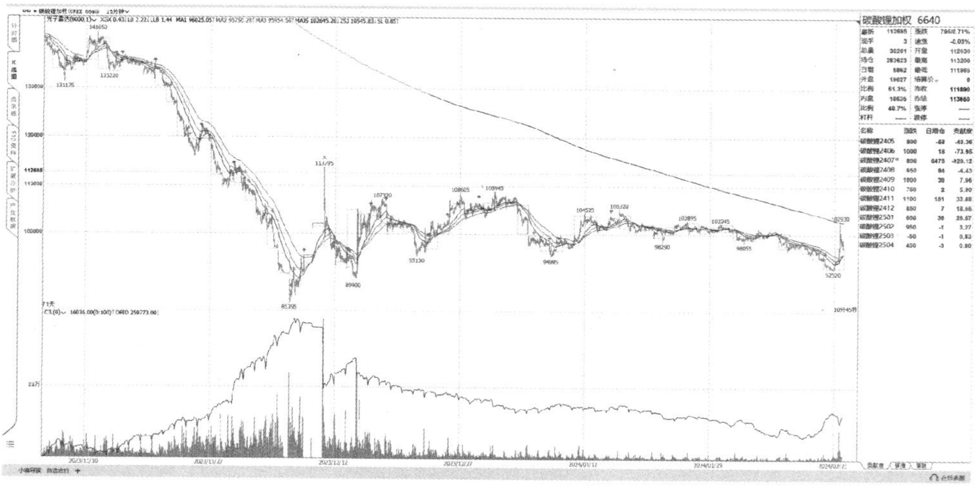

图 14-4　碳酸锂加权日 K 线图

图 14-5　碳酸锂加权 15 分钟 K 线图

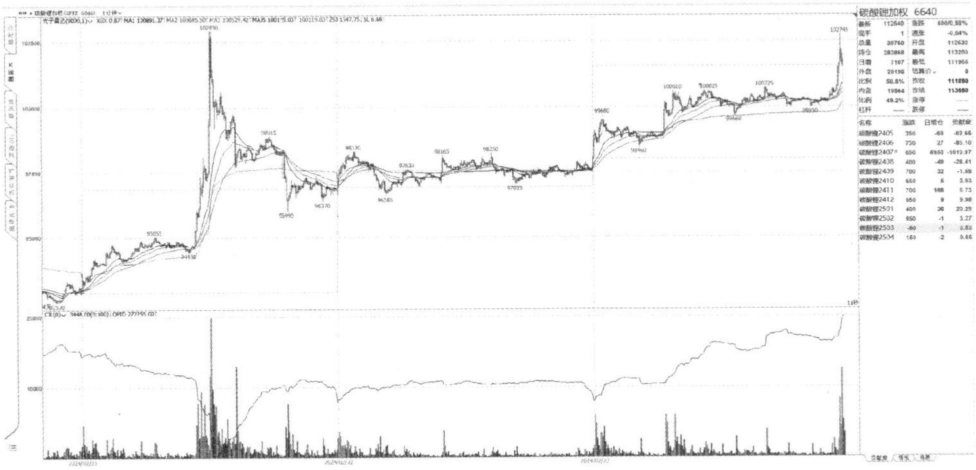

图 14-6 碳酸锂加权 1 分钟 K 线图

表 14-4 碳酸锂复盘表格

期货战争派复盘表格			
品种	碳酸锂	时间	2024 年 2 月 24 日
出师之名分析	碳酸锂在前期的下跌行情中空头一直有一个出师之名，那就是当时全球的碳酸锂成本问题。不同的地区、生产工艺，导致价格差距非常大，最低的矿源号称成品碳酸锂的价格为 4.6 万元/吨。但是随着那波行情发展后的大减仓，目前该逻辑已经失效了		
合约分析	主力合约是 07，多个合约之间也没有劈叉的走势，指数的数据与主力合约高度一致		
时间维度分析	由于主力合约是 07，并且近月没有持仓量高的合约，所以基本不存在时间压力		
日线行情分析	前期大空头之后持仓量持续衰减，热度下降，一直到春节长假后，第一个交易日就开始增仓下跌。当时看起来空头有重新掌控局面的意思，2 月 21 日价格强势反弹，持仓量没有太大变化，但是量比高达 3.24，有反转的可能		
15 分钟线行情分析	15 分钟图与日线图的走势基本一致，但是就在 2 月 21 日当天，持仓量在盘中是先大减仓再逐渐增仓的走势，对应价格则是减仓反弹，从增仓下跌到增仓上涨，基本可以判定多空攻守之势易形 唯一有问题的是 XGX 在持续下降，说明多头对行情的主导力在下降，趋势的确定性不够高。如果这样持续下去，盘面要继续涨，除非连续减仓反弹，但行情交易价值也会降低		

续表

期货战争派复盘表格	
1 分钟线行情分析	最近的 3 个交易日，第一个交易日空头主导反弹，第二个交易日减仓横盘没有明显的变化，最新的交易日由多头主导增仓上涨
关键阻力位分析	指数加权上空头最近的防线为 102930 元并且面临 60 日线的阻力，打穿之后则多头开始掌握优势。多头的最近防线则在 95995 元，中间横亘着 100000 元的整数大关口。目前看走势为一揭直下
战机分析	目前看可以采取条件单的方式突破进场，也可以选择在价格走上 60 日线之后回调进场或者在出现 EMA 金叉后进场
变盘分析	当前的攻守之势刚刚易形，目前空头要想重新取得优势地位，必须增仓下跌，打破多头的防线。所以必须达到两个条件，一是增仓下跌，二是多头的第一道防线被打破
总结	整体来看，碳酸锂当前的行情属于节后增仓然后减仓反转的走势，美中不足的是主力对盘面的掌控力量不足，要参与的话仓位不能太高。不过由于行情刚刚突破 60 日线，如果是强势的行情，这种涨势只能算是“小荷才露尖尖角”。所以可以耐心等待，如果后面多头对盘面的掌控力度增加，可以顺势参与

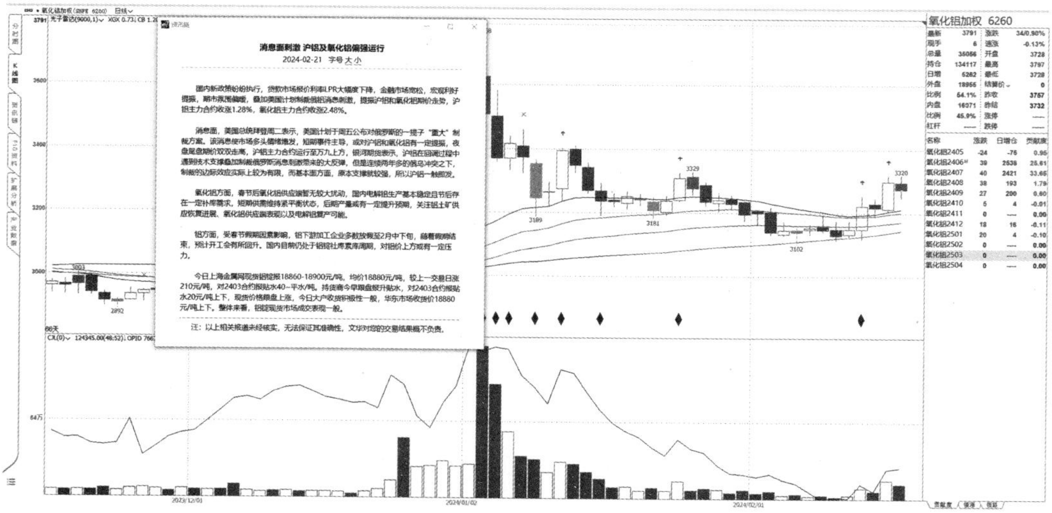

图 14-7 氧化铝加权日 K 线图及信息灯塔

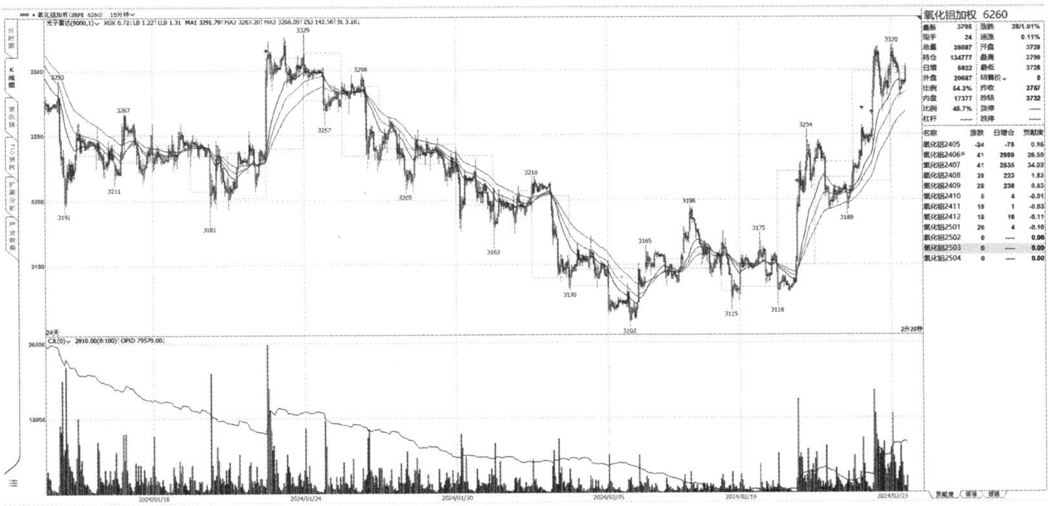

图 14-8 氧化铝加权 15 分钟 K 线图

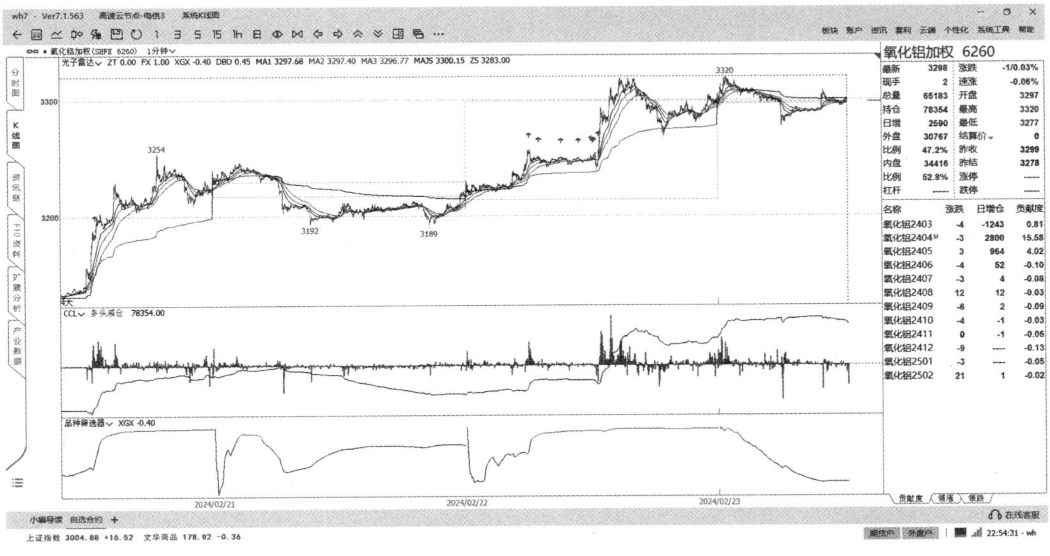

图 14-9 氧化铝加权 1 分钟 K 线图

表 14-5 氧化铝复盘表格

期货战争派复盘表格			
品种	氧化铝	**时间**	2024 年 2 月 24 日
出师之名分析	多头近期的出师之名为美国对俄罗斯出台了一系列制裁方案，其中就涉及铝产业		
合约分析	当前主力合约为 2404 元，目前持仓量约在 4.5 万手，与指数走势对比没有失真		

续表

期货战争派复盘表格	
时间维度分析	在进入 3 月之后就变成了近月合约，有形成时制之势的可能性
日线行情分析	1 月左右的氧化铝被疯狂炒作过，然后一直持续减仓退热。春节后的几个交易日从 60 日线附近开始反弹，并且一直在增仓，有好几个多头攻城之势，目前多头占据明显的优势
15 分钟线行情分析	从 XGX 看，多头从春节前就掌握着行情的主导权，同时前期是减仓调整，目前是增仓上涨，是非常强势的多头趋势，确定性较高。再加上即将进入近月，如果在 3 月初继续增仓，极有可能发展为时制之势，有很高的交易价值，可以耐心等待
1 分钟线行情分析	1 分钟线上，最近的几个交易日多头都表现出极强的控盘实力，与前两个周期的行情表现一致
关键阻力位分析	空头的前期关键阻力位为 3329，最近几个交易日已经逼近该价格。如果切换到主力合约上，关键阻力位为 3333，可以发现主力的表现强于指数。多头的防线在 3189。目前看走势为一揭直下
战机分析	当前行情本身便具有极高的交易价值。可以将 3329 的阻力位作为突破进场的依据，也可以等待 EMA 线发出的信号
变盘分析	由于目前的行情以增仓为主导，所以变盘可能会以大减仓、防线被破实现，同时会伴随着控盘力的下降
总结	氧化铝目前存在着确定性比较高的攻城之势，暂时看还是一揭直下的走势类型，当前已经具备较高的交易价值，如果进入近月之后还如此强势就更好

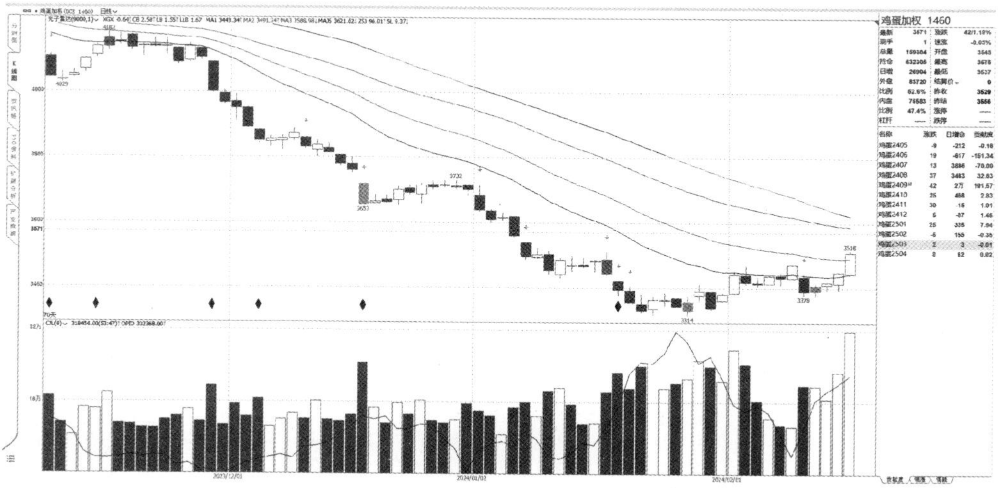

图 14-10　鸡蛋加权日 K 线图

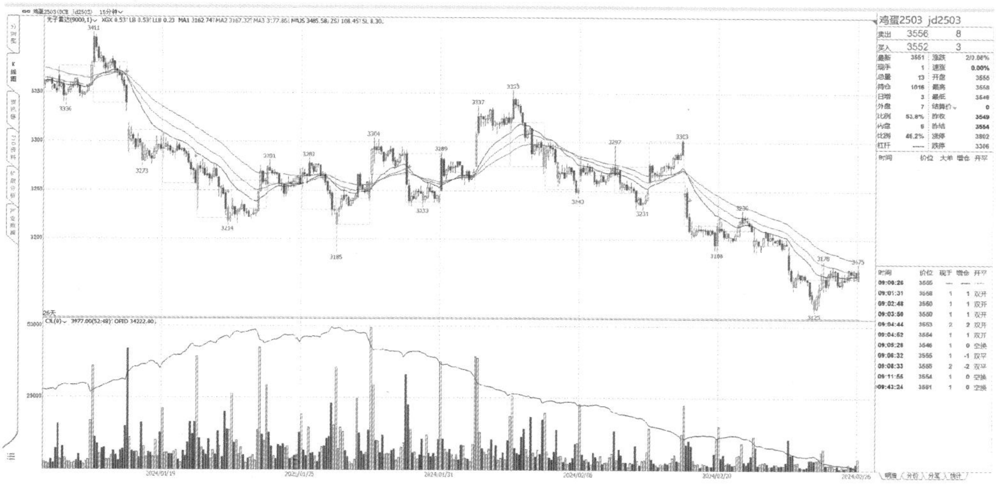

图 14-11　鸡蛋 2503　15 分钟 K 线图

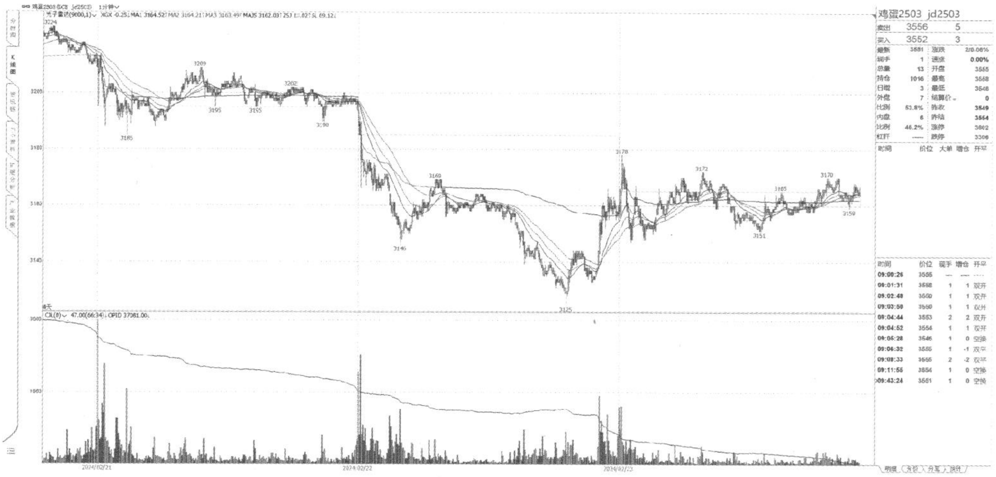

图 14-12　鸡蛋 2503　1 分钟 K 线图

表 14-6　鸡蛋复盘表格

期货战争派复盘表格			
品种	鸡蛋	时间	2024 年 2 月 24 日
出师之名分析	当前的鸡蛋价格处于春节后的相对淡季，但是伴随着春季开学后的需求增加，两相抵消对需求影响不大。目前空头的出师之名是当前的蛋鸡存栏量极高		
合约分析	鸡蛋的主力合约与指数之间的差距较大，必须分开研究，目前看 03 合约还具有一定的交易价值		

续表

期货战争派复盘表格	
时间维度分析	当前的03合约是近月合约，距离进入交割月仅剩4个交易日，还有35929手的持仓量，是标准的时制之势，不过已经发展到了最后阶段
日线行情分析	日线上，鸡蛋指数在前面是标准的空头行情，但是目前几个交易日有一定程度的反弹。可以明显地看到，尽管05主力合约的反弹幅度比较大，但是03合约的空头非常强势，在价格远低于05主力合约的情况下依旧处于空头趋势中
15分钟线行情分析	可以看到03合约的XGX值持续上升，这正好说明了空头的强势。因为在02合约发展为时制之势的时候，03合约的走势是标准的增仓下跌，代表着空头的强势。但是现在03合约已经变成了时制之势，此时被动砍仓的是多头，意味着减仓下跌，那XGX值就会逐渐增大
1分钟线行情分析	指数、主力合约、近月合约三者之间走势继续分化。肉眼可见03合约空头的强势
关键阻力位分析	03合约创下新低，下方的防线仅剩下整数关口3000点。从“势因利导”的角度来看，这个时制之势的战斗目标很有可能就是破3000点。并且时制之势大概率就是一揭直下的走势
战机分析	时制之势的确定性很高，唯一的缺点就是行情已经发展到终末期，即将结束，下方空间已不大
变盘分析	持仓量衰减到尽头就是时制之势的尽头。从当前的持仓量来看，要每个交易日减仓8900手。如果后面的交易日减仓量远远超过这个标准，或者整体持仓下降到20000手以下，就失去了交易价值
总结	03合约上存在着确定性很高的交易机会，短短的几个交易日有可能获得大的收益

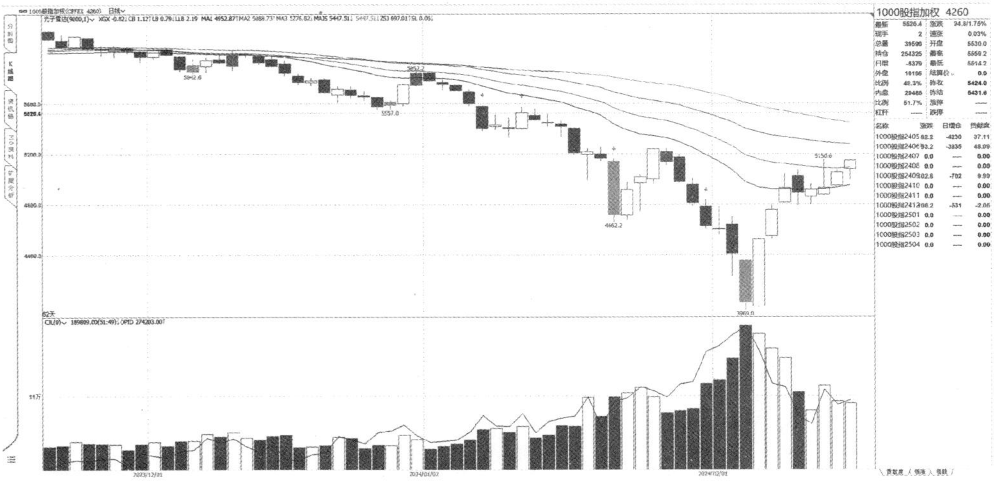

图 14-13　1000股指加权日K线图

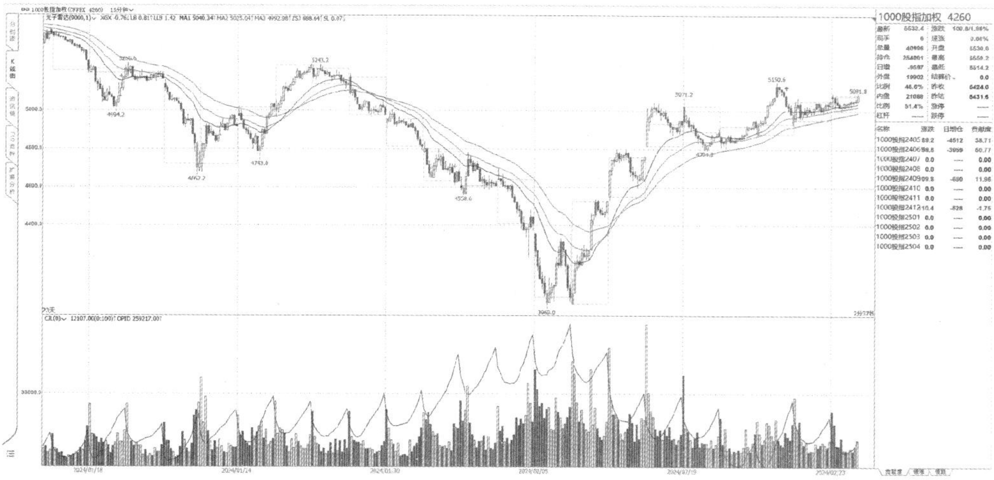

图 14-14　1000 股指加权 15 分钟 K 线图

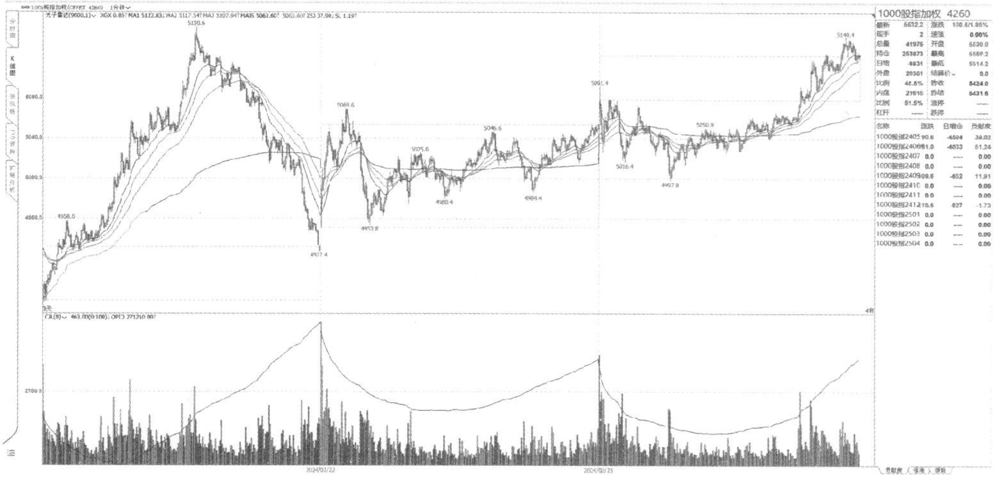

图 14-15　1000 股指加权 1 分钟 K 线图

表 14-7　1000 股指复盘表格

期货战争派复盘表格			
品种	1000 股指加权	**时间**	2024 年 2 月 24 日
出师之名分析	1000 股指属于指数型金融期货，与大 A 走势高度相关。多头当前的出师之名是证监会主席新上任，其带着“救火”的任务		
合约分析	指数型金融期货的合约基本上都与加权高度相关		

续表

期货战争派复盘表格	
时间维度分析	指数期货是现金交割，基本没有时间压力
日线行情分析	1000股指前面处于非常强的下跌趋势，在春节前出现了大减仓，是标准的崩盘之势，后面一直持续减仓反弹。目前的行情主导为空头减仓
15分钟线行情分析	从15分钟周期可以明显看到1000股指的持仓是标准的V字形持仓结构。这种结构是不太可能让XGX的绝对值大于0.7的，但还是出现了，说明前面的空头非常强势，实现了高度控盘
1分钟线行情分析	由于1000股指特殊的V字形持仓走势，所以在1分钟线上无法分析行情
关键阻力位分析	空头最近的防线为5243.2，之上则是60日线 走势是标准的一揭直下
战机分析	股指相关品种出现XGX绝对值大于0.7的行情的时间是很少的，目前看行情已经发展到了崩盘之势，只是崩盘之势的连续度通常不够强。如果价格继续反弹，走到了60日线以上，则意味着行情方向已经完全发生了转变
变盘分析	目前的主导走势为空头减仓。要变盘的话，空头要么重新开始增仓下跌，回到原来的增仓下跌的大趋势中；要么在此处爆出天量，原有的主力悄悄撤出战斗
总结	该品种的趋势当前为崩盘之势，最佳参与时机已经错过。当前若继续参与可以用突破的方式参与，只是代价稍大。如果空头继续保持当前的控盘力量，则可以择机重新做空。如果崩盘之势发展成为多头的攻城之势，那么在60日线之上可以选择回调进场，或者根据当时的关键阻力位选择突破进场

舍价取势

第 4 部分

交易指导思想：舍价取势

世上很多事情都是无法两全其美的，价格优势和高确定性就是交易者无法兼得的鱼和熊掌。由于我们在参与期货交易时所获取的信息有限，导致我们对行情的分析具有一定的滞后性。滞后带来的最明显问题就是交易成本的提高，而如果想要降低交易成本就要打一定的提前量。期货战争理论认为，对散户来讲高确定性相对于价格优势更加重要，这也是本书的核心指导思想：舍价取势。在趋势的发展前期，行情的确定性会随着价格的发展变得更高，在中期会达到顶点，到后期的时候，确定性又会随着价格的发展而降低。这就意味着里面有一个平衡的问题，也就是什么时候舍价，什么时候取势。本部分的内容，除讨论舍价取势的原理以外，还给出了具体的方法，其中包括整个交易环节中交易者关心的细节问题，例如什么时候进场、如何平衡风险与收益、开仓仓位怎么计划、止损位和止盈位如何设置等。

第十五章　舍价以取势

我们在期货战争理论和“得意忘象”思想的指导下，根据期货趋势的具体定义，以光子雷达指标为辅助，就可以分析行情，从整个风起云涌的市场行情中筛选出我们可以具体参与的趋势，完成散户的第一个战术任务。

接下来，我们就需要解决具体的交易细节问题。整合起来，大致包括进场、止损、止盈、仓位等几大部分。下面我们分别对每个部分进行拆解。

进场部分

进场方法总结起来共有四大类：突破进场、回调进场、逆势进场、直接进场。任何进场都无法跳出这四种类别。

1. 突破进场

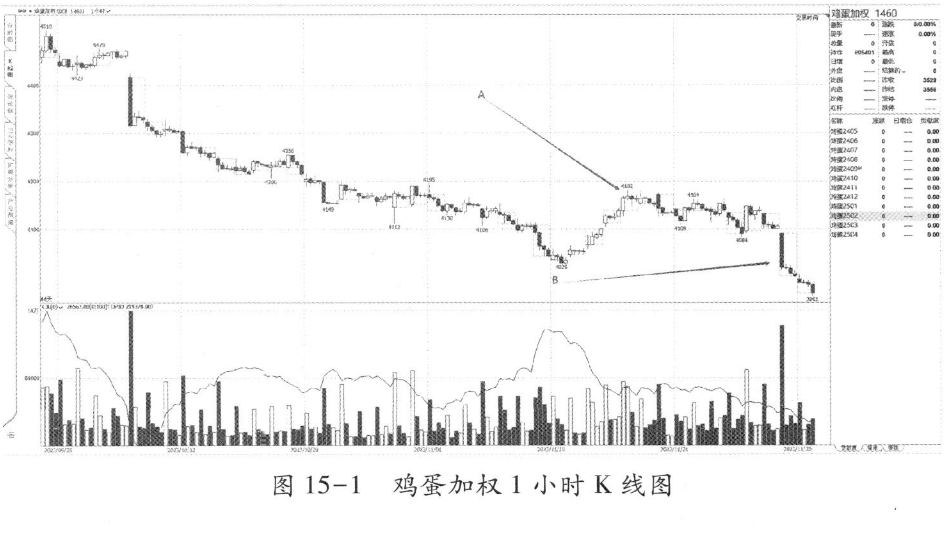

图 15-1　鸡蛋加权 1 小时 K 线图

在图 15-1 中，当我们确定了鸡蛋目前处于空头行情的前提下，如果选择在 A 点进场，就是典型的回调进场，而如果选择在 B 点进场，则是突破进场。

我们可以对突破进场再进行细分，常见的有价格突破、条件突破、仓量突破三种，下面分别叙述。

（1）**价格突破**

顾名思义，就是在价格层面，有一个突破的动作，而这个被突破的价格必须是在关键阻力位。在本书的第三章中，我对关键阻力位进行了分类，具体分为如下五种，这里再次进行简单说明。

①**前高前低**。如图 15-2 中的 PVC 加权的 5935 元位置就是近几年的新高点。我所开发的光子雷达指标中就内置了波峰波谷函数，可以简单清楚迅速地找到关键阻力位。

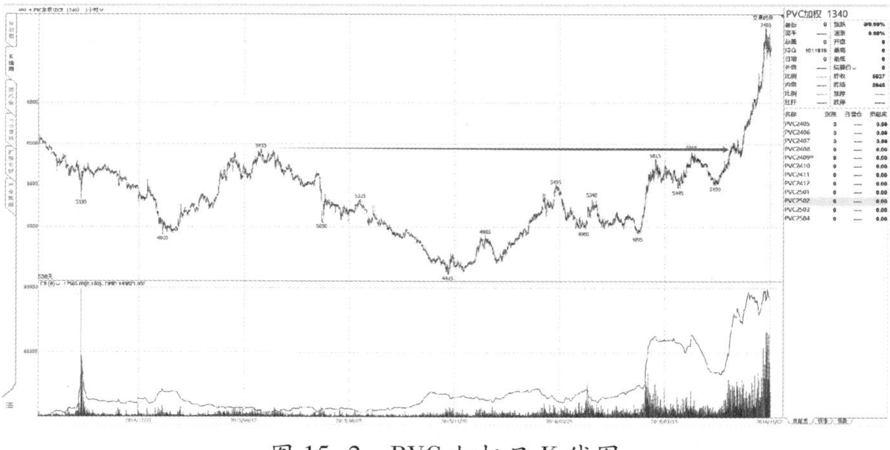

图 15-2 PVC 加权日 K 线图

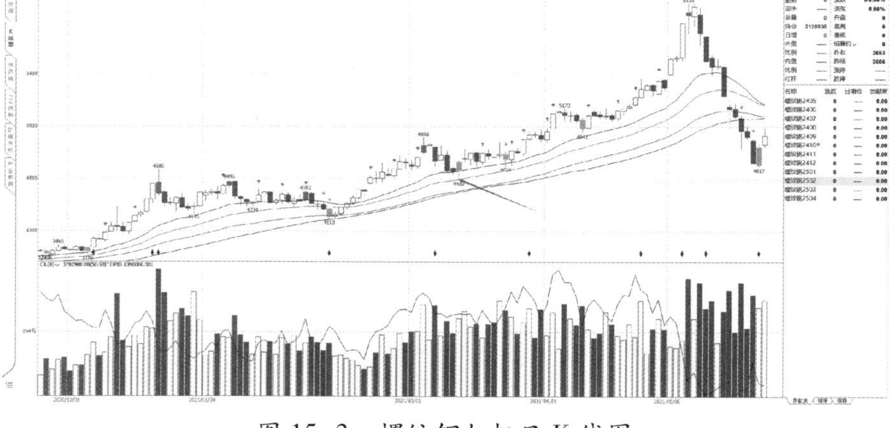

图 15-3 螺纹钢加权日 K 线图

②**指标参考位**。在图 15-3 中，螺纹钢加权在光子雷达指标第三根线处（箭头处）突破失败。

③**整数关口**。如图 15-4 中的豆油加权 10000 点整数关口。

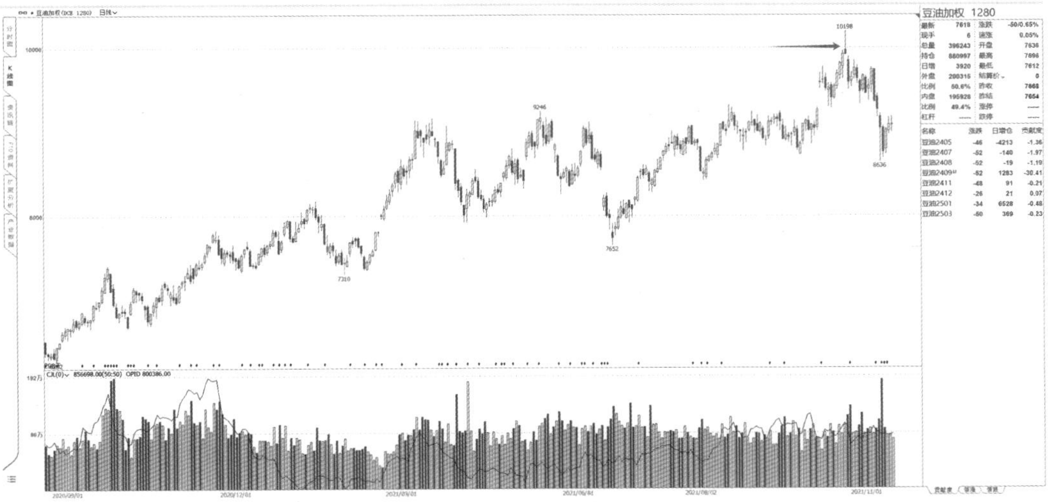

图 15-4　豆油加权日 K 线图

④**密集成交区**。如图 15-5 中的棉花加权横盘近一个月产生的上轨 21710，下轨 20595。

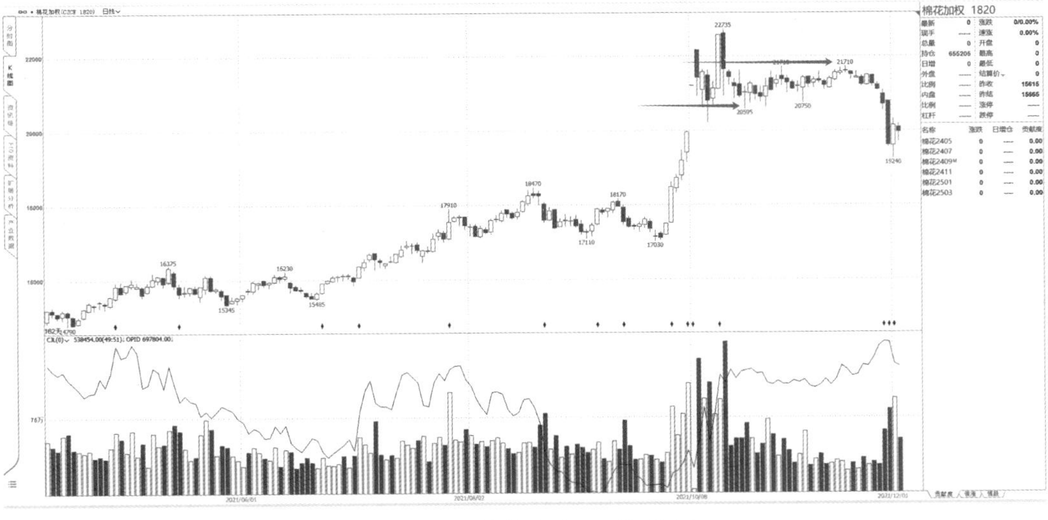

图 15-5　棉花加权日 K 线图

⑤**商品生产成本线**。这个关键阻力位的具体数值非常不好计算。我们也不是真的要去算它的成本，而是去分析当前市场上占据主导地位的交易力量认为它的成本是多少。

以价格突破进场是非常常见的方式，一般有如下特征：

一是进场位置没有优势。期货战争派所倡导的舍价取势指导思想就明显具备这个特征。为了获取势的优势，大多数时候我们只能放弃价格优势。但是所谓的价格优势是相对的，对于真突破而言，看起来没有优势的进场价格能快速变成相对低价，让没有优势变成有优势。

二是止损点较大。突破进场往往不能采取小止损试错的方式去做，因为大多数突破在突破位置都是有反复的。哪怕是真突破，在突破的瞬间也很少有不反复就直接脱离成本线的，只不过由于其反复的时间很短，通常只有几秒，被交易者忽略了而已。并且就算当天没有反复，以后也有可能反复。

三是滑点较大。因为行情突破的时候时间短、行情迅猛，为了保证成交，通常采用画线单或者条件单的方式开仓。在画线单和条件单的报价设置中，一般选择超价，往往滑点较大。如果成交的时候没有滑点，说明在该点位反抗的力量很强，反而该突破是假突破的概率会增大。

（2）**条件突破**

条件突破是另一种形式的突破。在交易中，不以直接突破某个价格为基准，而是突破以从价格基础上拓展出来的其他条件来进行交易的突破进场方法，我称之为条件突破。

如图 15-6 中出现的沥青加权的死叉。这是最简单的双均线金叉死叉交易系统，不论是金叉还是死叉，实际上都是以价格为基础衍生出来的突破。这里的突破不再针对某一个具体的价格，而是将某些代表极少数的关键阻力位变成了代表大多数的平均价格。

如果说价格突破代表的是英雄造时势的话，那条件突破更多的时候是代表时势造英雄。

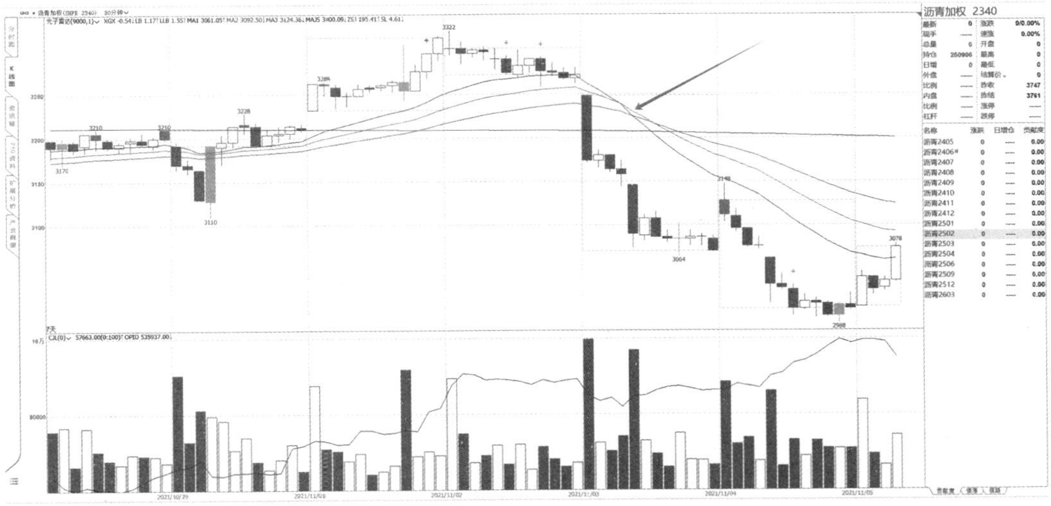

图 15-6 沥青加权 30 分钟 K 线图

（3）**仓量突破**

仓量突破原则上是一种条件突破，不过它不是仅以价格为依据的突破，而是以量价共同为基础的突破，期货战争理论中所定义的攻城之势即为此种突破。一般来讲，这种突破不要求有关键阻力位被打穿的动作，但是如果突破了关键阻力位，则往往意味着有更大的行情和更高的确定性。

在图 15-7 中，纯碱加权在箭头处既没有突破关键阻力位，也没有均线的金叉，但其持仓量增仓超过 3%，价格涨幅超过 1%，是标准的攻城之势。

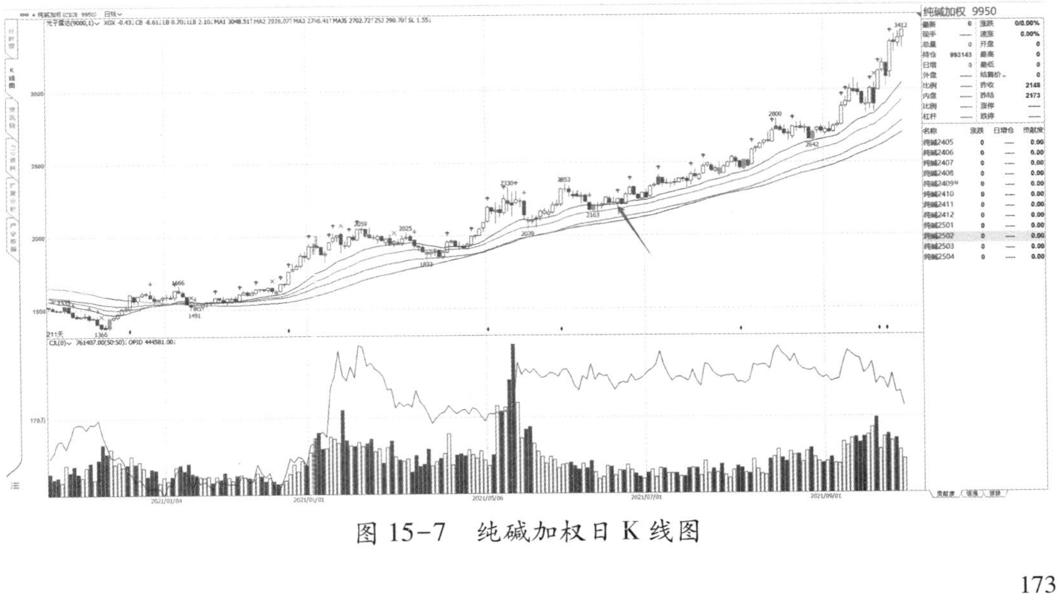

图 15-7 纯碱加权日 K 线图

2. 回调进场

回调进场是指在大方向确定的前提下，在价格回调过程中进场的一种进场方式，即所谓的“顺大势，逆小势”。在实践当中需要解决以下几个问题。

（1）关于大方向的确定

因为回调和反转的界线是非常模糊的，稍微把握不好，就极容易变成逆势交易。这里就要求任何回调进场的策略必须有非常明确的大方向判定的标准，防止出现在同一位置多空难辨的情况。而我们所谓的回调进场的前提，就是其行情的原有趋势没有发生变化，在此基础上，价格又发生了回调并且达到了某种具体的条件。

（2）具体回调位置的判断

期货战争理论大多数时候偏向于认为价格的反转是不可预测的。这自然就会引出一个问题：我怎么知道回调会在哪里结束？要解决这个问题，我们就需要用到一个指导思想：以小博大。由于大多数时候价格的反转不可预测，我们在交易实践中一般采取试错的方式开仓，这就意味着每一笔交易都要有一定的容错空间。也就是说，有了容错空间，在风险和收益相对平衡、对我们来讲有利可图的时候，就可以去试错。如果试对了就继续持仓，如果试错了就砍仓，即所谓的“对就留、错就砍，直到永远”。关于如何判断具体的回调位置，此处列举几种方法，以飨读者。

①**指标参考法**。利用某些指标作为参考实施回调进场。

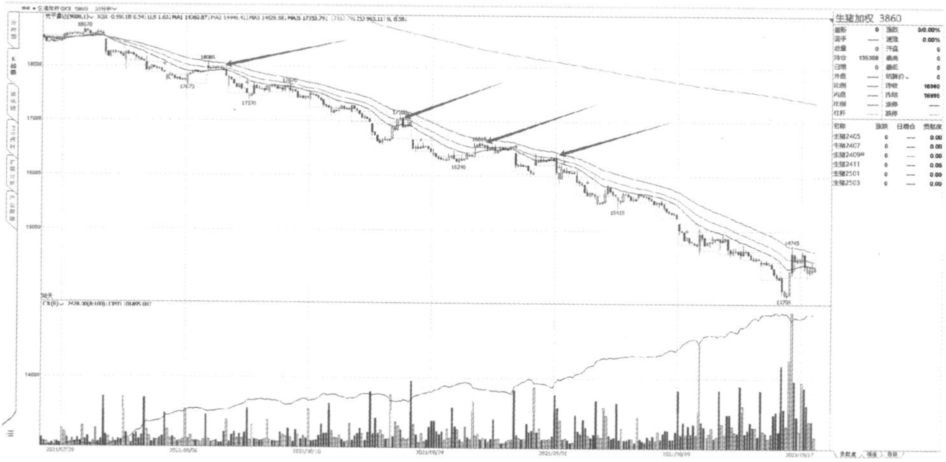

图 15-8　生猪加权日 K 线图 1

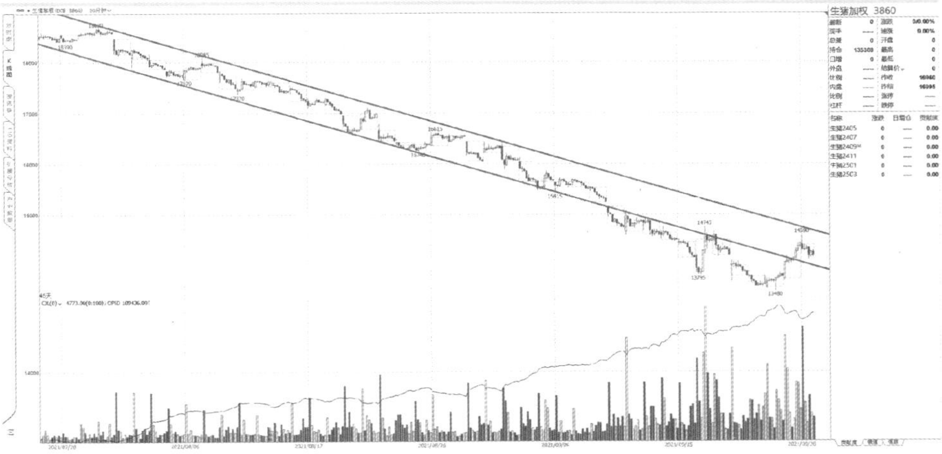

图 15-9　生猪加权日 K 线图 2

在图 15-8 中，该操作就是以光子雷达（3.0 版）为参考，在大趋势为空头的情况下，在回调位置参与生猪加权的空头行情。

②**趋势线参考法**。以传统技术分析中的趋势线为参考。图 15-9 中的行情和图 15-8 中的是同样的，也可以利用趋势线寻找回调的进场位置。

③**数学工具法**。现在的电脑软件提供了各种数学工具，可以使用黄金分割线、价差尺等数学工具进行分析。如图 15-10 中，我采用了黄金分割线作为进场参考。

不过这里需要说明的是，这些工具或者方法都只能为我们提供进场的参考点位，并不能预测行情的结果，现实中很多交易者以为这些工具或者方法是可以预测行情的，就完全是本末倒置、颠倒乾坤了。

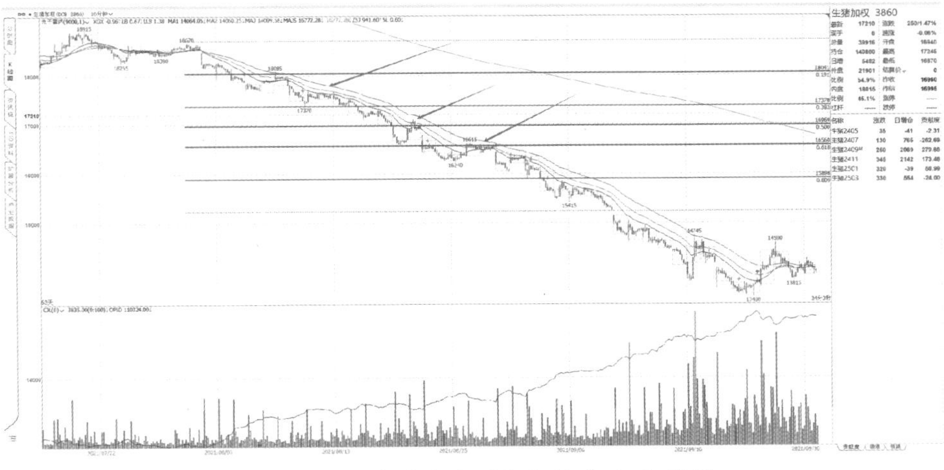

图 15-10　生猪加权 30 分钟黄金分割图

3. 逆势进场

如果说回调进场是一种折中的进场方式，那么逆势进场采取的就完全是和突破进场相反的思路。这种做法实际上就是为了获得绝对的价格优势，即企图卖到最高价、买到最低价，可以理解为“舍势取价”。此种类型的进场方式，期货战争派是坚决反对的。

他们通常采用**超买超卖指标**来给出进场依据。这种方法是大多数散户交易者最常用的方法，经常听到他们所谓的背离——顶背离、底背离。但是这种做法有致命伤：一是在行情中没有唯一性，也就是背离了之后还能再背离，失败率极高；二是不好设置止损位，我们可以去逆势进场的前提之一就是止损点够小，能够实现以小博大。大多数超买超卖指标提供的买卖点位置并不好，止损位要么不好设，要么设出来特别大，试错成本过高。

在图 15-11 中，橡胶加权在箭头处 RSI 提示超买，甚至指标上形成了 W 底的造型，而后行情开始反弹。但是需要强调的是，此种方式进场，风险与预期收益极度不平衡，属于胜率高但是盈亏比极低的交易模式。

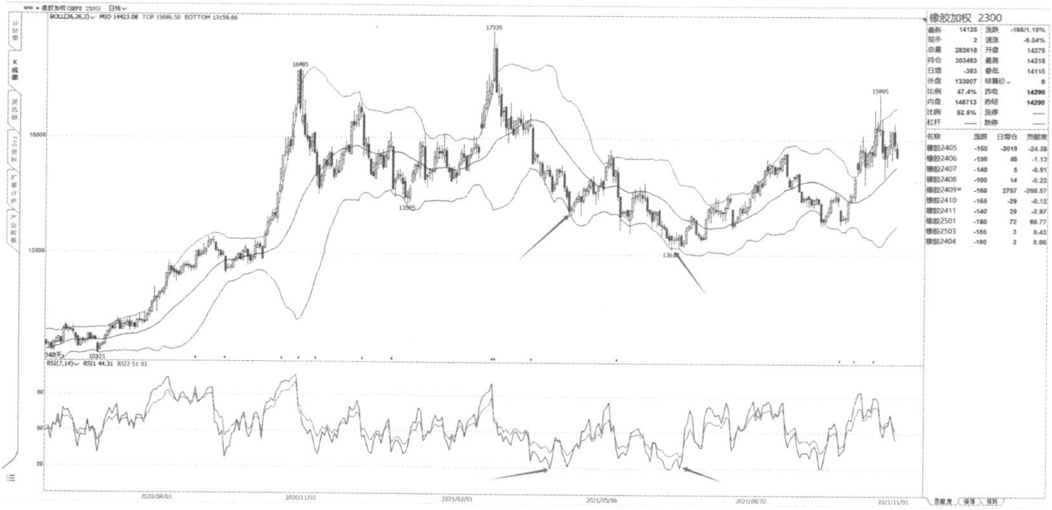

图 15-11　橡胶加权日 K 线图

4. 直接进场

所谓直接进场，就是在判断某行情的具体方向之后，直接开仓，而不再寻找所谓的合适的点位。这种做法的优点很明显，那就是不会错过行情，开仓成本会比突破进场低，有时甚至比回调进场的开仓成本还要低。

但是，直接进场带来的问题也不少，其中最严重的问题，就是关于止损位的设置。由于选择的是直接进场，我们无法保证设置的止损位能够发挥出对持仓的保护效果。例如我们采用固定止损的方式，不同的进场点位其止损位自然也就不同，其是否被止损有一定的随机性，最终会导致交易结果的不可控。

止损部分

常见的止损方法有三种。

1. 固定止损

固定止损顾名思义就是对固定金额或者百分比的止损。此方法以交易者自身承受能力为参考依据进行设置，不考虑行情本身，即所谓每次都亏亏得起的钱。比如某交易者有100000元本金，设定每次的止损金额为1000元，这就是固定止损。

不过此处有一点问题，就是交易的数量。如果只做一手，相当于单手止损1000元，但是如果做了两手，单手止损就只有500元，这里需要交易者事先明确。在实践中，这种止损方式存在一个谁将就谁的问题，大多数时候，我们要求交易者将就市场，而不是市场来将就交易者。我们认为期货市场充满了不确定性，作为理智且合格的交易者，需要用自己确定的规则去应对市场，以此来降低市场不确定性的程度，同时获得收益。固定止损将交易者每次的损失都锁定在了一个范围内，可以说是用确定的规则来应对市场的不确定性，但是这种确定只考虑了交易者本身的情况，却未考虑市场的具体实际情况。市场是在不断演化发展的，不同时段的波动率不会完全一样，用固定止损金额去应对就会出现有时候有效、有时候失效的问题。

在图 15-12 中，上箭头的价格为 1945 元，下箭头的价格为 1930 元。假设交易者的固定止损位是 30 跳，那么交易者在第一个位置进场就会被扫出去，而在第二个位置进场却能挺过浮亏，拿到最后。如果交易者的固定止损金额相对较大，容错能力相对就较强；而如果交易者的固定止损金额相对较小，那么对进场点的精准度要求就极高。

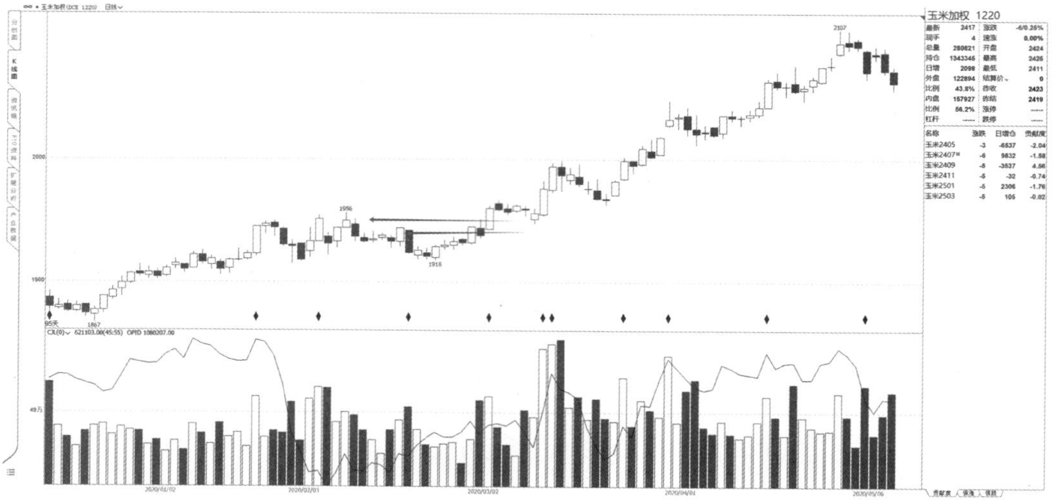

图 15-12　玉米加权日 K 线图

刚刚讨论的是固定金额的止损方式，如果是固定幅度的止损方式，又会衍生出另一个新的问题。例如我们设置每一次交易的止损位都为当前权益的 20%，那么如果该笔交易被止损，则权益就变成了原来的 0.8 倍。如果下一笔再次被止损，则权益变成原来的 0.64 倍，第二次这笔止损相对于第一次的权益来讲，实际上只有 16%。这会让我们在评估交易系统的数学期望值的时候出现问题，用传统的数学方法甚至无法求出期望值。例如某一个交易系统的胜率为 60%，如果止盈则权益增加为原来的 1.5 倍，如果止损则权益减少为原来的 0.8 倍，在这种情况下这个交易系统的数学期望值就很难被求出来（我的数学水平有限，不知道高等数学有没有办法进行计算，故说很难）。但是这种模式却是非常常用的止损方式，尤其是小资金的交易账户，使用这种固定幅度的止损方式更加合适。

固定止损的优点非常明显，即止损的金额（幅度）非常确定，不像后面的关键位止损那样会有一定的波动，即成本价距离关键位近则止损点位小，距离远则止损点位大。除此以外，使用固定止损用于账户整体的风控也是非常有利的，能够做到对风险的把控。

但是固定止损的缺点也非常明显。通常情况下，我们在进行周期较长的交易时，只要趋势没有发生改变，就应该继续持仓。如果我们使用固定止损，很有可能在止损完之后，行情的趋势并没有消失或者发生逆转。倘若随着时间的推移再次出现了开仓信号，我们是做还是不做呢？这和刚刚我们在前面说到的谁将就谁本质上是一个问题，都是由固定止损与行情本身的运行规律不够贴合导致的。

2. 关键位止损

考虑到刚才所说的固定止损所存在的缺陷，我提出了关键位止损法。关键位止损与关键位突破进场一样，都是以一些代表极少数的点位作为参考依据，只不过考虑的是出场而非进场。当关键位被突破后，对趋势的破坏是显而易见的，其趋势至少从强势下降到弱势或者震荡的水平，严重的甚至可能导致趋势发生逆转。

如图 15-13 所示，沪银加权的多头在日内发动了对空头的进攻，如果我们参与此行情，可以理解为发动了一次军事行动，那么该行动的起点，就是当天的最低价，也就是箭头所指的位置。如果我们在实施计划的过程中遭到空头的强烈反抗或者友军叛变，该位置被空头打穿，则可以认定为此次进攻计划失败。此时应当宣布

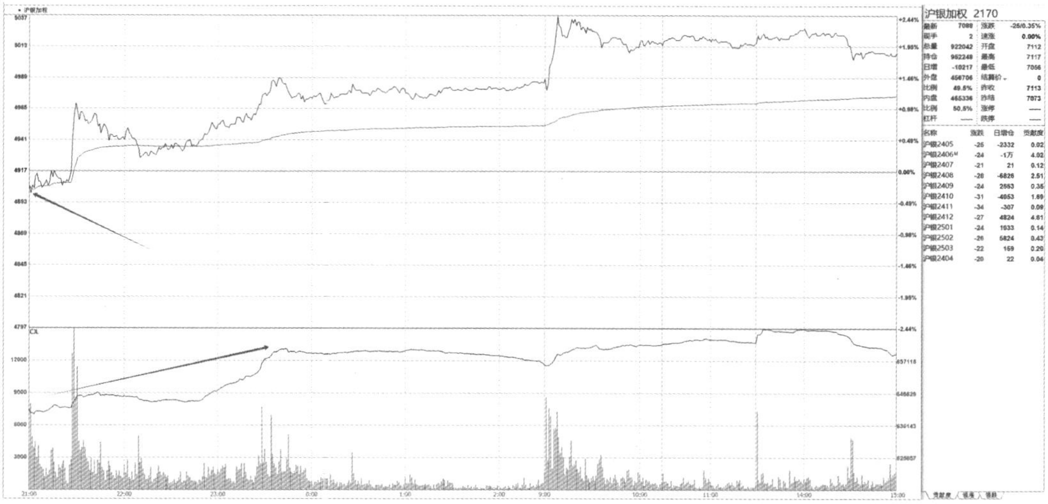

图 15-13　沪银加权日线分时图

计划终止并退出战斗，该位置可以被我们用来做止损位。那如果后面价格重新涨回来应当怎么办呢？我认为，这已经是下一次战斗，可以说与前一次战斗没有关系了。

如图 15-14 所示，在上面箭头的位置，舍价取势交易系统可以按计划突破进场，同时下面箭头所指的 18195 点就成为天然的止损位。

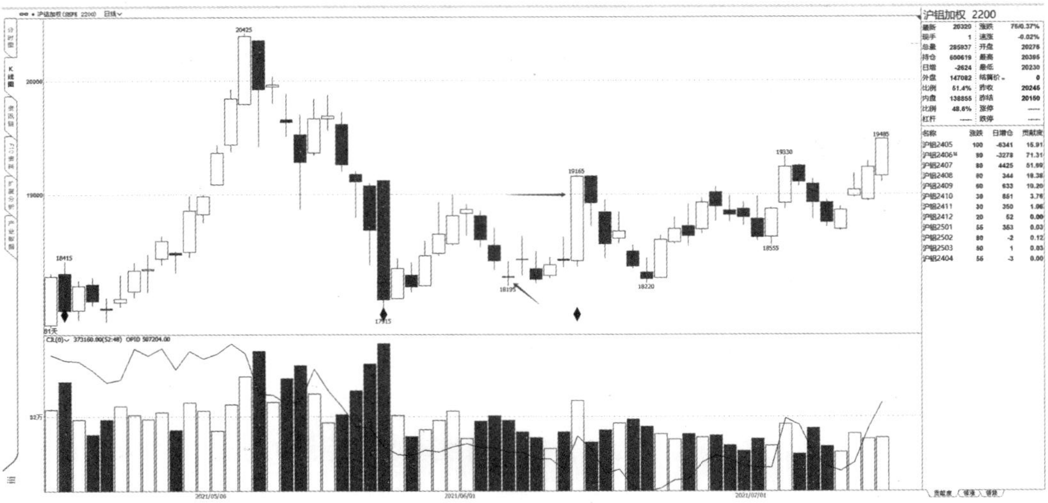

图 15-14　沪铝加权日 K 线图

这是我在前期交易中主要采用的止损方法，这种方法优缺点非常明显。优点首先是它的精确度极高，方便量化；其次，这种止损方法的操作性也很强，非常方便设置；此外，由于它非常贴合行情本身的运行规律，因此能够做到实时适应市场的变化。美中不足的是，由于它的位置高低起伏不定，与开仓位的相对点位差并不固定，在行情的波动率提高的时候，很有可能出现非常大的止损点位，这对于风控来讲很不利。

值得注意的是，在实践当中，期货战争派认为，关键位是多少就设多少，并不在此基础上进行微调。但是有的交易者会在关键位进行一些小的调整，搞所谓的小聪明。

其中一种是方法将止损位调得相对于关键位小一点，比如在图 15-14 中，关键位为 18195 点，有的多单持有者将止损位设置在高于 18195 点的地方，比如 18200 点。他们的理由是，如果行情往不利的方向发展，我们明知要止损，为什么不早点止损呢？这样可以减少损失呀。可是如果他们为了多节省一点，把止损位设置到了18220点以上，在后续的行情中，就会被洗出去，将浮亏变成实实在在的亏损，如果把止损位设置在18195点就安然无恙。这里面实际上最大的问题就是，交易者在此预判了该价格一定会触发止损。那如果我已经知道必然要在18195点的位置止损了，为什么不直接满仓反手呢？赚取确定的钱，它不香吗？

另一种方法则是将止损位调得相对于关键位大一点，比如在前面的例子中，将止损位设置到18195点以下。因为很多交易者在实践当中发现，有的时候行情仿佛就是为了扫止损来的，当扫到止损位后行情会重新向上，这种情况下如果把止损位稍微设置大一点，就刚好能躲过这波回调。

我认为以上两种方法都是自作聪明，它们都是建立在预测行情的基础上的。一种是认为行情会扫到止损位，大亏不如小亏；一种是认为行情扫到止损位就会重新回去，多扛一下就能活过来。

在实践中，当我们的资金规模达到一定程度之后，交易就会影响到价格的波动，比如我的组账户资金规模在1000万元左右时，开平仓都会导致滑点，大的时候甚至能达到5跳以上。如果我们在触发止损位之后再下单，就会引起较大的滑点。为了避免出现这种情况，我们可以以高于或者低于关键位一两跳的价格画线或者设置条件单，这样成交时的滑点就会刚好打穿关键位，造成实际上和理论上都止损的事实。在突破进场时，也可以采取类似的设置。除了这种资金规模较大、交易流动性不足的情况以外，期货战争派不建议采用前述两种自作聪明的止损设置方法。

3. 浮动止损

在大多数的趋势定义当中，会有明显的形态特征描述。在多头趋势中，高低点会不断地上移，每一轮回调的低点都比前一轮的低点要高，每一轮上涨的高点也比前一轮的高点要高；而在空头趋势中，则是每一轮反弹的高点都比前一轮的高点要低，每一轮下跌的低点也比前一轮的低点要低，比如波浪理论中波浪的形态就是这种造型。期货战争理论关于趋势的定义中虽然没有强制规定价格走势的形态特征，但是从实践中看，一揭直下和一波三折都有在高低点逐渐抬升的表现。

基于这种判断，我们发现了以固定止损和关键位止损为基础的浮动止损模式。例如在一段多头行情中，以固定止损为基础的浮动止损，就是当开仓以后如果出现了浮盈，按照固定止损的幅度，止损价随着最高价的变化而变化，实现止损价与最高价之间始终保持着固定的差值。而如果是以关键位止损为基础的浮动止损模式，则是在开仓之后随着行情的发展，在出现了新的己方关键阻力位之后，将原来的止损位调整到最新的己方关键阻力位的一种模式。

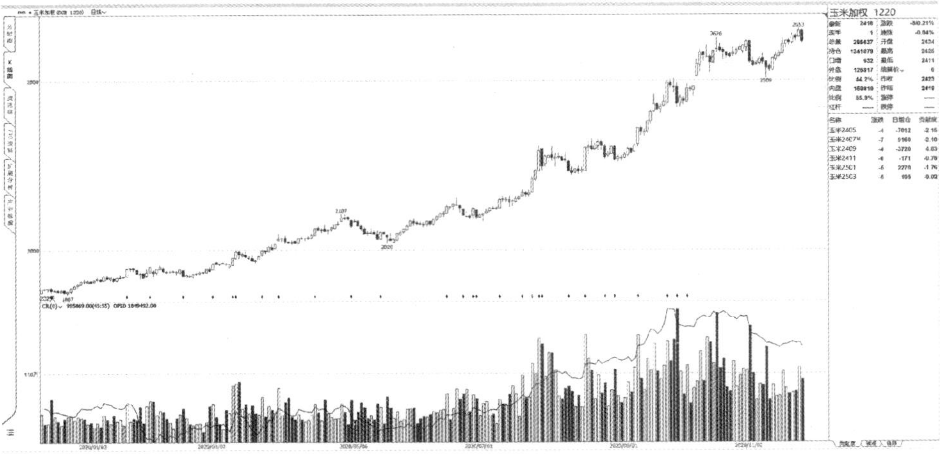

图 15-15　玉米加权日 K 线图

在图 15-15 中，玉米加权发动了一轮声势浩大的大牛市，该牛市走势很标准。在这段行情中的任意位置进场开多，以关键止损位来设置止损，都不会被扫到。如果此时我们将止损位按照一定的规则上移，就是以关键位止损为基础的浮动止损。

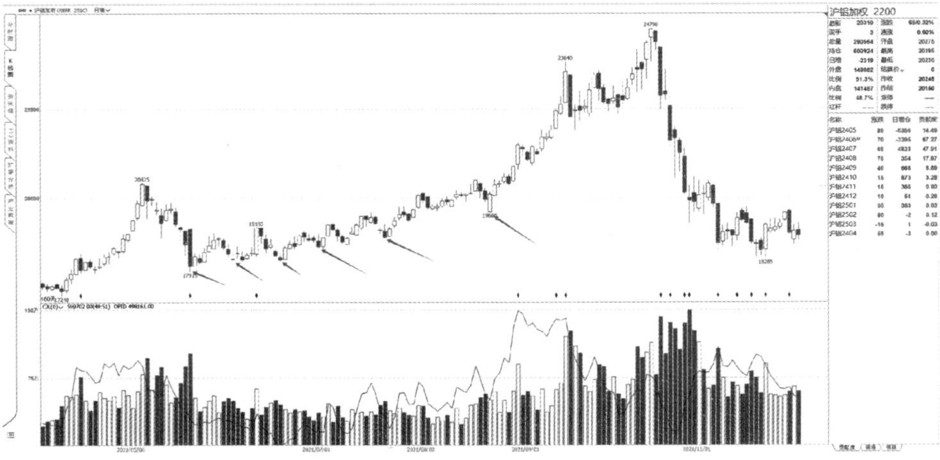

图 15-16　沪铝加权日 K 线图

如图 15-16 所示，我们多单进场之后，止损位可以按照箭头所指的位置不停上移，再配合止盈位设置，不管行情是碰到止盈位还是止损位都出局，这是典型的趋势追踪的做法。这种做法理论上可以吃掉一波行情里面的一大部分，也就是我们常说的鱼头鱼身鱼尾。但值得注意的是，有的交易者在高位主动平仓，兑现盈利，并称之为鱼身，虽然做法上看起来没有什么问题，但是其理念是错误的。

除以上的做法以外，还有另外一种做法能实现浮动止损。刚刚的浮动止损是根据行情的波动逐渐按照低点上移止损，除此以外还可以按照高点上移止损。在图 15-17 中，如果我们以箭头的新高为标准，回调 600 点作为止损位，依次上移，则可以在最后一个箭头下方回调 600 点处止损出局。

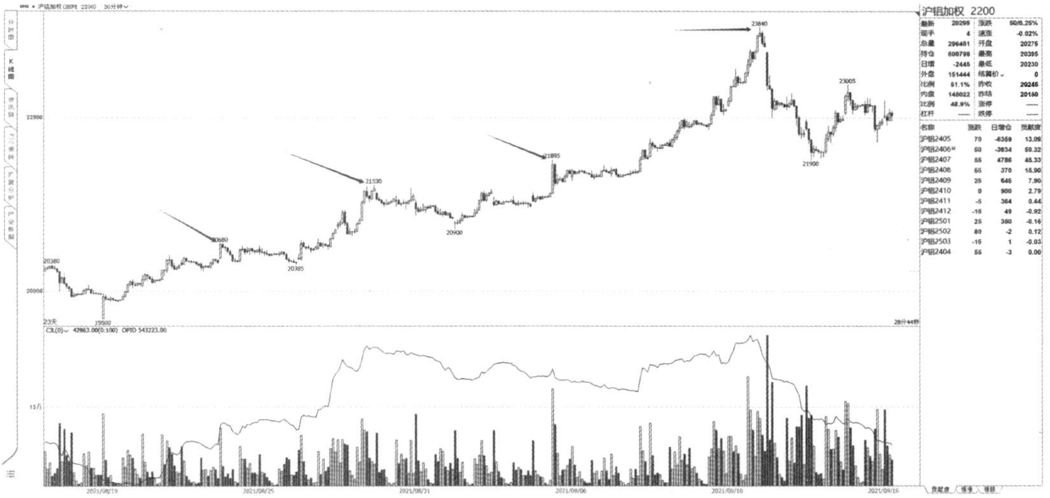

图 15-17　沪铝加权日 K 线图

如果我们的止损线高于成本线，就变成被动止盈了，这属于止盈的范畴，接下来我们会讨论。止损中还有多级浮动止损等方法，均属让市场将就交易者，此处不再赘述。

止盈部分

在前面的讨论中，我是不太建议使用固定止损法的。那么固定止盈是否禁绝呢？我认为，在一些特定情况（目标管理）下，允许固定止盈。除开这种止盈方案，期货战争派要求任何止盈位都必须通过（首次）止损位来设置，目的是锁定盈亏比，提高交易系统的可操作性和确定性。由此可以发现我们的路径是：由大势确定进场点位，由进场点位确定止损位，由止损位确定止盈位和仓位。期货战争派承认的止盈方式有如下几种。

1. 固定盈亏比止盈

此方法重点就是根据交易系统的实际情况来确定对应的盈亏比，然后根据止损位来算止盈位。这里并不要求盈亏比必须大于1。例如在舍价取势交易系统中，盈亏比正常要求是大于1；在趁火打劫交易系统中，盈亏比可以低到只有0.8；而在敢死队战法中，则追求数十倍的盈亏比。

在图15-18中，按照舍价取势交易系统，在71810点入场，止损位设置到当天的最低点70400点处，按照2倍盈亏比设置止盈位，则止盈点位=71810+（71810-70400）×2=74630点。

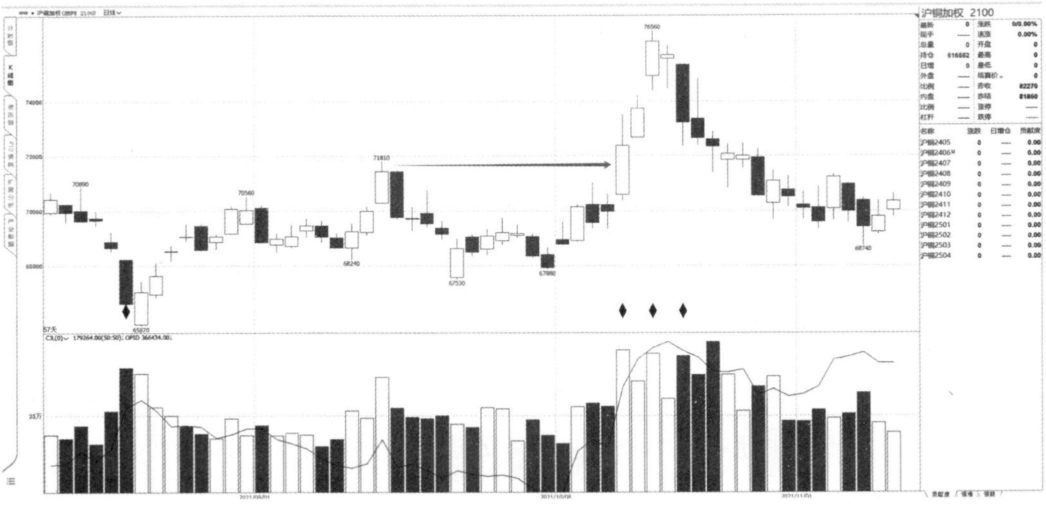

图15-18　沪铜加权日K线图

2. 以损变盈

在止损中我们有浮动止损的方案，而止盈位是通过止损位算出来的，如果止损位发生了变化，止盈位是否应该相应地发生变化呢？传统的策略分类，一般将交易系统分成趋势追踪类和震荡类两种，其中趋势追踪类的策略通常是不主动止盈，而是采取跟随行情的方式拿单。舍价取势交易系统作为趋势追踪类的策略也应当采取类似的操作，即止损位发生变化之后，止盈位也应该发生相应的变化。

在图 15-19 中，假设我们都以高点突破作为进场点，前低点作为止损位，盈亏比设为 3 的话，那么第一次进场点在 2107 点，止损点为 2086 点，则当时的止盈点：2107+（2107−2086）×3＝2170 点。当行情继续发展，在创下 2086 点的回调低点后，再次在 2154 点处突破，此时将止损点修改为 2086 点，止盈点调整为：2154+（2154−2086）×3＝2358 点。行情继续发展，第三次回调到 2221 点然后再次向上突破 2308 点后，止损点上移到 2221 点，此时止盈点：2308+（2308−2221）×3＝2569 点。行情继续发展，再次突破 2328 点，此时止损点上移到 2261 点，此时止盈点：2328+（2328−2261）×3＝2529 点。读者们可以自己去算，最终该合约会在 2768 点的位置止盈。

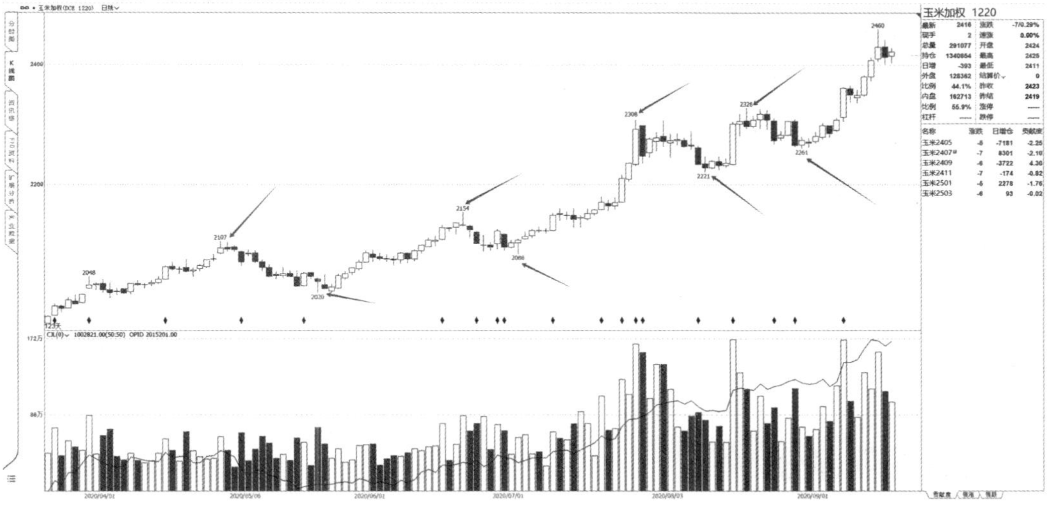

图 15-19　玉米加权日 K 线图

3. 目标管理

散户中常见的一种想法是：不贪心，赚 500 元就跑；每天赚 500 元，月薪就过万元了。虽然我们做期货的目的是实现本金的增值，但对这种以目标为导向的想法最开始我是嗤之以鼻的，因为他只是制定目标，却没有具体的方案，能不能实现目标完全靠运气。直到后来在用期货战争观思考问题之后，我才发现这种思路也有其可取之处。

在战争中，所有的军事行动都是带有目的的，或以破坏敌人军事堡垒为目的，或以打垮敌人有生力量为目的。只要这个目的达成，该军事行动就可以宣告成功。在期货战争中，一方的部队都是连续不断加入战斗的，比如多头趋势中的空头们，他们不断在创下新高后进场，来阻击对手，此时的多头不一定有明确的军事目标，只是想要打爆空头，打到没有空头反击或者空头猛烈反击到反转局势的程度，这也是为什么大多数趋势类策略不主动止盈的原因。但是多头没有明确的目标，我们作为交易者却可以有明确的目标，比如敢死队战法追求的就是数十倍于本金的收益。

以舍价取势交易系统为例，在初次使用该系统时，我们的仓位是逐渐增加的，理论上，从此以后我们的仓位将长期保持在高水平。比如某个品种满足开仓条件，在没有被止损的情况下，可能会有新的品种满足条件。如此下去，持仓的品种会越来越多，我记得我最多的时候同时持有过 25 个品种。在持仓这么多的情况下，如果按照舍价取势的要求，是不允许减仓或者清仓的，然而账户却有可能创造大幅的浮盈。由于我们不会清仓，这个浮盈有可能又会失去。可是我们如果给这个交易系统设置了具体的目标，比如收益率 10%，就会出现新的变化。当累计持仓创造了超过 10%的盈利并清仓后，系统重新开始寻找进场机会，仓位从 0 重新开始，而之前的盈利得以保存。如此，可以起到稳定账户资金曲线的作用。

除此以外，在其他的交易系统中，也可以使用类似的做法，来保护好既有的盈利。

资金管理部分

资金管理的重要性自不必说，大方向判断决定对错，进场点和止损点决定风险，止盈决定收益，而资金管理则决定最后的成败。期货战争派总结了三种资金管理方法。

1. 以损定量

此方法是很多大资金或者量化交易所采用的方法。具体做法是，先通过进场点位和止损点位计算出单手止损的绝对值，然后根据单笔交易允许的最大止损金额计算出该笔交易的仓位。

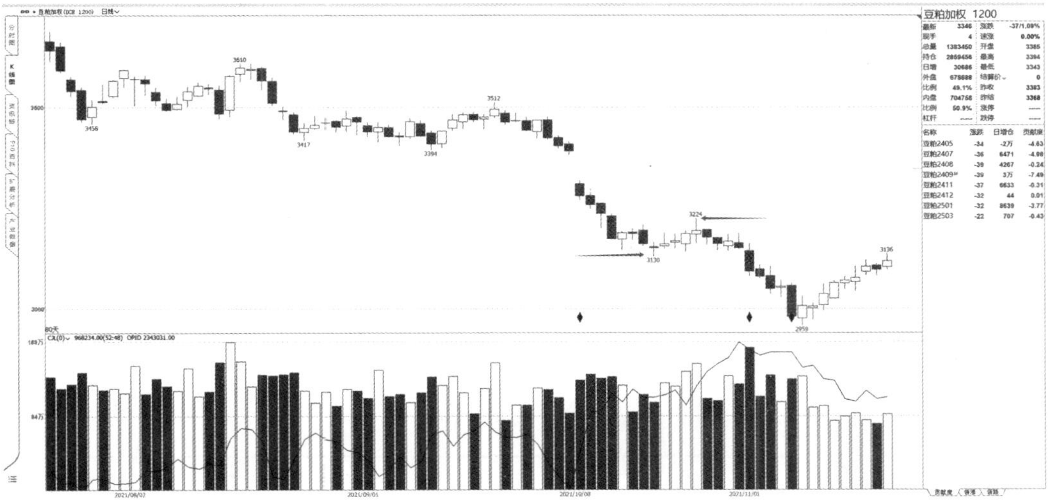

图 15-20　豆粕加权日 K 线图

假定我们的账户本金有 20 万元，单笔交易允许的最大亏损额为本金的 2%。在图 15-20 中，豆粕加权再次跌破 3130 点时进场做空，止损点放到 3224 点，单手止损点为 3224−3130＝94 点，止损金额为 940 元，那么该笔交易的开仓数量：200000×0. 02÷940≈4. 25，取整数即开仓数量为 4 手。

此种方法由于来自固定止损，所以其优缺点和固定止损法是一样的。

2. 单位定量

此类方法设计的初衷是为了方便管理组账户。具体做法是，先根据品种的保证金规模与波动率进行分类（其中带有一定的主观判断），然后以一定的资金规模为单位进行交易，单位为 *X*/万元 1 手，意思是每 *X* 万元的资金做一手。比如我们将保证金为 3000～8000 元的合约分为一级，作为基础单位，如螺纹；8000～16000 元的为基础单位的 2 倍，如铝；16000 元以上的为基础单位的 3 倍，如焦炭。我们假设 *X*＝10，本金为 30 万元，那就是，每次交易，如果对象是螺纹，就开 3 手仓；如果是铝，就开 2 手仓；如果是焦炭，就开 1 手仓。此时止损设置依旧按照交易系统的具体安排，不受开仓数量的影响。除此以外，还有一种直接按照一定百分比开仓的资金管理方法，由于保证金比例会调整，而行情的波动率也不完全稳定，所以期货战争派反对这种做法。

3. 凯利公式定量

凯利公式：$f=\frac{p\cdot rw-(1-p)ri}{rw\cdot ri}$，其中 p 为胜率，rw 为盈利的百分比，ri 为亏损的百分比。

凯利公式的提出是有非常科学的理论依据的，其经过了一系列的数学推导，有兴趣的朋友可以通过网络查询证明过程，我们在这里直接使用其结论而不再考虑其推导过程。

表 15-1 凯利公式表

盈亏比	具体内容	胜率 0.3	胜率 0.4	胜率 0.5	胜率 0.6	胜率 0.7	胜率 0.8
0.6	期望值					0.12	0.28
	仓位					20.00%	46.00%
0.7	期望值				0.02	0.19	0.36
	仓位				2.86%	27.00%	51.00%
0.8	期望值				0.08	0.26	0.44
	仓位				10.00%	32.50%	55.00%
0.9	期望值				0.14	0.33	0.52
	仓位				15.56%	36.67%	57.78%
1	期望值				0.2	0.4	0.6
	仓位				20.00%	40.00%	60.00%
1.2	期望值			0.1	0.32	0.54	0.76
	仓位			8.33%	26.66%	45.00%	63.30%
1.5	期望值			0.25	0.5	0.75	1
	仓位			16.66%	33.30%	50.00%	66.60%
2	期望值		0.2	0.5	0.8	1.1	1.4
	仓位		10.00%	25.00%	40.00%	55.00%	70.00%

续表

盈亏比	具体内容	胜率 0.3	胜率 0.4	胜率 0.5	胜率 0.6	胜率 0.7	胜率 0.8
2.5	期望值	0.05	0.4	0.75	1.1	1.45	1.8
	仓位	2.00%	16.00%	30.00%	44.00%	58.00%	72.00%
3	期望值	0.2	0.6	1	1.4	1.8	2.2
	仓位	6.66%	20.00%	33.30%	46.67%	60.00%	73.33%
4	期望值	0.5	1	1.5	2	2.5	3
	仓位	12.50%	25.00%	37.50%	50.00%	62.50%	75.00%
5	期望值	0.8	1.4	2	2.6	3.2	3.8
	仓位	16.00%	28.00%	40.00%	52.00%	64.00%	76.00%

表15-1中的仓位是根据凯利公式和对应的盈亏比、胜率所计算出来的最合适的仓位。需要注意的是，这里所说的仓位指的是单笔止损额度与投资者所能承受最大回撤的占比。

有很多交易者其实不知道怎样使用这个表格，我们用实例来说明。例如我们有一个交易系统，胜率为0.6，盈亏比为2，而使用者所能承受的最大回撤为20%，本金为100万元，那么该笔可能损失为最大回撤的40%，也就是100×20%×40%=8万元，有了这个止损额度，我们就可以以损定量，来算出交易的具体数量。比如该笔止损点数为100点（1000元），意味着该笔交易手数为80手。如果保证金为5000元一手，则真实交易仓位为40%；如果保证金为10000元一手，真实仓位就变成80%了；如果保证金为20000元一手，真实仓位就为160%。这是什么情况呢？这意味着可以增加杠杆。

这种做法从数学上可以获得最佳的收益，但是真的能用到实践中吗？

在刚才的例子中，如果该笔交易被止损了，意味着本金剩下92万元，距离80万元的清盘线还剩下12万元，那么下一次的止损额度就只有4.8万元了，再下一次就只有2.88万元了，这个下降幅度很厉害。凯利公式的一个核心思想就是每次按照一定比例下注，保证“一尺之棰，日取其半，万世不竭”，永远有翻本的机会。如果每次止损的止损点数都是100点（1000元），那么遇到极端行情时，连续止损了10次，到第11次时，就只能开一手仓了。此时回本遥遥无期，而如果再次止损，这个万世不竭的策略就会宣告失败。

刚刚这个例子中，胜率和盈亏比都很不错，所以仓位相对来讲就很高，真实的交易系统中几乎没有这种高胜率高盈亏比的存在。那么在交易系统胜率为 0.3，盈亏比为 3 的情况下，用凯利公式会怎么样呢？

奇怪的事情就发生了。在表 15-2 中可以发现，这次交易系统在连续亏损 37 次之后，才宣布失效。怎么感觉抗风险能力比前者还要高一些呢？这里主要是由于开仓仓位基数低造成的，但是却给我带来了一些反思：一是因为本金不能无限分割，凯利公式的回撤承受能力也是有极限的；二是在连续回撤之后回血非常缓慢，会造成本金大量闲置，无法二次利用。

表 15-2　凯利公式盈亏表

交易次数	止损额度/元	凯利值	单次止损/元	累计亏损/元	手数/手
1	200000	0.07	14000	14000	14
2	186000	0.07	13020	27020	13
3	172980	0.07	12109	39129	12
4	160871	0.07	11261	50390	11
5	149610	0.07	10473	60862	10
6	139138	0.07	9740	70602	9
7	129398	0.07	9058	79660	9
8	120340	0.07	8424	88084	8
9	111916	0.07	7834	95918	7
10	104082	0.07	7286	103204	7
11	96796	0.07	6776	109979	6
12	90021	0.07	6301	116281	6
13	83719	0.07	5860	122141	5
14	77859	0.07	5450	127591	5
15	72409	0.07	5069	132660	5
16	67340	0.07	4714	137374	4
17	62626	0.07	4384	141757	4

续表

交易次数	止损额度/元	凯利值	单次止损/元	累计亏损/元	手数/手
18	58243	0.07	4077	145834	4
19	54166	0.07	3792	149626	3
20	50374	0.07	3526	153152	3
21	46848	0.07	3279	156432	3
22	43569	0.07	3050	159481	3
23	40519	0.07	2836	162318	2
24	37682	0.07	2638	164955	2
25	35045	0.07	2453	167409	2
26	32591	0.07	2281	169690	2
27	30310	0.07	2122	171812	2
28	28188	0.07	1973	173785	1
29	26215	0.07	1835	175620	1
30	24380	0.07	1707	177327	1
31	22673	0.07	1587	178914	1
32	21086	0.07	1476	180390	1
33	19610	0.07	1373	181762	1
34	18238	0.07	1277	183039	1
35	16961	0.07	1187	184226	1
36	15774	0.07	1104	185330	1
37	14670	0.07	1027	186357	1

在实际的交易中，连续止损是每个交易者都会遇到的问题。我就曾经有过连续砍仓两个多月的记录，虽然不是完全连续的，但是这种回撤让人非常不舒服。如果使用凯利公式进行仓位管理，在回撤期间会承受较大的亏损，而等到行情真的来临时反而回本极慢，无法赚取较大利润。

除此以外，凯利公式针对的是胜率和盈亏比持续稳定的赌博模式。在期货交易中，就算通过固定的交易策略来固定胜率和盈亏比，也不能完全锁定它们。例如出现黑天鹅事件的时候，行情带来大的跳空缺口，实际止损与理论止损之间会有相当大的出入。

由此我们几乎可以断定，完全照搬凯利公式炒期货不可行。

在某些情况下，我们允许使用凯利公式的资金管理方法，比如将可亏损部分先三等分再用凯利公式进行资金管理，可以增加你面对连续亏损的耐受程度，比如，表 15-2 中的 37 次亏损，就可以变成连续亏损 111 次。而如果在日内交易策略中使用凯利公式，可以在一定程度上避开因为跳空缺口导致的理论止损与实际止损产生巨大差异的情况。

波动率、保证金比例、止损、仓位之间的关系

在前面的进场、止损、止盈、仓位管理的讨论中，我们知道每一种方法都有各自的优缺点。例如固定止损法，最大的问题是与行情的贴合度不够；浮动止损法，最大的问题是金额不固定，不能很好地把控风险。就算我们使用了单位定量这种仓位管理方法，由于有一定的主观猜测的因素，也不能做到尽善尽美。

那在现实中是否具备一种方案，能够综合上述方法的优缺点，使它们达到完美的平衡呢？

经过长时间的思考与实践，我终于找到了一套对于期货战争派来说最科学的组合方案。

我们开仓之后，开仓方向正确与否决定了我们的账户权益将是增加还是减少。而账户权益的波动大小、稳定性，则受开仓对象的波动率、保证金比例、开仓数量、止损影响，也就是说，我们如果找到了以上四个因素的平衡点就能实现最优解。

由此，我提出了一个仓位止损平衡公式。设仓位为 C（单位为%），保证金比例为 Q（单位为%），波动率为 B（这里指该合约在 20 个交易日内的最大波动率，单位为%），止损为 S（不是具体的止损位，而是指止损方式以固定幅度计算，单位为%），那么就有如下公式：

$$1-S=\frac{BC}{Q}$$

移项之后有：

$$C = \frac{(1 - S) \times Q}{B}$$

例如，某个多头合约的波动率为 4%，止损为本金的 95%，保证金比例为 12%，则可以求出该合约最适合的开仓仓位为 15%。

在这个公式中，我优先考虑了止损在可控的前提下尽可能地贴合市场的运行规律，既没有采用简单的固定止损，也没有采用关键阻力位止损，而是采用最大波动率止损。我认为，如果一段行情在发展的过程中出现了与趋势方向相反、与最大波动率相等甚至超过了最大波动率的行情，可以认为原有的趋势已经遭到了破坏，此时应当止损出局。在止损位确定的前提下，通过对整体资金的风险控制（单笔交易固定幅度止损）就能计算出最合适的开仓仓位。

以上开仓仓位的确定方法，我称之为盈损平衡开仓法。

浮盈加仓大法

《孙子兵法・作战篇》中有云："善用兵者，役不再籍，粮不三载，取用于国，因粮于敌，故军食可足也。"意思是善于用兵的将领，招兵买马只需要做一次，后续的兵力从俘虏中选取，给养不用千里舟车劳顿运送，有什么需要就向敌人伸手讨要，没有粮食了，打倒敌人把他们的粮食抢过来，所以根本不用担心军队给养的问题。

事实上，期货市场最有魅力的地方恰恰就在于此。一段史诗级大行情的发展，一次超百倍收益的盈利，一个传奇交易明星的诞生，往往都伴随着浮盈加仓手段的使用。在前面的内容中，我们始终将风险控制放在首要地位，然而如果在某一天出现了一次确定性极高、波动率极高、可能收益极高的行情，我们是不是应当珍惜机会，充分利用浮盈加仓的手段，将利益最大化呢？那么，我们应当如何进行浮盈加仓，才能达到风险与收益的完美平衡呢？

在我看来，最好的方法莫过于以仓位来进行浮盈加仓。首先可以根据当前行情的基本情况确定初始仓位。开始时即按照仓位 Q 进行开仓，当持仓浮盈之后，账户的持仓仓位会下降，此时的可用资金会增多，如果新增可用资金新开仓一手后仓位可以重新达到 Q，那么这个价格就是最好的加仓位。假设进场价格为 A，数量为 B，交易单位为 K，保证金比例为 M，止损位为 N，加仓价差为 x。则有：

$$\text{进场权益} = \frac{ABKM}{Q}$$

$$Q = \frac{ABKQ + BKMx + AKM}{\frac{ABKQ}{Q} + BKx}$$

约分并移项后可得：

$$x = \frac{AM}{BQ - BM}$$

由此公式，我设计了一个浮盈加仓表格，可以帮助交易者迅速地确定加仓点位与数量。如表 15-3 中，就计算出了一个品种前 20 次浮盈加仓的具体点位。如果各位读者需要以上表格，可以通过本书前勒口的联系方式联系小助理获取。

表 15-3　多头浮盈加仓速算表格

次数	权益/元	价格/元	单位/手	波动率	司保	止损	止盈	初始仓	单保/元	持仓/手	总保/元	止损价/元	涨幅	累涨	损后权益/元
0	300000	2893	10	4	0.08	0.8	1.25	0.4	2314.4	52	120348.8	2778	0	0	240000
1	308142	2907	10	4	0.08	0.8	1.25	0.4	2325.6	53	123256.8	2791	0.004839267	0.004839267	246513.6
2	315468	2921	10	4	0.08	0.8	1.25	0.4	2336.8	54	126187.2	2804	0.004815961	0.009655229	252374.4
3	322850	2935	10	4	0.08	0.8	1.25	0.4	2348	55	129140	2818	0.004792879	0.014448108	258280
4	330176	2948	10	4	0.08	0.8	1.25	0.4	2358.4	56	132070.4	2830	0.004429302	0.018877409	264140.8
5	337554	2961	10	4	0.08	0.8	1.25	0.4	2368.8	57	135021.6	2843	0.004409769	0.023287179	270043.2
6	344984	2974	10	4	0.08	0.8	1.25	0.4	2379.2	58	137993.6	2855	0.004390409	0.027677587	275987.2
7	352466	2987	10	4	0.08	0.8	1.25	0.4	2389.6	59	140986.4	2868	0.004371217	0.032048805	281972.8
8	360000	3000	10	4	0.08	0.8	1.25	0.4	2400	60	144000	2880	0.004352193	0.036400997	288000
9	367586	3013	10	4	0.08	0.8	1.25	0.4	2410.4	61	147034.4	2892	0.004333333	0.040734331	294068.8
10	375100	3025	10	4	0.08	0.8	1.25	0.4	2420	62	150040	2904	0.003982741	0.044717072	300080
11	382662	3037	10	4	0.08	0.8	1.25	0.4	2429.6	63	153064.8	2916	0.003966942	0.048684014	306129.6

续表

次数	权益/元	价格/元	单位/手	波动率	司保	止损	止盈	初始仓	单保/元	持仓/手	总保/元	止损价/元	涨幅	累涨	损后权益/元
12	390272	3049	10	4	0. 08	0. 8	1. 25	0. 4	2439. 2	64	156108. 8	2927	0. 003951268	0. 052635282	312217. 6
13	397930	3061	10	4	0. 08	0. 8	1. 25	0. 4	2448. 8	65	159172	2939	0. 003935717	0. 056570999	318344
14	405636	3073	10	4	0. 08	0. 8	1. 25	0. 4	2458. 4	66	162254. 4	2950	0. 003920287	0. 060491286	324508. 8
15	413390	3085	10	4	0. 08	0. 8	1. 25	0. 4	2468	67	165356	2962	0. 003904979	0. 064396265	330712
16	421192	3097	10	4	0. 08	0. 8	1. 25	0. 4	2477. 6	68	168476. 8	2973	0. 003889789	0. 068286054	84238. 4
说明：只需要填写初始权益、初始进场价、交易单位、行情波动率、保证金比例、止损比例，表格即可自动计算出相关数值。															

做空时，公式略有不同：

$$Q = \frac{ABKQ - BKMx + AKM}{\frac{ABKM}{Q} + BKx}$$

约分并移项后可得：

$$x = \frac{AM}{BQ + BM}$$

表15-4是据此公式设计的空头浮盈加仓速算表格。

表15-4 空头浮盈加仓速算表格

次数	权益/元	价格/元	单位/手	波动率	司保	止损	止盈	初始仓	单保/元	持仓/手	总保/元	止损价/元	涨幅	累涨	损后权益/元
0	1000000. 00	8506	20	4	0. 08	0. 8	1. 262626263	0. 4	13609. 6	29	394678. 4	9885	0	0	200000. 00
1	1014840. 00	8457	20	4	0. 08	0. 8	1. 262626263	0. 4	13531. 2	30	405936	9810	-0. 58%	-0. 58%	202968. 00
2	1042840. 00	8410	20	4	0. 08	0. 8	1. 262626263	0. 4	13456	31	417136	9756	-0. 56%	-1. 13%	208568. 00
3	1070720. 00	8365	20	4	0. 08	0. 8	1. 262626263	0. 4	13384	32	428288	9703	-0. 54%	-1. 67%	214144. 00
4	1098372. 00	8321	20	4	0. 08	0. 8	1. 262626263	0. 4	13313. 6	33	439348. 8	9652	-0. 53%	-2. 19%	219674. 40
5	1125944. 00	8279	20	4	0. 08	0. 8	1. 262626263	0. 4	13246. 4	34	450377. 6	9604	-0. 50%	-2. 70%	225188. 80
6	1153320. 00	8238	20	4	0. 08	0. 8	1. 262626263	0. 4	13180. 8	35	461328	9556	-0. 50%	-3. 19%	230664. 00

续表

次数	权益/元	价格/元	单位/手	波动率	司保	止损	止盈	初始仓	单保/元	持仓/手	总保/元	止损价/元	涨幅	累涨	损后权益/元
7	1180656.00	8199	20	4	0.08	0.8	1.262626263	0.4	13118.4	36	472262.4	9511	-0.47%	-3.67%	236131.20
8	1207828.00	8161	20	4	0.08	0.8	1.262626263	0.4	13057.6	37	483131.2	9467	-0.46%	-4.13%	241565.60
9	1234848.00	8124	20	4	0.08	0.8	1.262626263	0.4	12998.4	38	493939.2	9424	-0.45%	-4.58%	246969.60
10	1261728.00	8088	20	4	0.08	0.8	1.262626263	0.4	12940.8	39	504691.2	9382	-0.44%	-5.03%	252345.60
11	1288480.00	8053	20	4	0.08	0.8	1.262626263	0.4	12884.8	40	515392	9341	-0.43%	-5.46%	257696.00
12	1315116.00	8019	20	4	0.08	0.8	1.262626263	0.4	12830.4	41	526046.4	9302	-0.42%	-5.88%	263023.20
13	1341648.00	7986	20	4	0.08	0.8	1.262626263	0.4	12777.6	42	536659.2	9264	-0.41%	-6.29%	268329.60
14	1368088.00	7954	20	4	0.08	0.8	1.262626263	0.4	12726.4	43	547235.2	9227	-0.40%	-6.69%	273617.60
说明：只需要填写初始权益、初始进场价、交易单位、行情波动率、保证金比例、止损比例，表格即可自动计算出相关数值。															

第十六章　软件使用篇

目前市面上的期货交易软件其实是很少的，常用的有文华财经、博易大师以及期货公司自己开发的交易软件。对于期货战争派来讲，交易软件是非常重要的工具，是我们执行交易策略、打赢期货战争的关键要素之一。交易者根据自身情况，设置好行情交易软件的相关功能，可以有效提高看盘和交易效率。本章重点分享一些本人使用交易软件时的功能设置。

K 线图个性化设置

如图 16-1、图 16-2 所示，依次点击文华财经软件右上角的个性化→个性化设置→K 线图设置，交易者可以根据需要进行一些设置。以下重点说明一些我认为很重要的 K 线图设置。

图 16-1　文华财经个性化设置

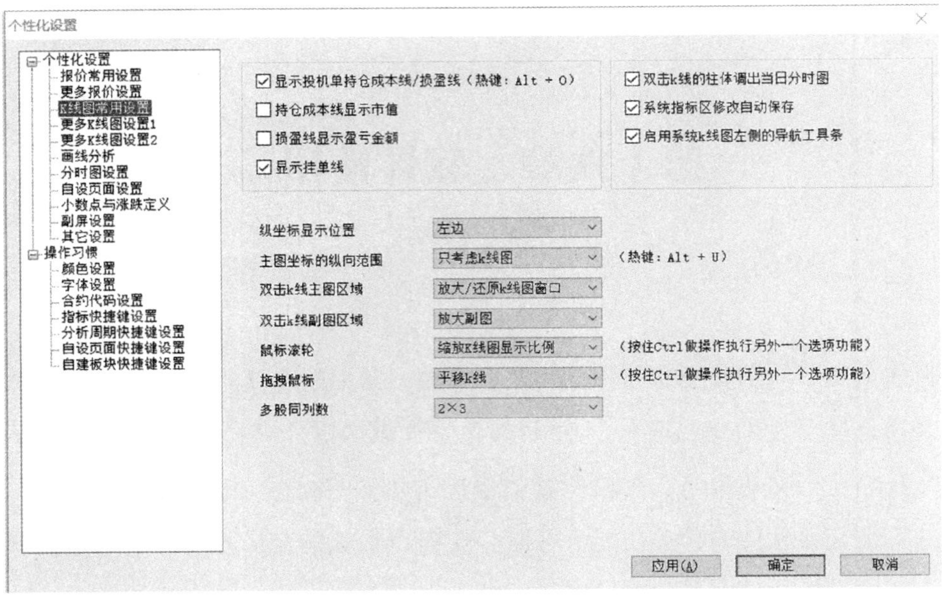

图 16-2　K 线图常用设置

如图 16-3 所示，勾选了分钟/小时 K 线显示隔日框之后，在小于日周期级别的 K 线图中会显示一个个的框（如图 16-4 所示），可以区分每一个交易日，这样在小周期的交易中，就能轻松分辨出哪些是当日的 K 线。

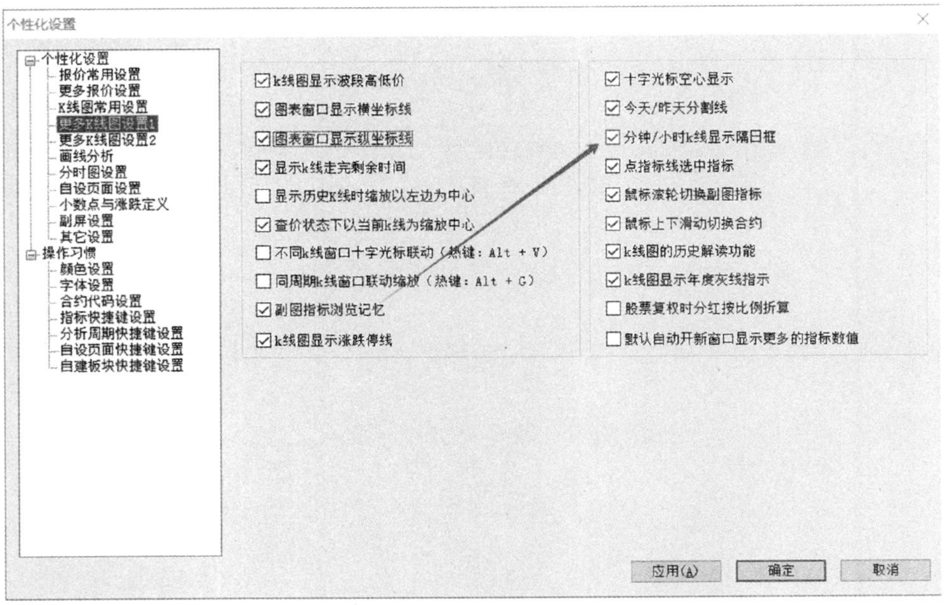

图 16-3　更多 K 线图设置

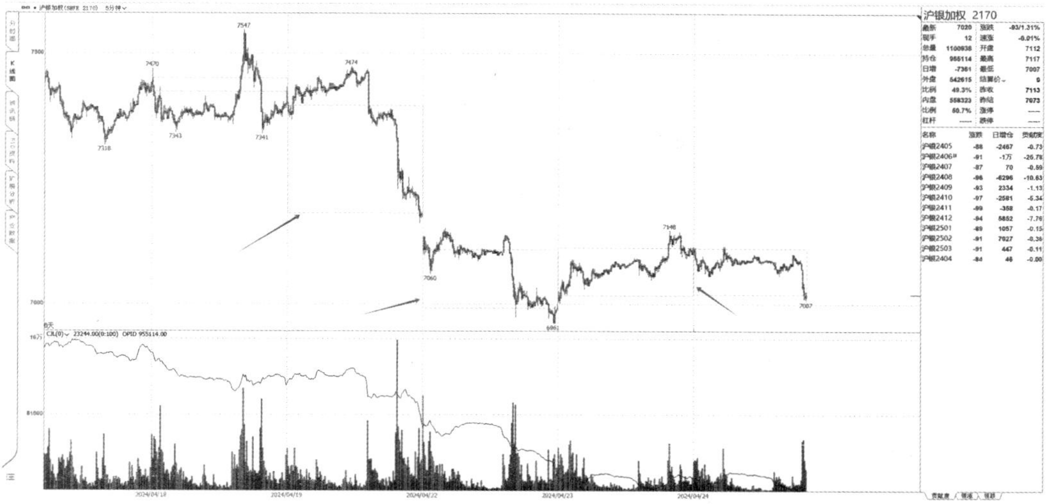

图 16-4 沪银加权 10 分钟 K 线图

如图 16-5 所示，在同样的 K 线图设置界面，还有一个显示 K 线走完时间的选项，建议期货战争派交易者选择，这样做交易时可以避免信号闪烁。

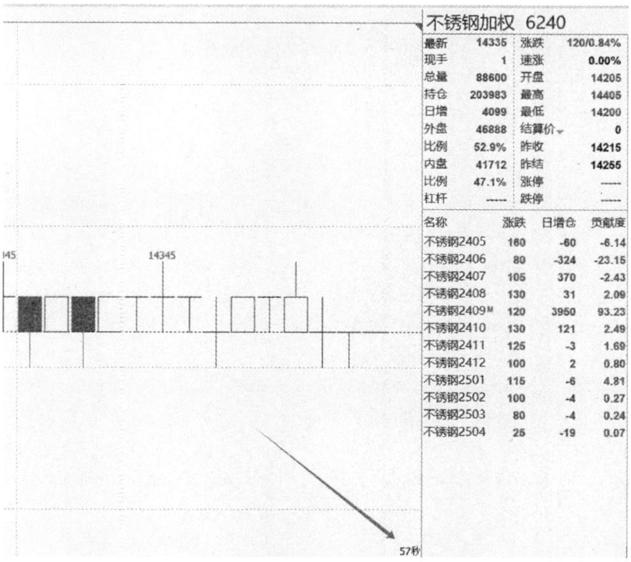

图 16-5 交易时间

期货战争派在复盘和交易时，为了方便快速地浏览行情，可以做一个组合设置。如图 16-6、图 16-7 所示，设置好后，在 K 线图界面，滚动鼠标滚轮，将会对 K 线图进行缩放。如果要切换合约，只需要按住 Ctrl 键再滚动鼠标滚轮即可。如果直接拖动鼠标，可以选择 K 线图的区间进行统计；按住 Ctrl 再左右拖动鼠标则移动 K 线图区间，上下拖动就切换合约。

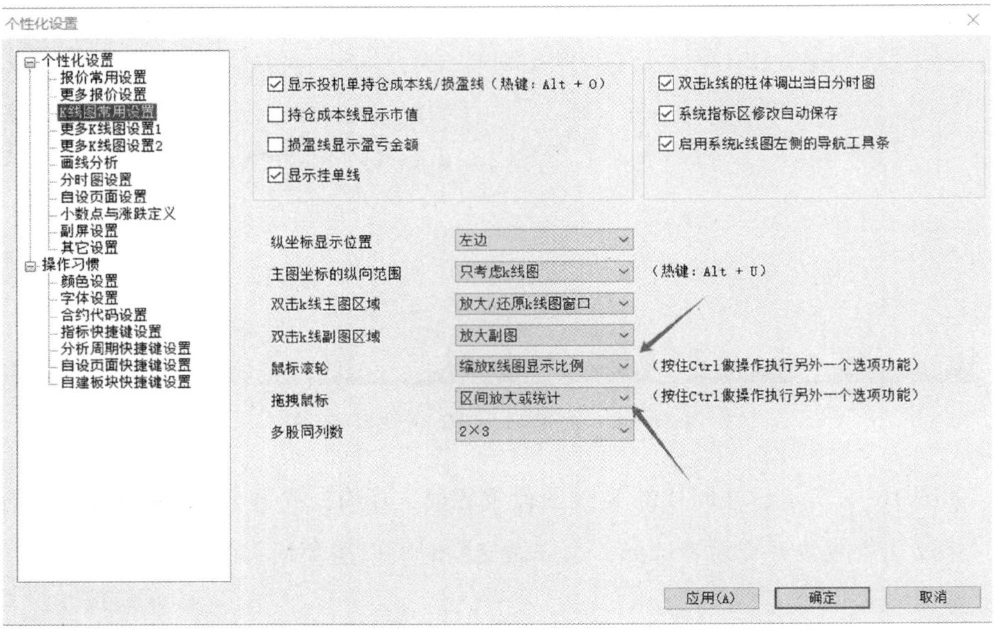

图 16-6　K 线图设置 1

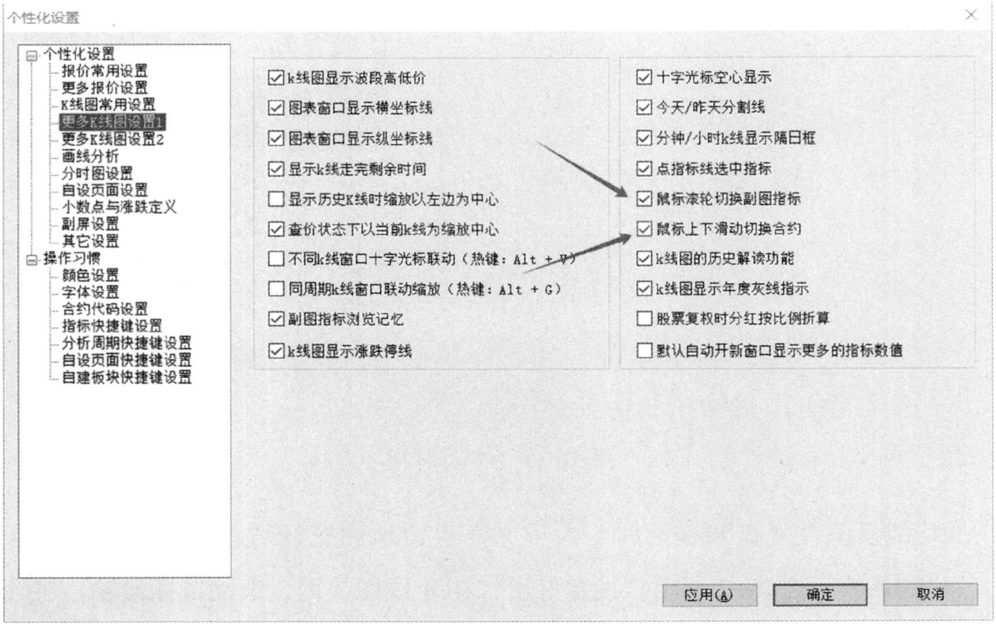

图 16-7　K 线图设置 2

以下是本人的 K 线图设置，供读者参考，如图 16-8 至图 16-10 所示。

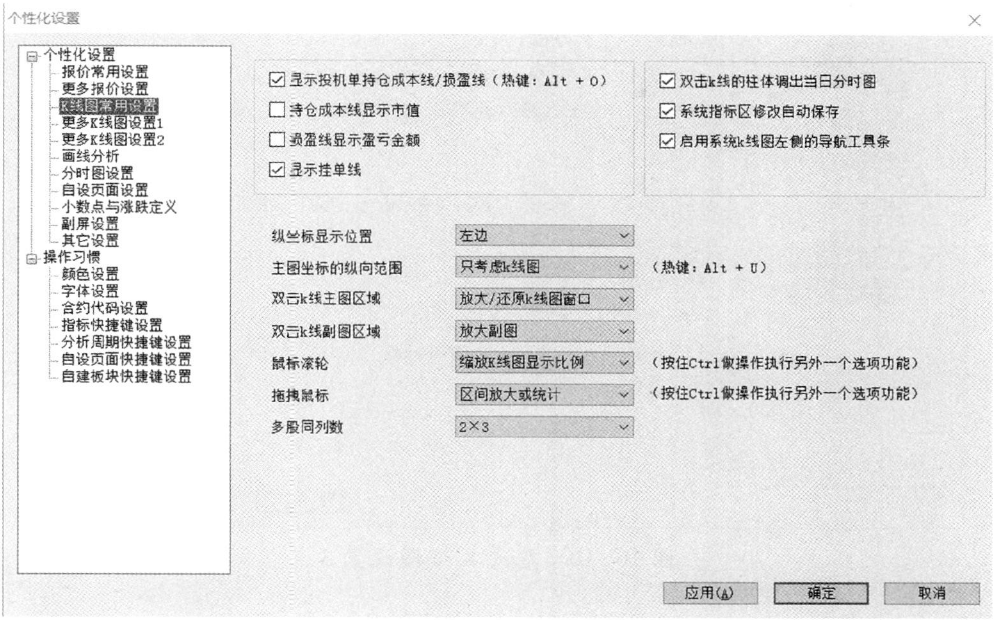

图 16-8　笔者 K 线图设置 1

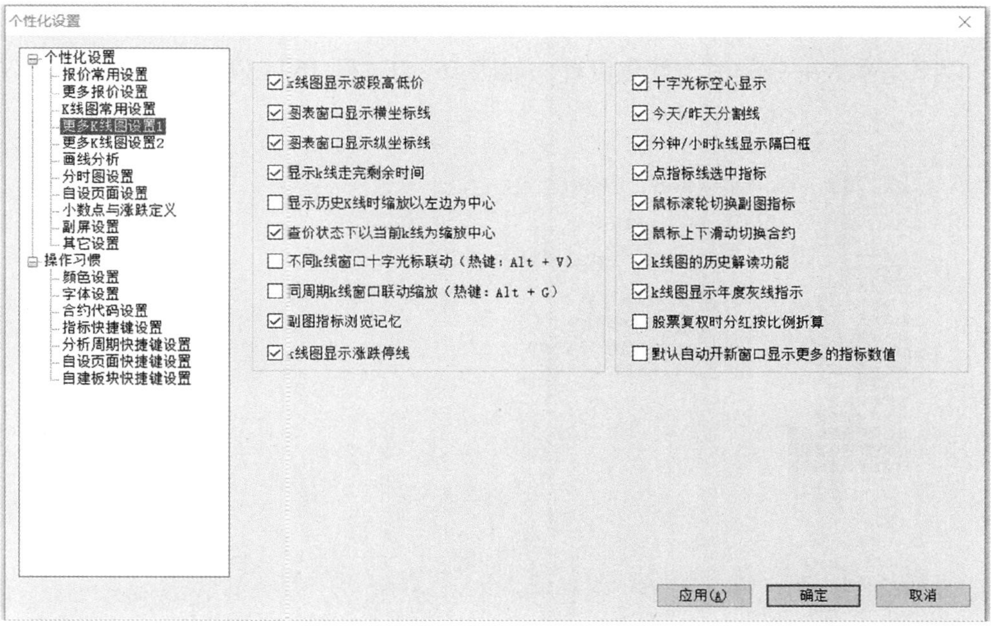

图 16-9　笔者 K 线图设置 2

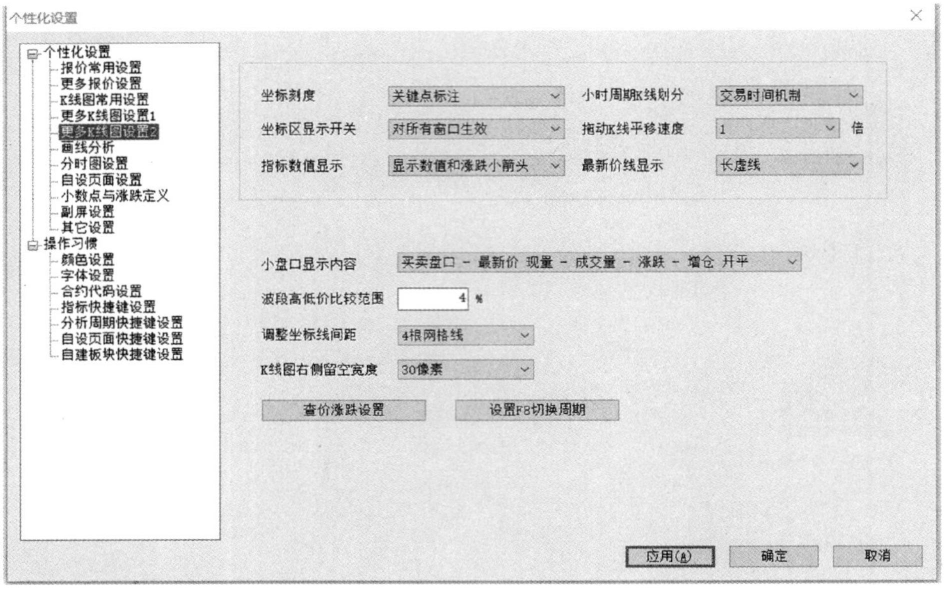

图 16-10　笔者 K 线图设置 3

分时图个性化设置

以下是本人的分时图个性化设置，如图 16-11、图 16-12 所示。

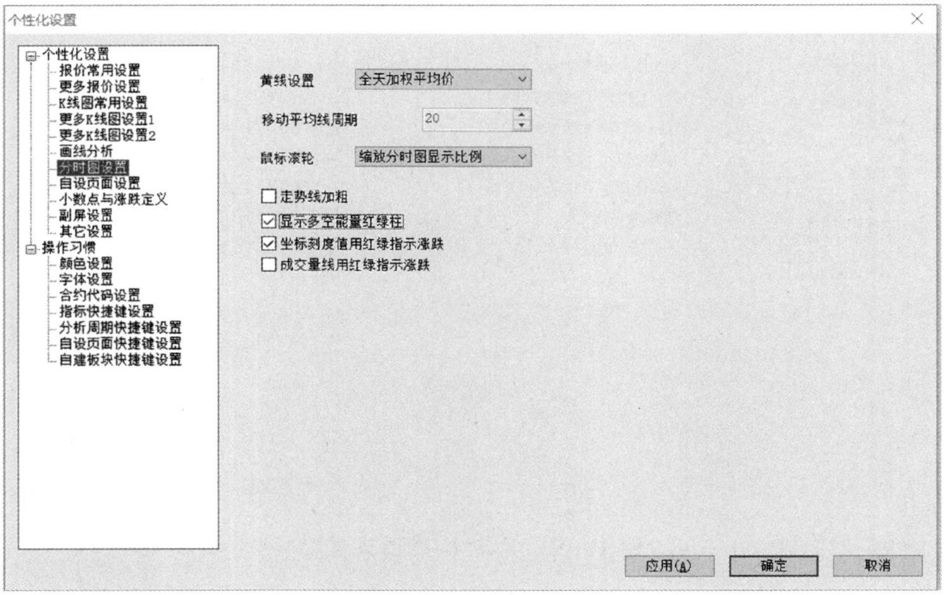

图 16-11　笔者分时图个性化设置 1

如图 16-12 所示，在分时图中还有一个按钮，当其被打开时，意味着持仓和分时图或者 K 线图之间会产生联动。此时如果点击持仓，页面将快速切换到对应的合约上；如果该按钮处于关闭状态，点击持仓界面将保持不动。

图 16-12　笔者分时图个性化设置 2

由于涨跌停是按照结算价定义的，行情软件将涨跌停定义默认为以昨日结算价为参考。在图 16-13 中，期货战争派将涨跌定义设置为与昨收盘的绝对值，这样可以看到更为真实的日内行情涨跌情况。

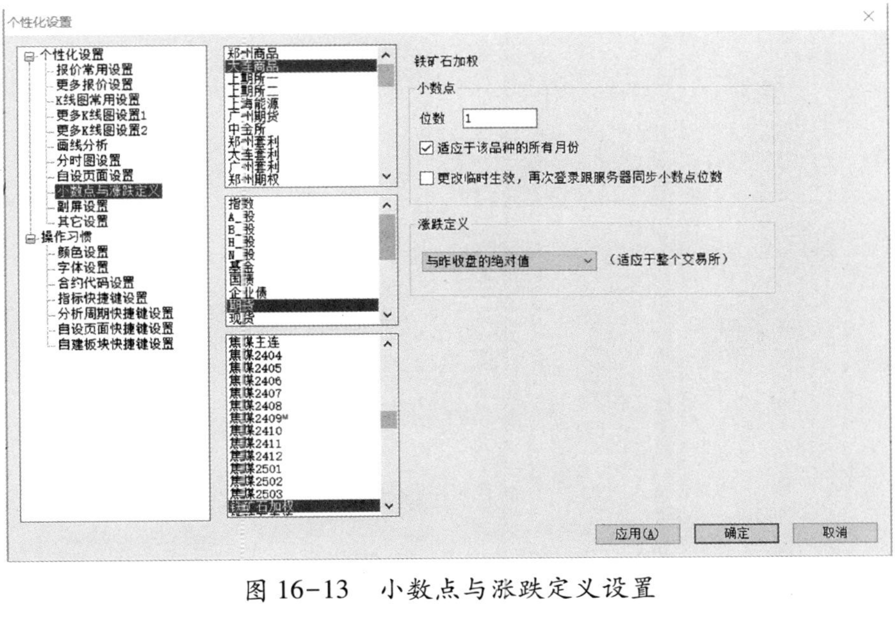

图 16-13　小数点与涨跌定义设置

快捷键个性化设置

在使用交易软件时，使用快捷键是提高效率最便捷的方法，设置好快捷键甚至可以在一定程度上减少滑点。

如图 16-14 所示，期货战争派对常用的几个自编指标设置了快捷键，需要调入该指标时只需要直接键入该快捷键并按回车键。除此以外，“Home”“End”两个键可以切换附图指标，“+”“-”键（主键盘）可以切换主图指标。

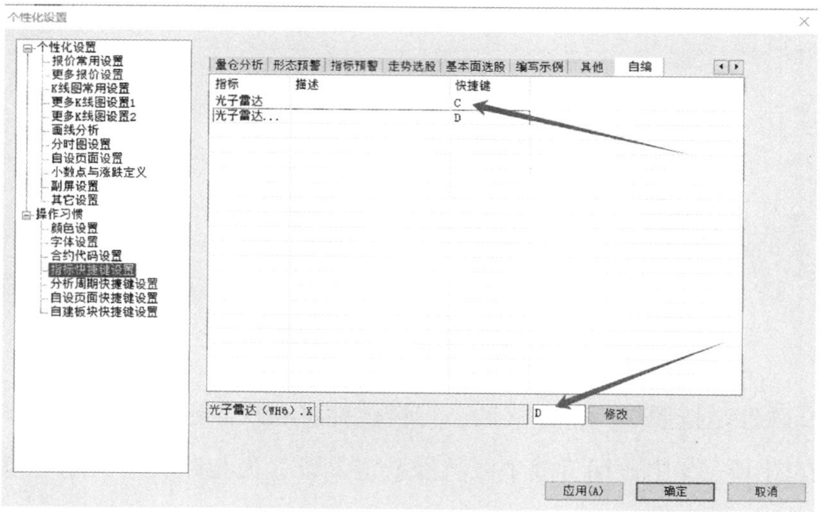

图 16-14　快捷键个性化设置 1

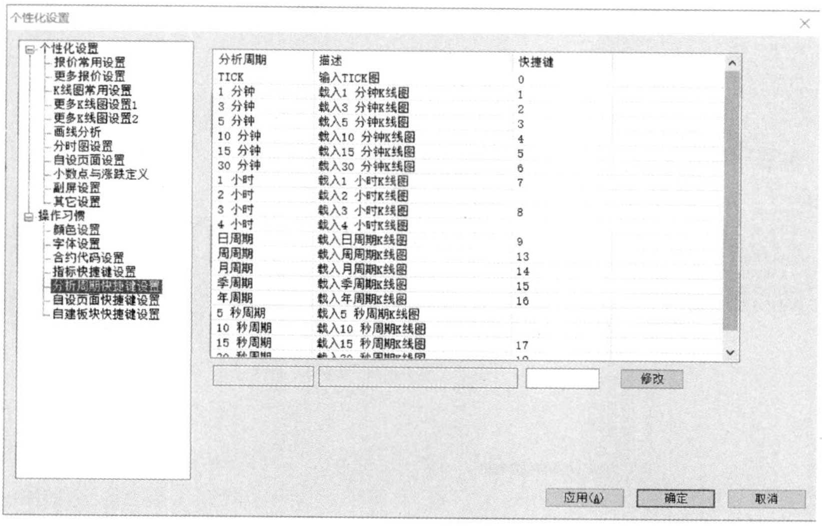

图 16-15　快捷键个性化设置 2

如图 16-15 所示，可以对 K 线图的周期设置快捷键，从而达到快速切换周期的目的。

如图 16-16 所示，可以对合约代码进行快捷键个性化设置。

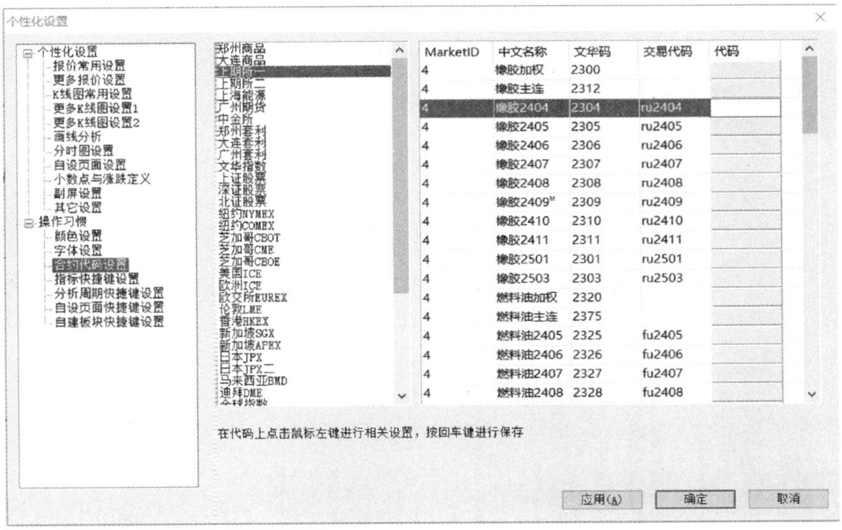

图 16-16　快捷键个性化设置 3

交易界面个性化设置

交易界面也有一些个性化设置，其重要性远超过行情界面。交易界面默认由空格键调出来，如图 16-17 所示，可以用这个方法调出交易界面进行个性化设置。

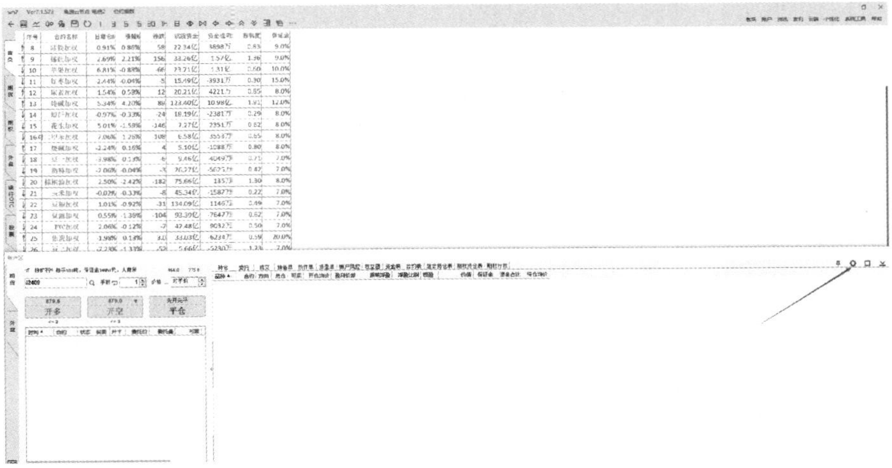

图 16-17　交易界面个性化设置

图 16-18 至图 16-20 是我本人的一些账户参数设置，供读者参考。

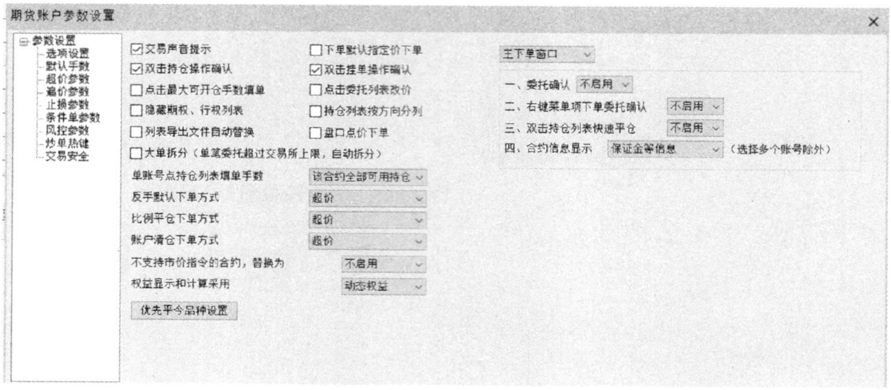

图 16-18　账户参数设置 1

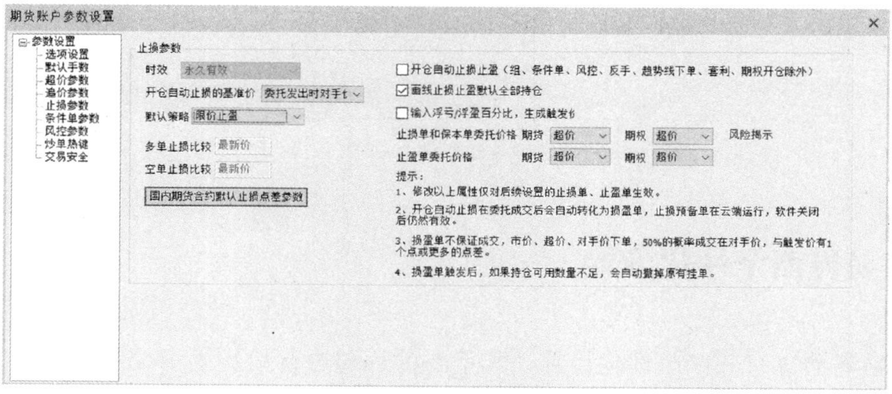

图 16-19　账户参数设置 2

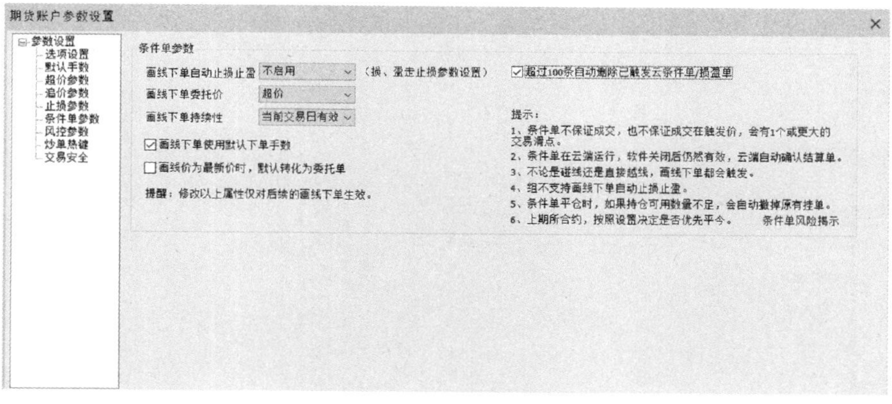

图 16-20　账户参数设置 3

期货战争派在交易中为了保证交易单顺利成交，保证滑点被控制在合理的范围，尤其是在突破进场和止损中，重点采用超价的方式下单，建议设置超价 5 跳，如图 16-21 所示。对于某些波动性较大的合约，其超价单应设置大一点，其中镍设置为 20，苹果设置为 15。

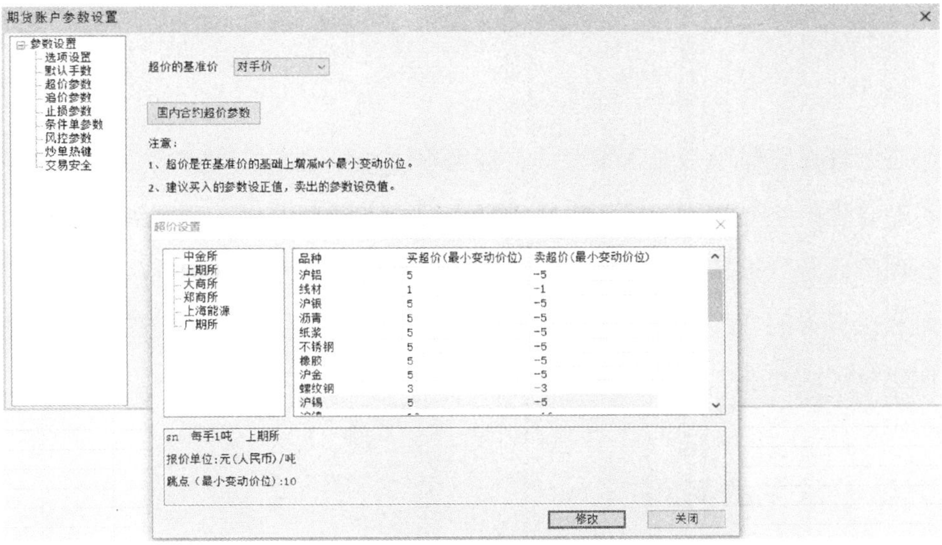

图 16-21　超价设置

下单的时候可以使用快捷键，如图 16-22 所示，可以设置炒单热键，其中需要重点设置：开关、开、平、反手、数量，可优先考虑小键盘。炒单热键仅支持单账号使用，当开通了文华一带多功能之后，在多账号状态下，炒单热键就不能使用了。

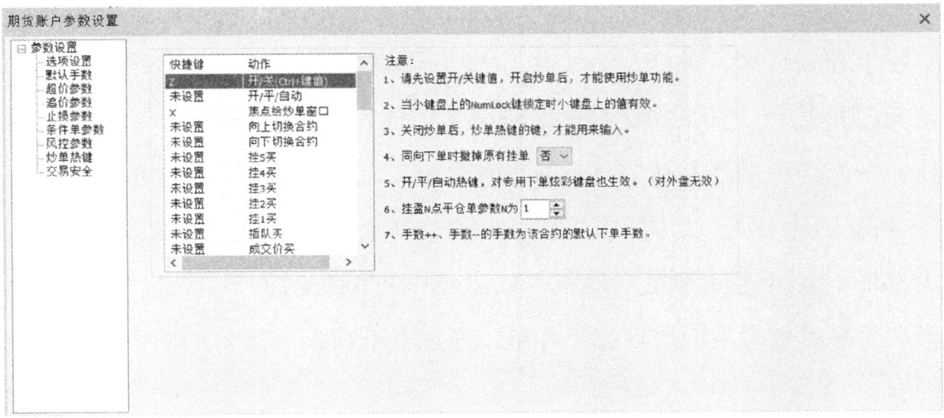

图 16-22　炒单热键设置

第十七章　期货战争心理学

心态管理在交易中是非常重要的，但是很多交易的图书和资料，往往只是单纯强调心态管理的重要性，却提不出科学可靠的心态管理办法。本章列举一些常见的交易心理障碍，分析其特征、产生原因，并提供科学有效的、能提高交易者心理承受能力和执行力的方案。在实际交易当中，为了达到最好状态，交易者最好是有一些心理建设训练和外力的帮助作为配合。

交易中常见的问题

1. 扛单

实例。扛单一般有两种。**一种是菜鸟的扛单**。例如在某次交易当中，交易者开仓时计划止损 100 点，短线持仓，准备赚一点就跑。但是行情完全没有按照预期的发展，一开仓就开始浮亏。在价格真的逼近止损位时，又产生了侥幸心理，选择删掉止损线，甚至有加仓的动作。想的是加仓摊薄成本后，只要权益稍有反弹就平仓，实际上越陷越深，权益大幅亏损，已经不愿割肉保命了，选择死扛到底。**一种是“老鸟”的扛单**。在某次交易中，坚信某个合约一定会涨到某个价格或者跌到某个价格，一般这种交易者都是坚定的基本面派。在行情不按照其预期发展时，他们反而会变得异常兴奋，认为可以用更好的价格加仓。他们通常以做多为主，因为他们认为价格不太可能低于生产成本，或者不太可能长时间低于生产成本。除此以外，套利交易者也有可能出现此类扛单，喜欢在不断扩大价差的两个合约中持续做正套加仓。

特征。扛单者一般做逆势交易（日线级别）；事先未设置止损点位或者止损点位较大，等到真正逼近止损点位的时候就舍不得下手；交易者往往有相当的交易信仰；很多时候与破窗效应有关，已经不是和行情过不去了，而是和自己过不去。

原因分析。扛单者往往是逆势交易，不能说他一定喜欢逆势，很大程度上是他缺乏对势的基本认识，不能真正判断出行情的势。对于交易者来说，任何时候最重要的都是交易方向。如果方向对了，就算是浮亏扛单，最后也能扛回来；如果方向错了，扛单就会扛到地狱。而止损点位小的时候，容易被洗出来，成功率相对比较低，所以此类交易者一般会采用相对较大的止损点位来提高胜率，但大止损点位又起不到保护的作用。当行情不按预期发展时，此类交易者会面临较大的浮亏，此时砍仓会觉得肉疼，不自觉地便开始扛单。这种操作违背了“以小博大”的基本原则，交易者对期货市场的风险没有深刻的认识。其主要原因是此类交易者往往以为自己有主角光环，急于求成，没有认识到“慢就是快”的深刻内涵，以至于放大了自己的风险敞口。

解决方案。扛单是交易者最严重的心理障碍，凡有此种心理障碍的交易者，要想完全改正，走上正确的轨道，必须对自己痛下杀手。一是要加强对期货战争理论的学习，提高对期货本质、趋势的认识。二是要建立自己的交易系统，做到有据可依。三是要进行执行力提升训练，可以按照本章后面的训练方法自行练习，也可以进行系统的培训。

2. 拿不住盈利

实例。拿不住盈利本身是一种客观的现象，很多新手交易者都有此通病。发展到极端情况，就变成了主动拿不住盈利，也就是小赚一点就跑。本人见过最夸张的例子就是我的父亲。在他的交易中，一般赚1跳到2跳就跑，一开仓就立马挂上平仓单，运气好的时候，可以像赵子龙一样七进七出都能赚钱。但是一旦遇到进场就浮亏的行情，就会被严重套牢，由于每一笔都赚得很少，为了博取更多的利润，他往往采取重仓的做法。而一旦亏损，可以将前面的几十笔盈利全部吃掉，所以他一般拒不认输，随即发展成为扛单。扛单和拿不住盈利可以说是孪生兄弟。

特征。此类交易者经常打破既定的止盈计划，提前平仓，极容易受到外界的影响，不断对自己的交易计划进行否定。此类交易者一般也是新手，由于时有扛单的动作出现，实际上也是菜鸟的扛单一类。但是有信仰的“老鸟”，一般能扛亏损的时候也能扛盈利，故不在此列。

原因分析。亏大钱的都是有信仰的，不停亏小钱的都是没有信仰的。在交易中，对自己的交易系统信任度不够，犹如墙头草一般经常性修改、更换自己的交易系统。总结起来，造成拿不住盈利的主要原因有如下几点：一是对期货市场、趋势的认识不够深刻；二是没有科学有效的交易系统；三是自身的自制力、执行力不足。

解决方案。结合自身实际情况，建立科学合理的交易系统；加强理论学习，不断提高对市场的认识；通过训练提高自己的执行力。

3. 下单恐惧症

实例。出现此类心理障碍的一般是有了较长交易经历的人，由于遭受了市场的毒打，所以他们对自己的交易能力产生了极度的怀疑。但是他们又不甘心退出市场，在出现交易机会之后不敢果断开仓，等到行情错过之后就会后悔不迭，偶尔大起胆子开了仓之后就战战兢兢，情绪完全被行情左右，喜乐悲欢都跟随行情的波动而波动。实际上这是一种严重的心理疾病，很多交易者并没有意识到它的严重性。阿富汗战争后，退役的士兵当中有很多就患上了 PTSD，也就是创伤后应激障碍。而很多交易者在交易中遭遇扛单、大亏、逆势等对其心理产生巨大打击的事件之后，当再次参与行情时就会有明显的生理反应，例如心跳加快、出汗、颤抖等，实际上就是患上了 PTSD。

特征。患下单恐惧症的人有一定的交易经历，甚至也有自己的交易系统；前期经历过较大的亏损；在出现自己认定的交易机会或者交易系统出现交易信号的时候，不敢开仓，害怕是骗线；对于某些曾经让他遭受过大幅亏损的品种，还会出现删自选之类的动作。

原因分析。源于“一朝被蛇咬，十年怕井绳”的心理本能，本质上是被自己的潜意识主导了交易，放弃了对市场、对风险的理性分析。

解决方案。心理暗示大法。

4. 连续亏损的怀疑

实例。2011 年，本人曾经开发过一个追踪趋势的程序化交易系统，当时写完之后觉得非常满意，于是便投入实盘。这个程序一共有三个参数，大都能实现盈利，只是绝对收益上有区别，为此就需要做参数拟合。理论上这个系统的参数并不需要经常修改，但是在实盘中，只要一遇到亏损的交易，我就会立即陷入对该参数的怀疑，尤其是遇到连续的亏损，则干脆怀疑该交易系统已经失效。当时学习程序化交易的初衷，本身是为了规避掉心态控制的问题，没想到却衍生出了新的问题。多年以后，我无意间想起了这套交易系统，将它原封不动地载入了新版程序化交易软件当中。在历史数据中一回测，发现就算不做参数拟合，只用初始参数，也能在这十年里获得近 300 倍的理论收益。大多数交易者在面对连续的亏损时，都会表现出对交易系统强烈的怀疑态度，这其实也是一种较为严重的心理障碍。

特征。在连续的亏损之后出现，如果该交易系统本身胜率就不高，则问题还不算太大。在有的靠胜率取胜的交易系统中，一出现连续的亏损就意味着对交易系统的信任崩塌，对交易者心理带来的影响特别巨大。

原因分析。交易市场本身充满了不确定性，我们用确定的规则去应对不确定的市场，这个方案本身是没有错的。但是大多数的交易系统本身依靠概率来实现最终的盈利，而概率要想起效果，又必须有大数法则的加持。在此基础上建立的东西，都有可能在某个短周期中出现偏差。这个短周期是相对的，在实践中，本人遇到过连续数月的亏损。总的来说，这种心理也是人类趋利避害的本能。我们要想成为成功的交易者，就要克服这些人性中的不足。

解决方案。一是尽可能建立能实现大数法则的交易系统；二是通过练习提高对连续亏损的耐受力；三是采用多品种持仓的交易策略，降低对个别品种以及个别交易的关注度。

5. 连续盈利的飘然

实例。这种情况与连续亏损刚好相反，是一种心理极度膨胀带来的问题。在实践中，一般在新手交易者里面见得较多。他们在短时间内赚取了较大的收益，就开始目空一切，认为自己掌握了期货的真谛，然后主动放大自己的风险敞口，有的会演变成扛单交易，出现大幅的亏损。

特征。一般出现在连续盈利后；交易者本身没有出现过较大的亏损，没有深刻认识到期货市场的残酷；交易者有一定的技术基础。

原因分析。无知者无畏是此种心理问题出现的主要原因。

解决方案。志得意满之人一般是听不进去劝的，能够在巅峰时刻保持理智的人少之又少，一般有这种傲气的人被市场毒打几次就治好了，但这样的话这个学费往往就比较高了。要想低成本地解决这个心理障碍，需要交易者本身有大智慧，有自知之明，再结合目标管理的方案，主动为自己的心态降温。

6. 过于专注

实例。此类问题与下单恐惧症相反，是生怕漏掉任何一个可能的交易机会。市场出现的每一个交易信号都要去做，全然不管总体筹划。比如当天已经达到了总体止损或者止盈目标，交易规则已经不允许再开仓时还要强行开仓交易，不然就有错过了几个亿的感觉。除此以外，有时候出现了比较勉强的交易机会，比如正常交易时我们要求 2∶1 的盈亏比，而这个机会只有 1.8∶1 的盈亏比，但他们依旧会开仓。

特征。有这类问题的人不能忍受空仓状态，每天都要做几笔才踏实；不懂得优中选优，不想做选择题，只想全都要；一遇到节假日就怅然若失，恨不得天天交易。

原因分析。对于交易者来说，严格遵守交易系统给出的信号本身是没有太大问题的，但是与程序化不同的是，主观交易有发挥交易者主观能动性的环节，这要求交易者本身要对交易信号进行一定的甄别、筛选、取舍。总的来说，此种心理障碍是在有一定水平的交易者身上才会产生的。

解决方案。产生此种交易心理障碍的交易者通常具备了一定的水平，“术”上面已经没有太大问题，此时更应当关注交易之外的东西，也就是“道”的层面的问题。这里建议使用注意力转移法来克服问题、提升自己。

7. 完美主义者

实例。出现此类心理障碍的人实际上和追求交易圣杯的人是一样的，有可能是追求高胜率，也有可能是追求低回撤或者资金曲线的稳定性。追求高胜率和低回撤的，最后有可能发展成扛单或者下单恐惧症。追求资金曲线的稳定性的，最后有可能发展成拿不住盈利。

特征。舍本逐末，对胜率、小回撤、资金曲线的稳定性等的追求超过了收益本身。

原因分析。没有明白“大成若缺”的深刻内涵，对于不确定性极高的期货市场要求过高。

解决方案。加强对中国古典哲学的学习，提升个人修养与认知。

8. 破窗效应

实例。此种心理障碍一般表现为，当陷入亏损被套时，选择破罐子破摔，秉持“反正都亏了这么多，不在乎再亏一点”的心态，放任持仓自由发挥，不做任何处理。还有一种表现隐藏较深，通常在有风控的交易系统中出现，比如某交易者设定了每日最大止盈 1000 点，止损 500 点，一旦达到这个条件，当天就不能再交易。有的时候该交易者可能实现了一定程度的盈利，如 600 点，结果在最新的一次交易中浮亏或者止损了，造成了盈利缩水，如果当天停止交易，依旧可以保存剩下的胜利果实或者只有小幅的亏损。此时，该交易者极有可能选择继续交易，甚至最终变成达到或者超过当天的最大止损额。还有一种就是该交易者可能在某一笔持仓中产生过大幅的浮盈，但是在市场趋势发生逆转之后没有及时察觉到，等到浮盈缩水甚至变成亏损之后不愿意认输，选择加仓或者扛单。

特征。一是对沉没成本有执念，不愿意承认既成事实；二是对曾经的浮盈有执念，认为可以续写辉煌。

原因分析。一是因为对损失的厌恶心理。相比于快乐，人天生对损失更加敏感，为了避免损失，反而会继续追加投资。二是因为自我辩解的倾向。当一个人出现认知失调（行为与信念不一致）时，他就会找各种理由去为自己的行为做辩护，或者否认任何有关这个行为的负面评价和负面结果。

解决方案。持续进行心理暗示训练。

9. 高估自己

实例。交易者在复盘或者制订交易计划时，制定了自己实际上根本无法承受的规则。

如图 17-1，有的交易者看到此走势就会认为，自己要是做一把长线多单就能赚很多钱，于是在后续的交易中从短线交易又改成了长线交易。殊不知在此行情中，每一个有下影线的 K 线图的回撤都高达 5%以上，对应了保证金 50%以上的回撤，在这种波动率中，就算是轻仓也会有非常大的坐过山车般的感觉。行情走完之后，在我们已知结果的情况下，自然就会对曾经发生过的波动无动于衷。但是身处当时的行情中时，我们会因为行情的波动而惴惴不安，选择早早清仓出局，等到行情走完之后，再来一句“我看对了却拿不住单”的感慨。

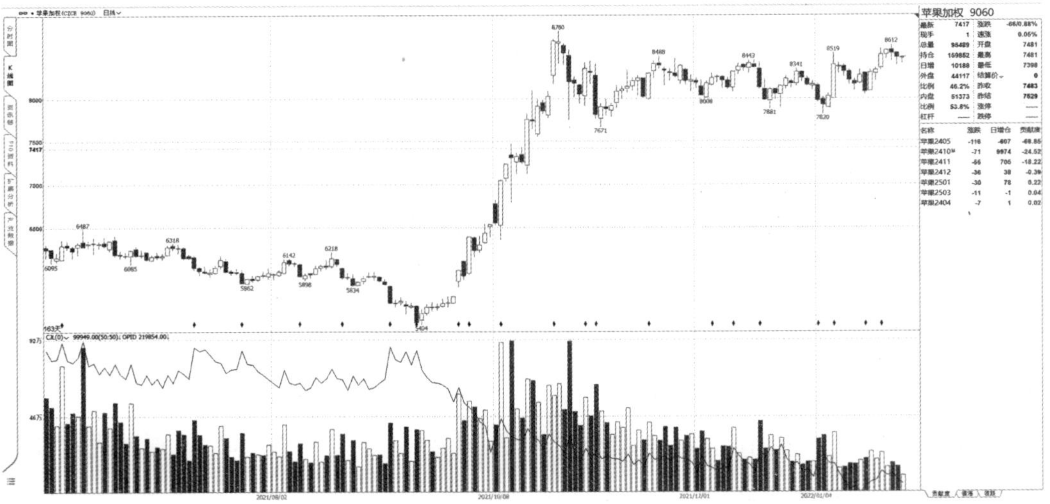

图 17-1　苹果加权日 K 线图

特征。交易者在制订交易计划或者交易系统时，脱离自身的抗风险能力、心理承受能力，主观臆造交易计划。

原因分析。典型的幸存者效应。胜利者不受责备，没有人会关心他们在胜利之前承受过什么折磨。如果想要复制他们的奇迹，就要再去经受一遍他们所经受过的东西，这时候就必须量力而行。

解决方案。结合自身实际合理制订交易计划或者交易系统。

心态管理提升训练

1. 注意转移法

除了炒单以外，大部分主观交易者在多数时候是没有事做的。对于已经设置好止盈位止损位的交易者来说，看不看盘并不会影响最后的交易结果，与其一直盯着盘面惴惴不安，不如放任不管，把自己变成局外人、旁观者。

保证交易系统的顺利执行的关键点就是在非开平仓的时间节点管住自己的手。最好的办法就是转移注意力，转移注意力最好的办法就是培养兴趣爱好，只要保证兴趣爱好健康有趣就行，比如书法、乐器、钓鱼等。这样，在持仓期间，就有了打发时间的事情，不用一直盯盘。

2. 预演行情法

很多交易者对自己设置的止损位和仓位其实是没有概念的，很多时候他们根本没有意识到某一笔交易的止损位会给他们带来大幅的回撤，这里就要求我们在制订交易计划的时候，必须预演行情。如果要参与某一个品种的行情，就必须考虑在其当前最大波动率的情况下，计划的仓位可能会导致账户权益波动的幅度大小。如果发现自己从心理或者经济能力上无法接受这个结果，就必须及时对交易策略进行调整，以达到交易计划中的仓位、止损位、止盈位与该品种当前的波动率、趋势度相匹配的目的。

3. 保持距离法

保持距离和转移注意力的原理是一样的，都是让交易者和行情之间产生物理隔离，属于治标之法。离市场稍微远一点，远到我们不会想要去干涉既有的交易计划，但又不能离得太远，失去对市场的正确判断。比如我的三半居对面就有一个人工湖，在交易时间开完仓或者没有交易机会的时候，我就去遛一圈，以保持和市场的距离，这样就不会乱作为或者不作为了。

除此以外，强制清仓休息也是一种不错的办法，比如连续亏钱，清仓休息！连续赚钱，强制休息！生病了，强制休息！心情不好，强制休息！

4. 心理暗示法

前两种办法都是治标之法，可以在一定程度上缓解心理障碍，但是不能从根本上消除。要想从根本上解决这个问题，必须从骨子里把这些陋习或者错误的思想、心理根除，那么最好的办法就是心理暗示。

我们思考一下交易者和市场的关系，就更加清楚应该干什么。期货战争理论认为期货的本质是战争，一个交易者的身份，实际上是由统帅和士兵合成的，也就是说我们既是决策者，也是执行者。

在交易之前，比如复盘阶段或者交易系统设计阶段，我们是统帅，是决策者，我们的任务是制订交易计划或者交易系统。而在交易时，我们的身份立即变成了执行者。将军说不赚 1000 元不准走，哪怕是到了 999 元也不能提前开溜；将军说 3820 点是我们的底线，不到 3820 点坚决不能撤，但是到了必须立即撤。除非最开始在决策的时候还有其他的方案，比如盈利超过 500 元之后必须设置保本，否则军令如山，作为士兵，就应该一丝不苟地执行将军的指令。我们之所以会有以上种种的心理障碍，除开我们作为决策者的水平可能有所欠缺以外，最主要的原因往往是我们作为执行者的时候没有贯彻决策者的指令。那么解决这个问题的核心，就是让自己在交易的时候，将交易者和决策者的两个身份剥离开来，杜绝在执行阶段临时修改决策。

对于优秀操盘手的培训，同样有非常多有用的方法，如下所示。

口诀法。此法可以根据自己的情况量身定制，最缺什么，就编什么口诀。比如某交易者不能坚决止损，可以编写口诀：坚决止损，绝不扛单！有空就默念，保管有奇效。我曾经看到过一个“建秋六不”原则：不思考、不行动、不努力、不自信、不害怕、不后悔。这也是个非常不错的口诀。

诵经法。这是口诀法的升级版，看看庙里的那些高僧哪个不是背书大能，通过长久的背诵，把书本的精要刻进自己的灵魂深处。为此，我专门写了《文言文版期货战争论》附于本书后，其文提取了本书最精华的部分，凝练成简短精悍的文言文形成的短文，供期货战争派的成员们背诵，以加深他们对期货市场以及期货战争理论的理解。

期货交易者宣言。此宣言有纪律要求、学习要求、执行力要求，每天交易前可以当成一个仪式来宣誓。长此以往，在反复的心理暗示当中，我们真的就可以成为宣言中所描述的那种交易者：

我立志成为一名优秀的期货交易者，坚决贯彻期货战争理论，不断完善交易系统，严格执行交易纪律。不打无准备之仗，不开赌气单，不孤注一掷。不骄不躁、不气不馁，以成为期货市场明星然后功成身退为最高奋斗目标！

舍价取势

第 5 部分

历史行情复盘

理论可以指导实践，实践可以检验理论，两者相辅相成，不可偏废。通过用期货战争理论复盘历史行情，除了可以加深交易者对本书的核心思想的认识，还能验证期货战争理论中的一些论断。本部分内容选取2018年以来五个重要的历史行情，其中苹果具有极强的周期性走势，与自然灾害等高度相关，而鸡蛋则是接近于工业品的生产模式，但有极短的保质期，两者同属于农产品，但却是完全不同的走势风格。煤炭是重要的工业中间品，其下游统称为煤化工，它的变化也相应地影响着下游品种的价格走势，而且它本身也是一种重要的能源，研究煤炭的各种走势影响因素可以起到触类旁通的效果。纯碱则是国内化工类产品的重要代表。作为全球数一数二的工业大国，我国很多品种的走势具有国外大气候、国内小气候的特点，如何因时制宜、因地制宜地看待这些品种的走势也是交易者需要面临的重要命题。集运欧线既非工业品也非农产品，但是与全球的经济情况、地缘政治息息相关，还是唯一的散户能参与的指数型期货品种，具有极强的代表性。

第十八章　昂贵的苹果

在前面的内容里面我们讨论过，在期货行情中，尤其以农产品对消息的反应最为剧烈和持久，因为农产品的生产具有明显的周期性和不可替代性。其中天灾对农产品的影响巨大，一旦发生减产，其产量的缺口至少要等到下一个生产周期才能结束。这种周期短则数月，长则一年。

图 18-1 显示的是 2018 年苹果的行情，可以看见它上演了多么精彩的一幕。复盘这个品种的走势，有助于我们掌握农产品的行情规律，起到举一反三的作用。同时复盘也应是交易者的基本功之一，知道以前发生了什么，才能知道未来将要发生什么。

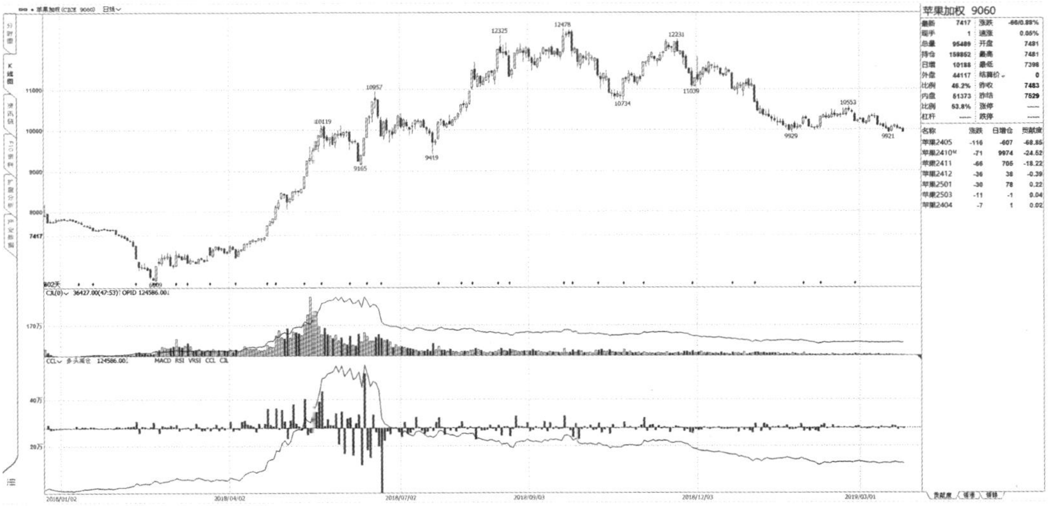

图 18-1　苹果加权日 K 线图 1

苹果的基本面

对于任何品种的基本面，期货战争派的观点都是只需要知道大概即可。我们多次强调过，对于散户来讲，进行基本面研究的成本过于高昂，难度也非常大，研究出来的准确度也不见得高，对交易的作用也很小，所以对于品种的基本面，我们不需要投入过多的精力。

就苹果而言，对其基本面我们只需要抓住主要矛盾和关键因素即可，总结起来，大致包括这几方面的内容：基本资料、产地产量、交割标准及方式、相关品种、影响因素。下面我们来逐项介绍一下。这些信息都可以通过网络查询获取。

①**基本资料**。苹果原产于欧洲中部、伊朗北部、俄罗斯高加索南部一带，一般生长在山坡梯田、平原旷野以及丘陵等地。苹果喜光、耐寒，要求较冷及干燥的气候，不耐瘠薄，适生于土质疏松、深厚肥沃、排水良好的中性或微酸性的砂质壤土。繁殖方式有块茎法、嫁接法、播种法、扦插法，自然繁殖的方式是以种子进行传播，其中嫁接繁殖最快。以上这些信息只需有基本的了解即可。

②**产地产量**。苹果在我国主要有高原产区、渤海湾产区、黄河故道产区、西南产区、新疆产区和东北产区六个主要产区，全国总年产量接近 5000 万吨。产地和产量对于期货交易者来说，算是比较重要的信息，但是我们散户并不需要了解得特别清楚，我们只需要关注产地有没有发生天灾。而关于产量，有两个最关键的数据，一是套袋数据，二是库容比。但是对于这些数据，我们甚至都不需要知道具体的数值，只需要知道它们的相对变化或者预期的相对变化即可。

③**交割标准及方式**。交割标准的重要性很多时候甚至超过了供求数据，因为这直接决定了空头是否能提供足够多的货源在市场上进行交易。具体的标准及方式各位读者可以自行查阅交易所的公开信息。

④**相关品种**。和苹果类似的周期性水果都与苹果有一定的相关性，例如梨、香蕉、砂糖橘等。这些水果的产量与价格波动都会对苹果造成影响。

⑤**影响因素**。一个品种的行情影响因素实在是太多了，在期货战争理论里我反复强调要抓住关键因素、忽略次要因素。在这里我们只需要坚持以下原则：首先是

判断这个品种当前有没有某个影响因素对行情造成了巨大的影响，其次是这个影响能不能持续，最后是我们能否在交易中利用这个因素。如果这三个条件都达到了，这个品种才是有价值的，这段行情才是可参与的。在苹果这个品种里面，天气状况、套袋数量、库容比、交割条件、时间及方式是最重要的几大影响因素，我们只需要盯住它们即可。

行情发展梗概

2017年年底，乘着脱贫攻坚、助农富农的东风，苹果这个品种在郑商所上市。在上市价格这个问题上，历来是存在一些矛盾的。交易所通常希望品种上市第一天能上涨，实现所谓的开门红，于是在敲定首日开盘的基准价时，他们往往想压价。但是作为市场上重要参与者的套保盘们，是非常希望基准价偏高的，因为这样才有套保的空间。随着在期货市场上市的品种逐渐增多，最终交易所放弃了对首日上涨的执念，转而配合套保盘们的需求，为他们套保提供一些必要的便利。

苹果期货的上市价，对于当时的现货来说相对偏高，于是在收出一根长上影线后，开启了一段时间的下跌行情。当时的苹果，销售的都是存货，距离新果开花尚有一些时日，在这种情况下，影响苹果价格的主要因素，就只有一个春节了。不过当年的销售数据实在太惨，甚至在春节前最后几天，期货价格出现了加速下跌。

如图18-2所示，这一轮下跌从2017年12月22日开始一直持续到2018年2月22日，刚好两个月。

此轮行情基本上是由现货商主导的，对于散户来讲，当时的这个品种，完全没有任何的参与价值。一是持仓量非常低，没有大资金的进入，行情的连续性很成问题；二是交易的时间很短，品种的走势规律还没有形成。

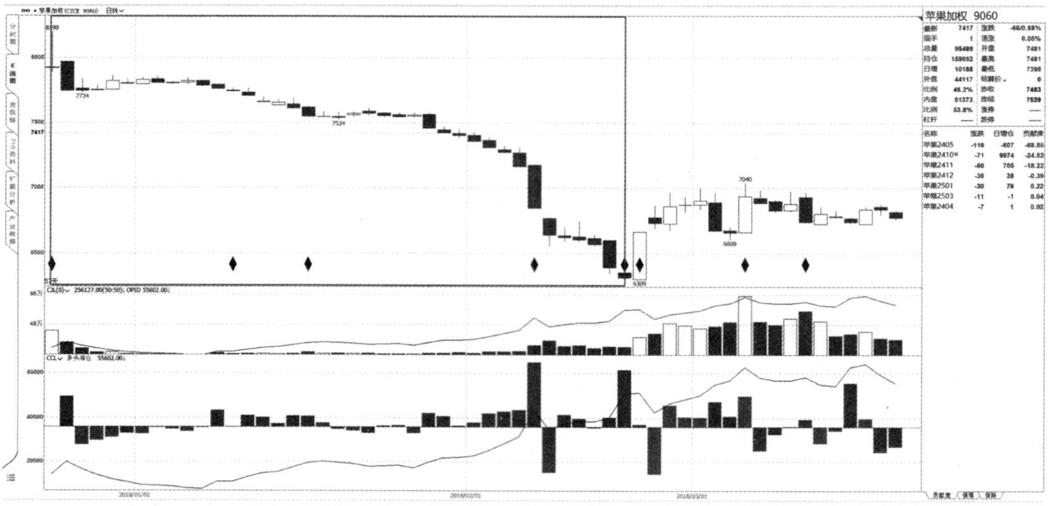

图 18-2　苹果加权日 K 线图 2

如图 18-3 所示，在 2018 年 2 月 23 日之后，苹果走出了一轮幅度较大的反弹，这一轮反弹一直持续到 4 月 23 日，为期刚好又是两个月。但是这两个月的上涨，持仓量增幅还不够大，对于散户来讲参与价值有限。同时在那段时间，苹果新果大部分尚未开花，这个反弹有些莫名其妙，行情本身就不好把控，而且当时的历史数据太少，甚至连 K 线图都还生成不了周期长一点的均线。当时出现的攻城之势，其可靠度是非常低的。

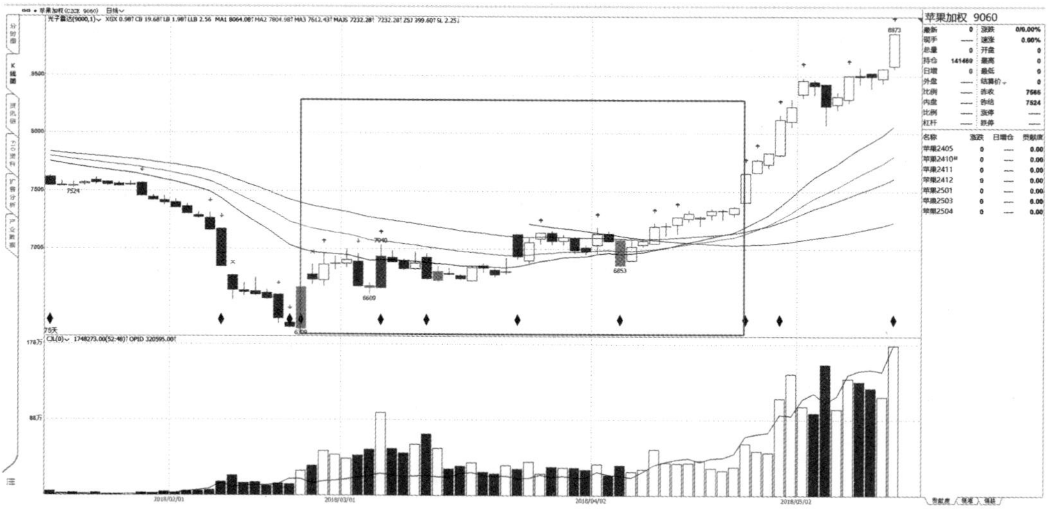

图 18-3　苹果加权日 K 线图 3

我们现在从马后炮的角度来看，苹果对于散户来讲，最有参与价值的一段行情在哪一段时间呢？从盘面看就是 2018 年 4 月 23 日到 6 月 21 日的这近两个月的时间（如图 18-4 所示）。

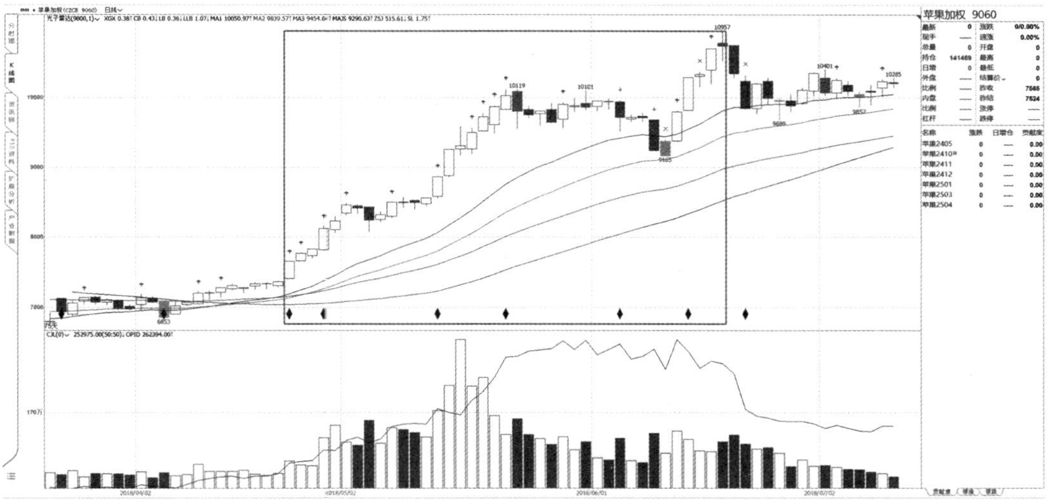

图 18-4　苹果加权日 K 线图 4

正是在 2018 年 4 月 23 日这一个交易日，苹果走出了增仓上涨的趋势，这是苹果合约总持仓突破 10 万手之后的首次攻城之势，但这一天还同时伴随有苹果发生冻害的消息。悬而未决的预期远比已经落地的消息影响更大，只要冻害这个事情对产量的具体影响没有落地，这个预期就一直存在。在这个预期存在的情况下，只要行情还在继续出现三种趋势的走势，我们就应当认定这一波行情还没有结束。如果前面的交易因为持仓量过低而被我们认定为菜鸡互啄的话，那么这一天之后，苹果开启了堂堂正正的多头走势。而 4 月 23 日这一个交易日，对于交易者来讲，也是最佳的进场机会。

在后面的走势当中，行情继续猛烈地上攻，开启了一波浩浩荡荡的上涨行情。我们在前面具体的交易策略章节中提到过，增仓突破在正常情况下是不能浮盈加仓的，但是如果存在没有落地的预期的情况除外。

期货战争理论为什么如此看重持仓量？因为持仓量越大，参与到行情中的资金越难以掉头，那么行情的持续性就越强。在苹果这一波行情里面，什么时候出现反向的走势并配合大减仓，可能就是行情结束的预兆。如果出现反向的走势并配合增仓，则意味着原本的行情对手盘可能在垂死挣扎，后面还将有更加猛烈的进攻出现。

行情持续到 6 月 12 日，苹果合约的持仓量达到了这波行情的最高值 54.9 万手。此后短短的 6 个交易日，持仓量骤减至 31.8 万手，宣告多头主力的大逃亡顺利结束（见图 18-5）。

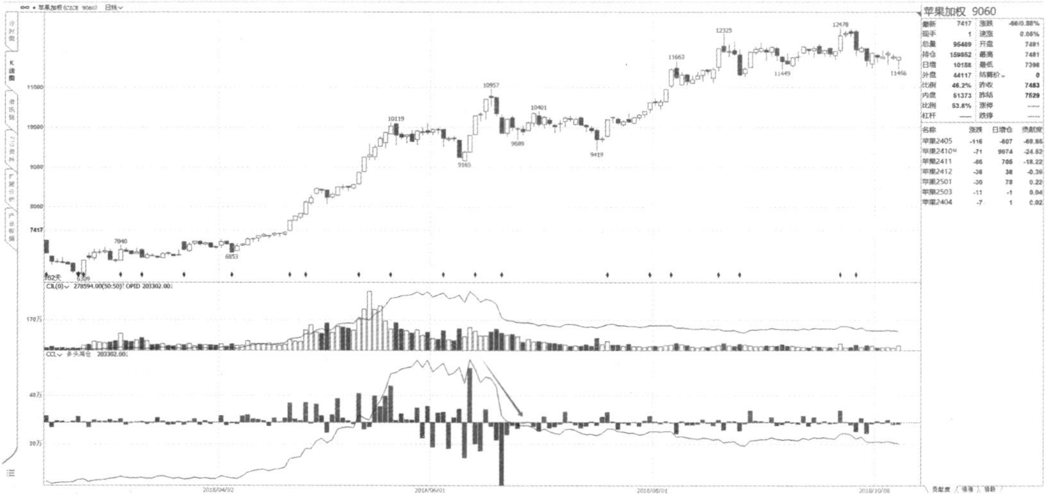

图 18-5　苹果加权日 K 线图 5

而后行情一直横盘，直到 7 月 18 日重新开始上涨，但是这次的上涨并没有伴随持仓量的增加，已经不能算是历史级别的大行情了。9 月 18 日，苹果指数达到峰值，从此开始漫漫熊途，一轮史诗级的行情宣告完全结束。

关键战术分析

回顾整段行情，苹果的主要趋势是攻城之势。其中出现了不少的连续增仓突破走势，这就是非常标准的阵地战。在这段走势中，我们如果单独研究每个交易日的价仓量走势，可以发现这样的规律：每个交易日开盘之后，价格都会伴随着持仓量的增加而持续攀升，而等到收盘的时候，持仓量则会猛烈减少，但整体上持仓量不断创新高（见图 18-6）。这其实就是空头在里面节节败退的走势。每天开盘之后，原先盈利的多头，利用自己有浮盈和资金规模的优势，继续放出大量的买单，不断推高价格。此时参与做空的交易者，都是广大的、为市场提供对手盘的散户。

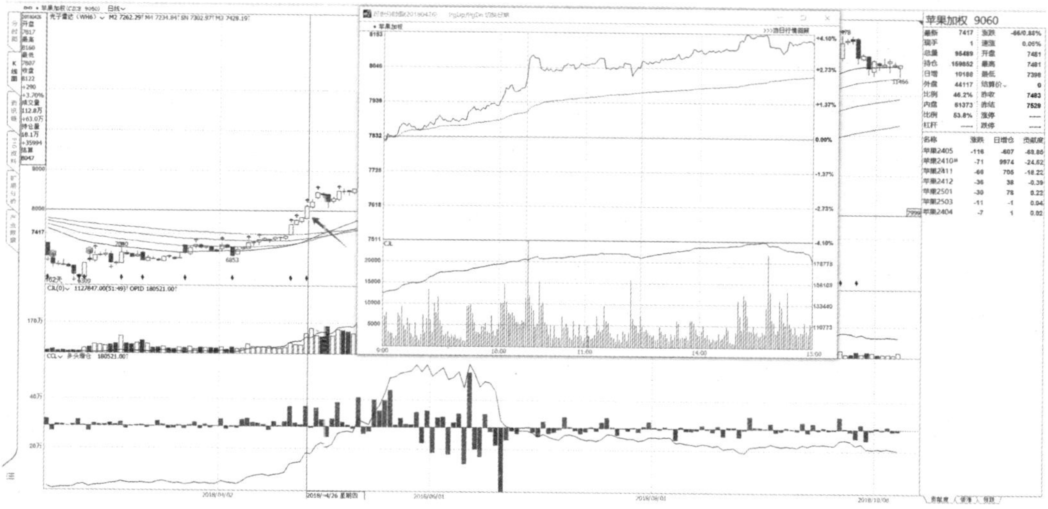

图 18-6　苹果行情回顾图

那为什么在尾盘的时候会呈现减仓的走势呢？首先，这些短线的交易者本身有尾盘前平仓的需要，而这里面的空头如果仓位过重，则有可能被交易所要求追加保证金，这一部分人不得不平仓。而开盘后推高价格的那一部分交易者，也需要趁势减掉一部分仓位，将资金留到下一个交易日继续推高价格。在这几波人中，多头占据主导地位，所以价格最差也是稳在原地不动，而如果空头发生了踩踏则有可能出现大幅的减仓上涨。那为什么最终的总持仓量往往呈现出增仓的结果呢？因为多头里面存在大量的浮盈加仓的操作。由于行情上涨，多头进一步获得优势，而那一部分不愿意认输的空头，则在里面和多头的加仓盘形成了对手盘，由此产生了持续的增仓上涨。

除阵地战以外，苹果行情中还有非常明显的舆论战。从 4 月 23 日冻害天气发生开始，市场上各大媒体所炒作的内容，主要就是冻害对苹果产量的影响，也就是苹果减产的程度。

这个减产的事实是客观存在的，唯一不能确定的就是减产的规模。这个问题也导致了很多散户交易者在随后的行情中看空做空，比如他们认为减产预计规模为 30%，实际减产程度不到这个标准，这样就可以做空了。这种认识是非常错误且幼稚的。我们在基本面的章节中讨论过，一个改变基本面的消息能成为行情发生转折或者延续的标志，例如 4 月 23 日的冻害天气。在这个预期没有完全落地之前，不论它的影响程度是否发生变化，都无法改变行情的发展方向；而当它完全落地的时候，反而意味着行情即将结束。

名震期货市场的北丐傅大户在此轮行情中名声大噪，他是此轮行情中的主角之一，也是多头主力的代表人物之一，他所推崇的现货调研以及所谓的天道思想在日后甚至开创了一种新的行情分析模式。2018 年 6 月 10 日前后，这批多头主力组织了一场声势浩大的调研活动（当年我曾看到过新闻，因时间久远，没能找到相关新闻的截屏）。6 月 12 日，随着这场调研活动的报告发出，多头主力对空头展开了最后的决战。当日苹果指数增仓 20%，涨幅高达 4.51%，也正是这一击，让空头再也无法承受，不得不砍仓认输。而多头们则顺势平仓，成功掩护大部队撤退（见图 18-7）。

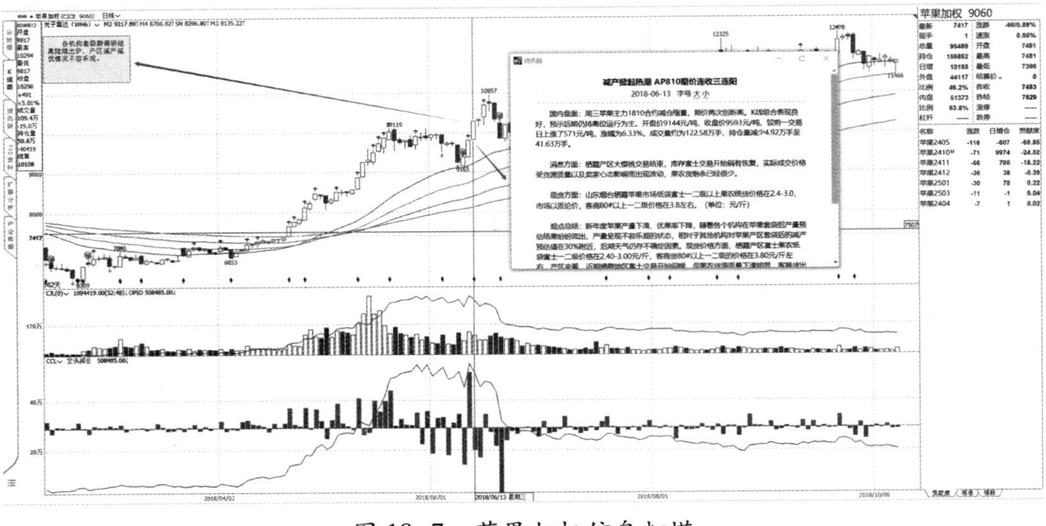

图 18-7　苹果加权信息灯塔

在这场调研活动开始之前，我们就大致可以知道调研报告的结果。多头是不可能得出空头想要的结论的，所有的一切都是为了击溃空头的心理防线，实现巨大的多头特色平仓，兑现前期的盈利。

图 18-8 是我在查询历史新闻的时候看到的当时的一篇新闻评论。这个交易者在凌晨一点多发布了这条评论，我们可以猜到他应该就是这波行情的空头之一，因为亏损而失眠看到了这条新闻。这个评论粗看貌似很有道理，细品其实非常地幼

稚，反映其对期货本质的认识非常欠缺。首先苹果是否减产、质量高不高并不重要，重要的是大部分交易者认为它到底是不是减产、质量高不高。至于要求郑商所去查证，事实上就是要求裁判下场拉偏架，这也是不可能的。交易所作为裁判，能做的实在有限。

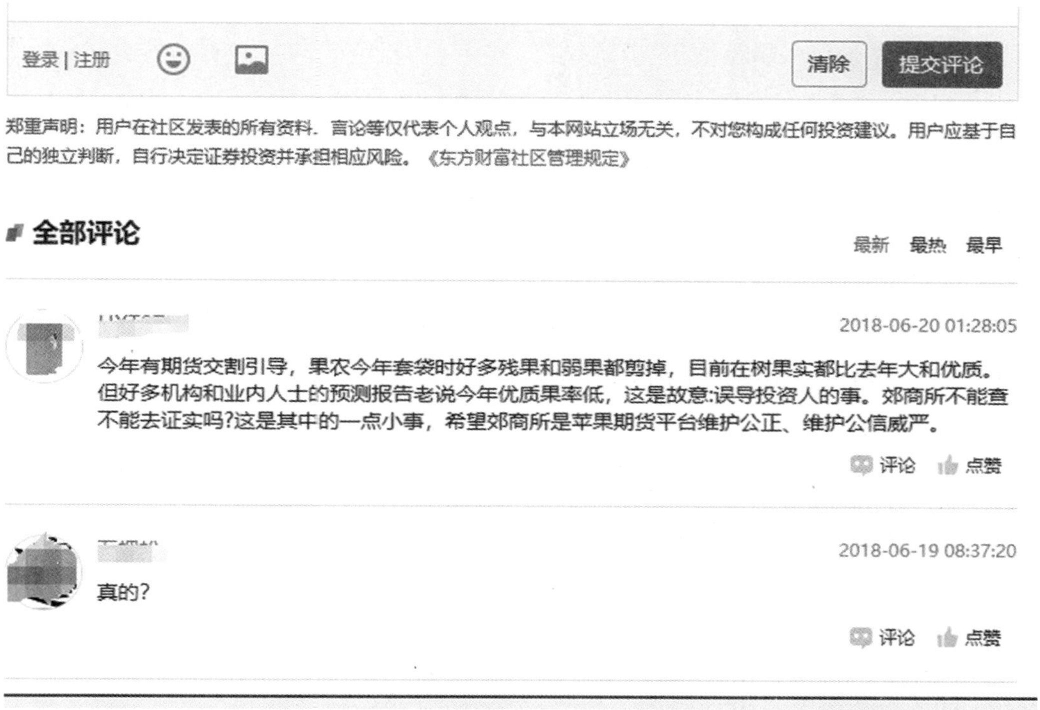

图 18-8　针对苹果行情的历史评论

由于苹果合约在上市之初设计的交割月份为 5 月、7 月、10 月、11 月、12 月，这几个月份都不太可能发生时制之势，所以当年的走势里面并没有崩盘之势和时制之势。现在苹果的交割月份是交易所已经做了修改的，并且将苹果当初一手 20 吨的合约数量修改为了一手 10 吨，其中的变化，各位读者可以根据“得意忘象”的指导思想灵活处理。

第十九章　反复的鸡蛋

2020 年的 5 月至 8 月，鸡蛋期货走出了一波历史性的行情。在连续的 4 个月时间里，主力合约从正常的跨月移仓变成了逐月移仓，连续 4 次展现了时制之势的威力，其 4 个合约的复合行情幅度超过了 1500 点。当时的我轻仓参与了整段行情，直到我总结出时制之势之后，才意识到这段行情具有重要价值。估计在未来很长一段时间内，都不会再出现如此精彩绝伦的行情了。

在图 19-1 中我们可以看到，在历史行情中，这段行情的持仓量以及成交量都非常显眼，截至本书定稿之前依旧是鸡蛋行情中最活跃的存在，这就是当年大战留下的痕迹。下面我们来进行复盘。

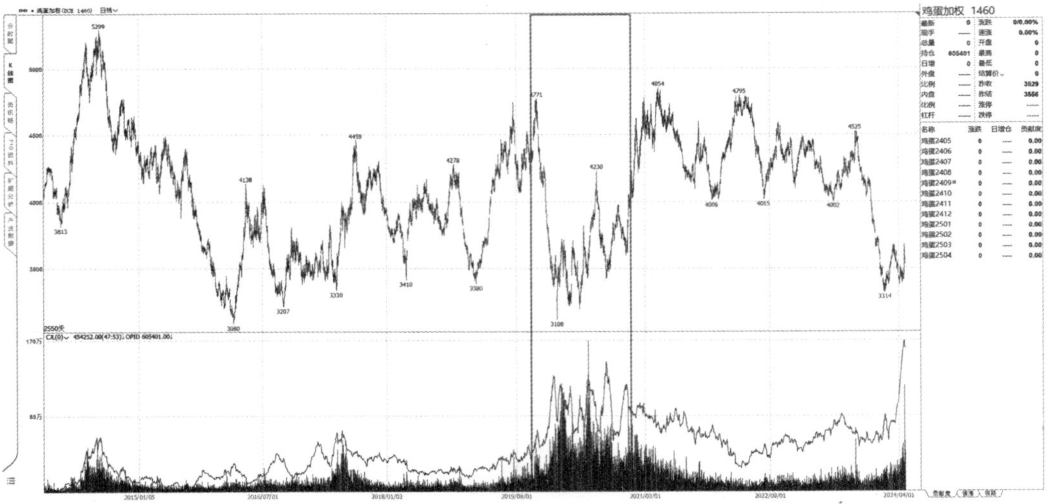

图 19-1　鸡蛋加权日 K 线图

行情发展梗概

行情的开始要从 2020 年的劳动节说起。节后恢复交易后我在复盘的时候发现，按照正常的规律，当时的鸡蛋期货主力合约应当从 05 合约变成 09 合约，却变成了 06 合约，同时大幅低开来到了前低点附近。要知道当年鸡蛋行情很差，前不久价格才创了 3 年来的新低，如果再往下走，又要破纪录了（见图 19-2）。

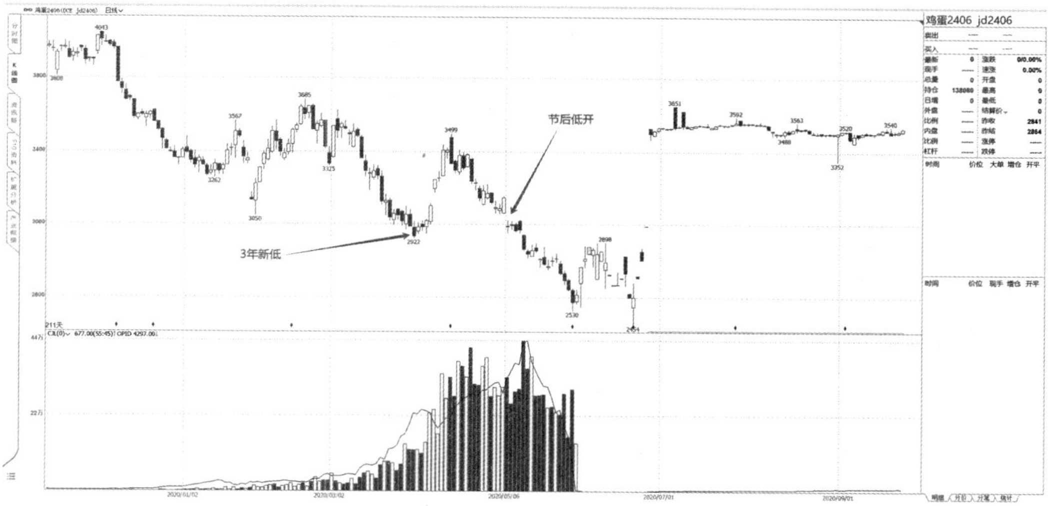

图 19-2　鸡蛋 06 合约日 K 线图

本着事出反常必有妖的原则，我关注了鸡蛋 06 合约。当时的消息面上确实有对鸡蛋非常不利的消息出现，其中最重要的，当数当时创了天量的 14 亿的存栏鸡数量。而当时的鸡蛋加权上，总持仓量约 30 万手，仅 06 合约就独占 16 万手，并且在随后的 3 个交易日增加到了 21 万手。分析到这里，我默默地在 06 合约上画了 2922 的条件单，2922 元正是 06 合约在 2020 年 3 月 30 日创下的最低价。

在我画好线的第 4 个交易日，鸡蛋 06 合约破位触发了我的空单，同时一泻千里，在短短的 13 个交易日下跌了 400 余点，跌幅高达 14%。我当时设置了止盈点，在盈利 200 点左右的时候出局了。

如图 19-3 所示，随着行情的发展，我发现鸡蛋的主力合约又从 06 合约移到了 07 合约。嘿！这可真是奇了怪了。进入 6 月之后，07 合约的价格又逐渐下跌，来

图 19-3　鸡蛋 07 合约日 K 线图 1

到了 07 合约的前低附近，面对这种故技重施，我当然也选择了进入，在 3092 点的价格画了一个条件单。

当时我的期货战争理论还没有完全成体系，便开始利用当时的经验总结起这个行情。我发现 06 合约最终是以多头主导的大减仓走完的整段行情，07 合约上此时还有 15 万手的持仓，距离进入交割月只有 15 个交易日了。这意味着平均每天至少要减仓 1 万手，如果空头不愿意平仓，那么多头只能以低价的方式斩仓，最终才能退出来。于是我得出结论，除非多头彻底认输，不然可以一直持有空单到底。

那怎么样算认输呢？我认为一是大减仓，二是大跌。2020 年 6 月 18 日，市场上出现了大减仓，并且前一个交易日出现了跌停，第二个交易日又高开，这种情况下我果断下移止损线，结果当天价格反弹，碰到了我的止损线。我恍惚记得当时的成交价好像是 2768 点，短短的 8 个交易日，盈利 320 点，这一波下跌的幅度高达 10. 5%。而当时的 08 合约不出意外地，在 07 合约之后也变成了主力合约。

在这个过程中，我还发现了加权合约与各合约之间的相对关系，完善了我的交易理论体系。具体情况就是，当时我发现鸡蛋期货各个合约明明价格在不停地下跌，加权却在上涨。通过分析我发现，原来是因为加权是以各个合约的持仓量为权重计算出来的各个合约的价格加权平均数。当时的 07 合约相对于后面的合约价格更低，比如08合约在6月18日当天的收盘价为3531点，07合约在同天的收盘价为2782点，两个临近合约价格差高达749点。随着07合约持仓量的减少和08合约持仓量的增加，加权数据出现了失真，居然在两个合约价格没有任何波动的情况下，仅仅依靠持仓量的变化就实现了加权指数的上涨。

在当时的行情里面，还有另外一个规律，那就是在前面两个月的行情中，鸡蛋加权指数一直是增仓下跌，减仓上涨，非常精确，如图19-4所示。

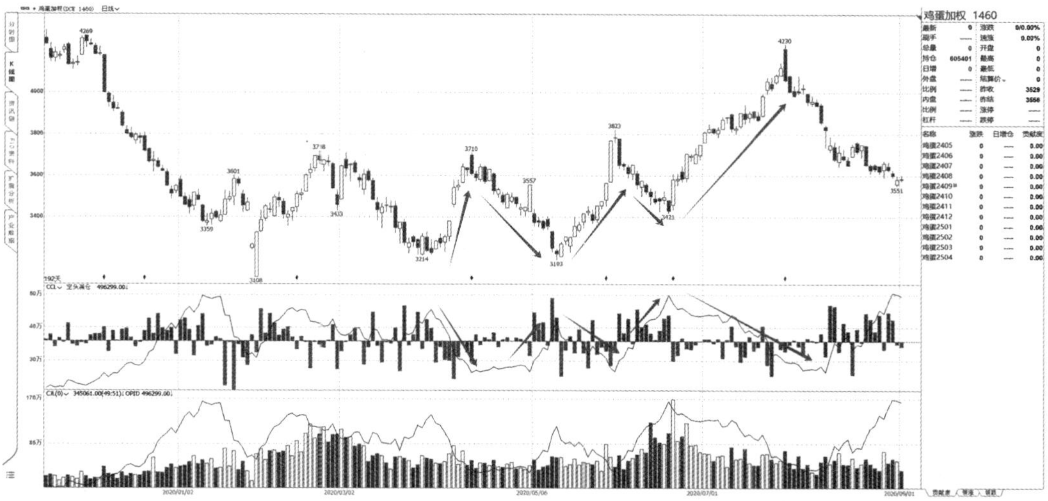

图19-4　鸡蛋加权指数增仓下跌，减仓上涨

而6月18日、19日两天鸡蛋加权的总持仓量出现了大减仓，由此我猜测，鸡蛋08合约有可能会反弹。于是我做了两手准备，一是在3396点的价格画线做空，二是在3624点的价格画线做多。当时我的想法是，鸡蛋行情有可能故技重施，但是从加权上看又有反弹的可能，我干脆将选择权交给行情自己，它往哪边突破，我就往哪边开仓，如图19-5所示。

最后的结局是，鸡蛋08合约在我画线后的7月2日，跳空往上突破，走出了一波大的反弹行情，甚至在7月21日来了个涨停。但是当时的我做空已经有了惯性，轻仓突破追多已经是我最大的勇气，于是多单持仓在涨停的半山腰上就平仓离场了。如果以7月28日的最高价4300点算，此轮反弹676点，涨幅高达18.7%。

08合约结束，主力合约总算是移到了正主09合约的头上。不过09合约没有前面三个合约的连贯性了，我从8月2号的假突破4406点进场，一直拿到了8月14

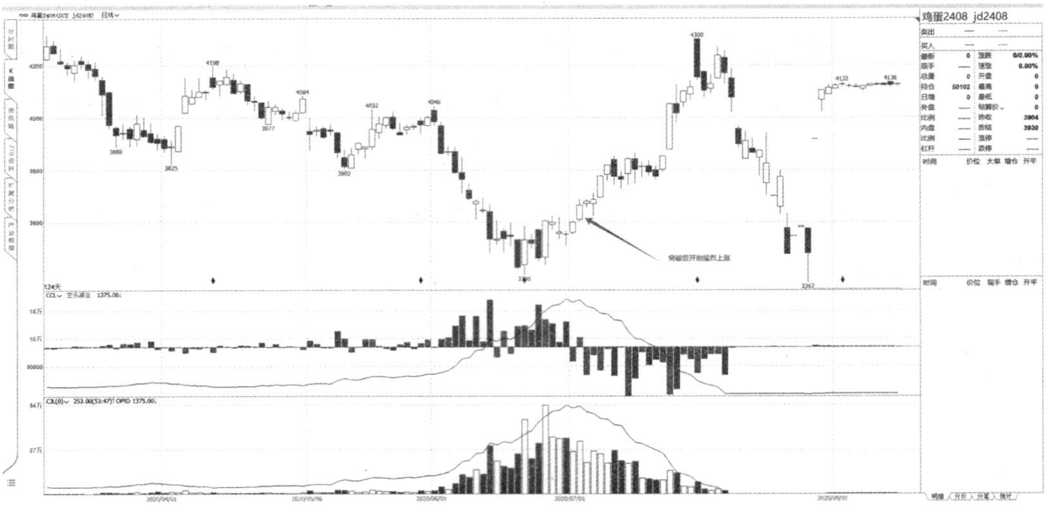

图 19-5 鸡蛋 08 合约日 K 线图

日高开时 4140 点附近离场，总获利 200 余点，如图 19-6 所示。

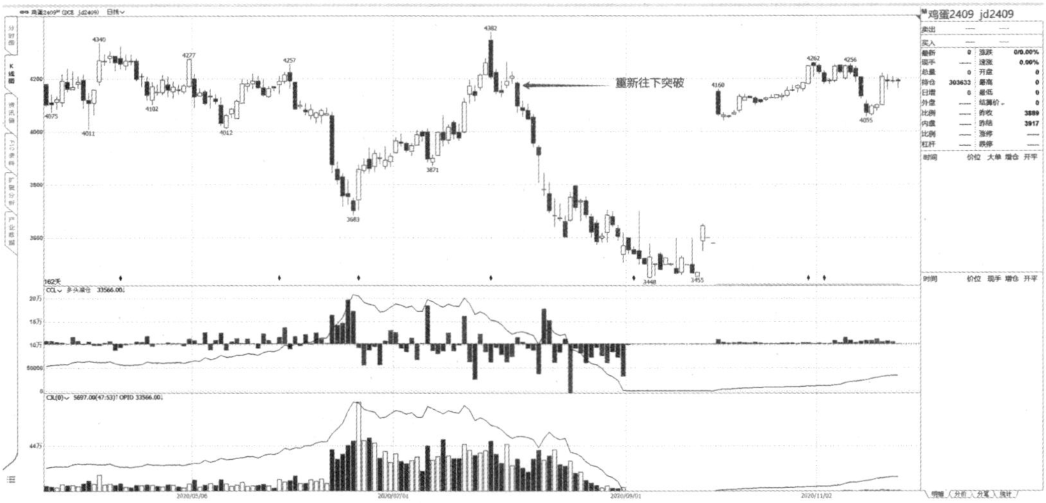

图 19-6 鸡蛋 09 合约日 K 线图

至此，为期 4 个月的鸡蛋行情宣告结束。

关键战术分析

这连续4个月的鸡蛋行情中出现的趋势都是时制之势。几个合约都是在行情只剩下一个月时间就进入交割月的时候成为主力合约，最终在时间的压制下，其中一方不得不认亏平仓出局。

前两个合约中，价格都是逼近历史前低附近。在这个位置上，普通的散户是不敢做空的。如果我们站在“利益”的角度来看，此时有资金如此大胆地低价做空，其必是大主力。

我们还可以发现，在06合约处于最后下跌阶段的时候，07合约却在上涨。这实际上是06合约上的多头不甘于失败，将原来的多头持仓移往07合约导致的。06合约多头移仓到07合约上面，很明显空头有意放水。06合约行情结束后，空头调转枪头再次进攻07合约的多头，重新将多头推到地狱，如图19-7所示。

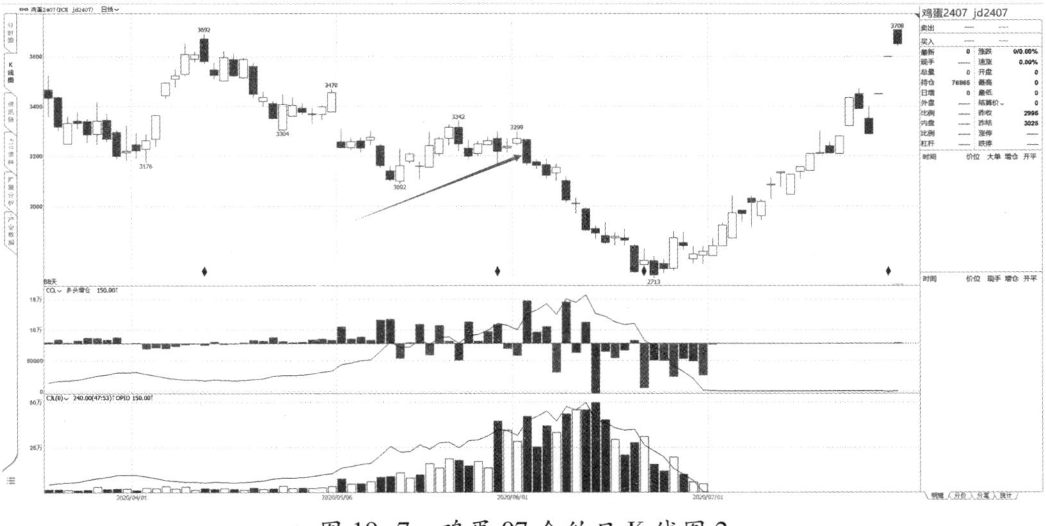

图19-7　鸡蛋07合约日K线图2

或许有的朋友会问，为什么08合约的反弹不是崩盘之势呢？因为按照崩盘之势的定义，其发生的时间不能在近月。08合约的持仓量崩溃发生在7月，此时已然进入近月，所以只能将其认定为时制之势。

唯一比较遗憾的是，鸡蛋并不是一个适合浮盈加仓的品种。由于鸡蛋的保存时间相对较短，为了防止被有心之人恶意利用来进行炒作，交易所在其合约的设计之初，就设定了非常严格的最大持仓手数限制，普通散户在当时的最高允许持仓为300手。也就是说浮盈加仓的极限很容易达到，无法实现因粮于敌的效果。

第二十章　疯狂的煤炭

化工类目的期货品种一般分为原油化工、天然气化工、煤炭化工三个板块。其中煤炭既是煤炭化工的上游端，又是重要的能源，与黑色系期货还有很深的渊源。当它发生重大的行情的时候，其影响之深、范围之广、幅度之大，直叫人叹为观止也。

2021 年 8 月至 11 月，在国家能耗双控政策的大背景下，以动力煤、焦煤、焦炭为首的煤炭板块暴涨，并带动煤炭化工下游的 PVC、甲醇、尿素、乙二醇等品种，电力相关的铝、锌，黑色系期货相关的锰硅、硅铁跟着暴涨，上演了多轮精彩无比的行情。如图 20-1 至图 20-3 所示。

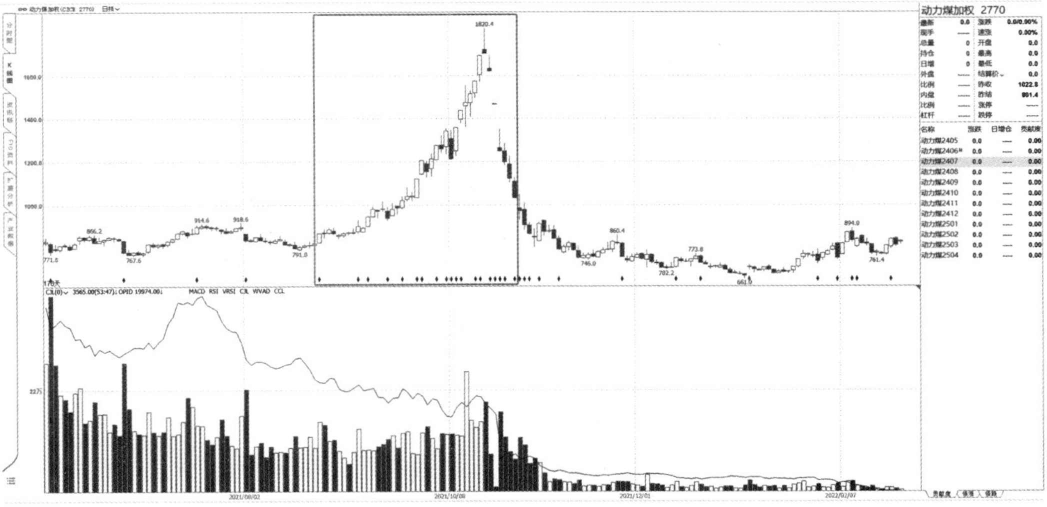

图 20-1　动力煤加权日 K 线图

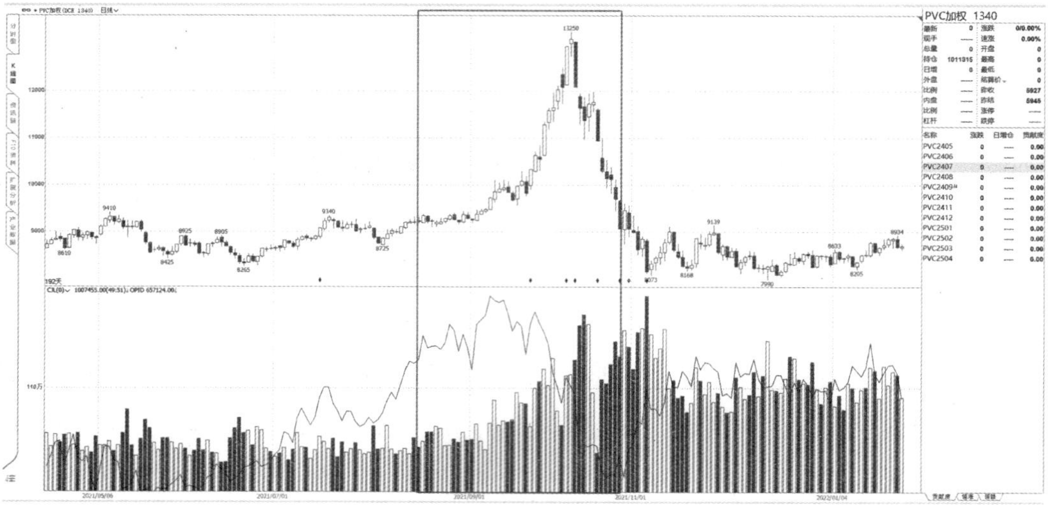

图 20-2 PVC 加权日 K 线图 1

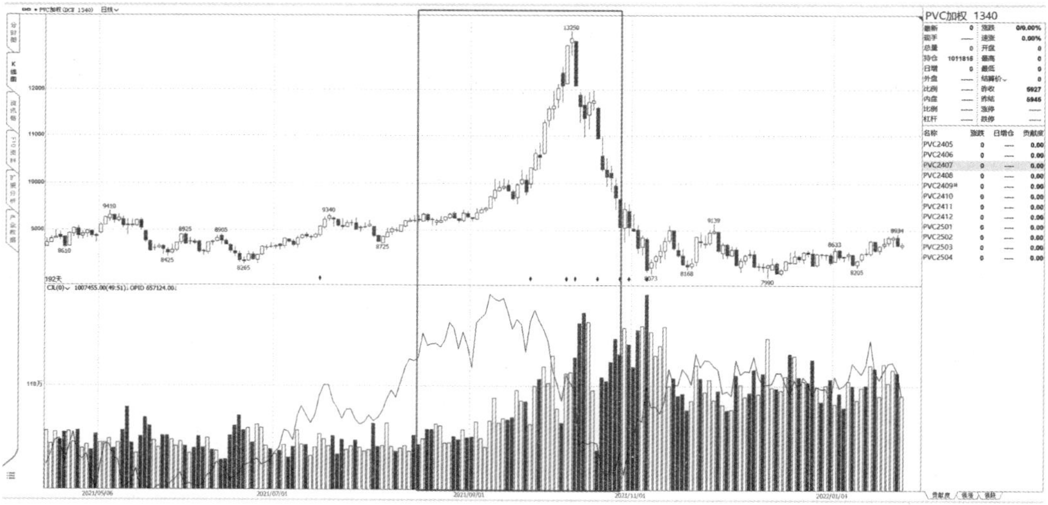

图 20-3 PVC 加权日 K 线图 2

其中，动力煤更是在行情结束之后被打入冷宫，持仓量与成交量双双归零，变成了一个无人问津的品种。下面我们就以动力煤为主角，来回顾一下这段波澜壮阔的行情。

动力煤在最后的这几个月疯狂之前，实际上已经走出过一次史诗级的大行情了。如图 20-4 所示，在 2020 年 4 月到 12 月这段时间，动力煤加权指数从最低的

475.4 点一直涨到 743 点，涨幅达到 56.3%。在经历了约两个月的调整之后，再次从最低 590 点涨到了 956.8 点，这一次的涨幅高达 62.2%。随后持仓量呈现斩仓式崩溃，从最高 48 万手回落到 25 万手，价格也回落到了 700 点左右。没过多久重新开启一段暴涨，最终到达本轮超级行情的最高点 1820.4 点，第三轮涨幅高达 160%。如果从最初的最低点算起，其总体最大涨幅达到了 282.9%。

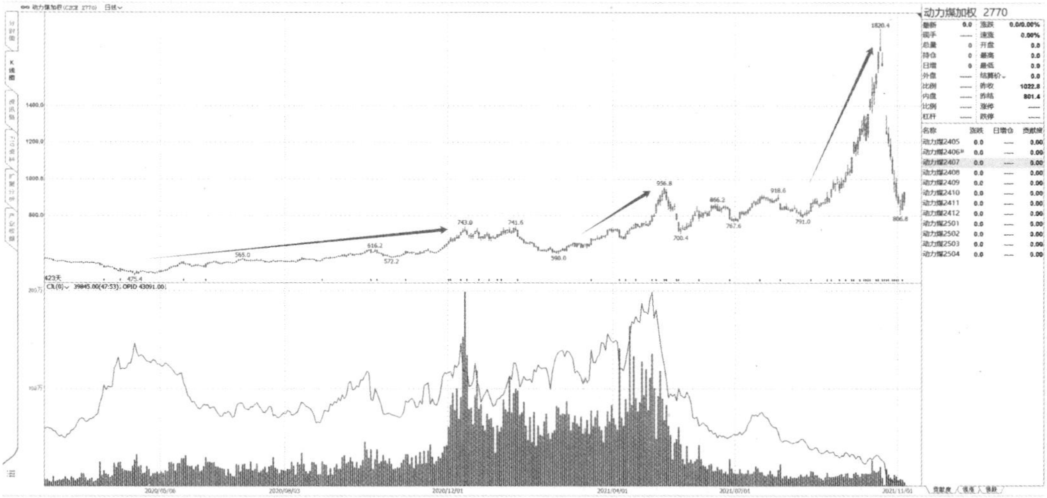

图 20-4 动力煤加权日 K 线图 1

综合来看，这几轮大的行情虽然都是上涨，但其实可以算作几次没有因果关系的大行情的组合。

我们首先来看第一次的上涨。在图 20-5 中，在首轮的上涨之前，动力煤其实已经经历了一波非常标准的下跌行情。在这波下跌行情中，持仓量持续上升，盘面上出现了连贯且稳定的空头攻城之势，且价格一直在 60 线以下运行，当时的空头主力完全主导了盘面。XGX 值在那段行情中长期保持在-0.9 以下，空头的控盘能力不容小觑。随后减仓反转，走出了崩盘之势，开启了第一轮反弹。

而在 60 线以下，盘面始终是以减仓为主导的，在这个过程中 XGX 值由负转正，多头开始慢慢主导盘面，一直到行情站稳 60 日线以后，才开始出现向上的攻城之势。后面的行情我们就可以看到出现了大量的连续的攻城之势。

第一轮的上涨是以什么为标志结束的呢？实际上就是以持仓量再次增加，想要突破前高却失败为标志结束的。

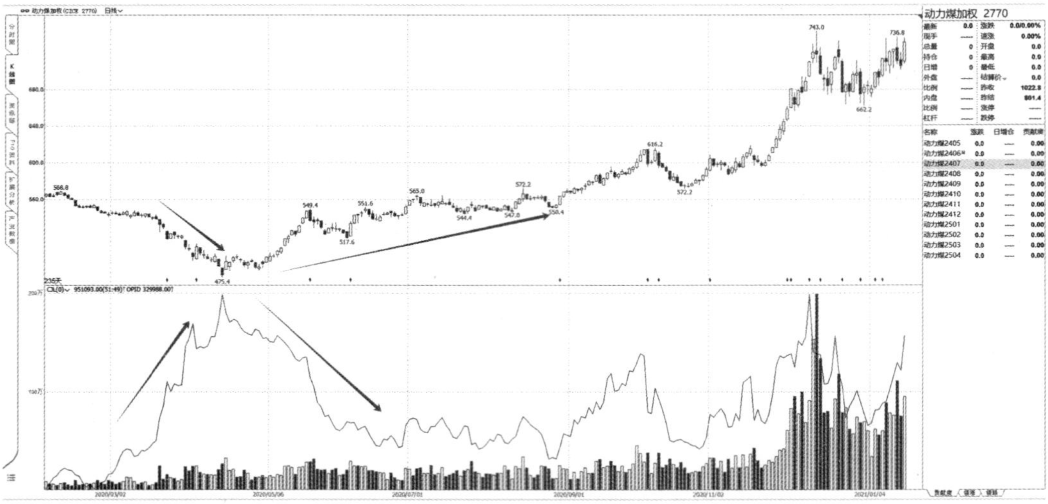

图 20-5　动力煤加权日 K 线图 2

在图 20-6 中，动力煤在经历了一轮减仓反转转向增仓上涨的大行情之后，行情在第一次冲高之后回落，并且持仓量在衰减之后迅速站稳。此后开始第二次上攻，这一次上攻持仓量和价格均向前高发起猛攻，最终以失败告终。进攻失败后 XGX 值暴减，多头的控盘力量完全消失。动力煤陷入深度调整，其间没有明显的多头、空头力量介入，行情长时间处于混沌状态。

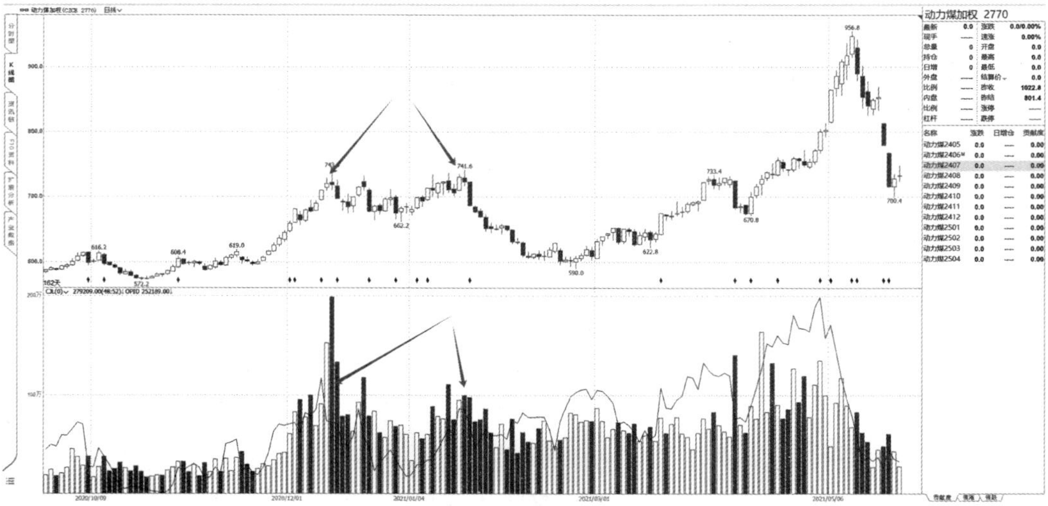

图 20-6　动力煤加权日 K 线图 3

如图 20-7 所示，第二轮大涨的标志性起点就是在 2021 年 3 月 17 日这一天，一个标准的攻城之势拔地而起，一举突破 60 日线。伴随着持仓量的持续增加，多头再次发起攻势。当时的主力合约 2405 上，就发生了一次标准的时制之势，如图 20-8 所示。

这期间，动力煤 06 合约配合 05 合约走出了一波连续增仓上涨行情，综合起来看是一次标准的围城打援，如图 20-9 所示。05 合约的空头为了自救，其中估计也有不服气的因素存在，罕见地没有将主力从 05 合约移仓到 09 合约，而是选择移仓到 06 合约。于是多头主力将 05 合约上的空头团团包围，同时面对 06 合约上涌出的空头援军，来者不拒，照单全收，最终 05 合约、06 合约两个合约上的空头被全歼。

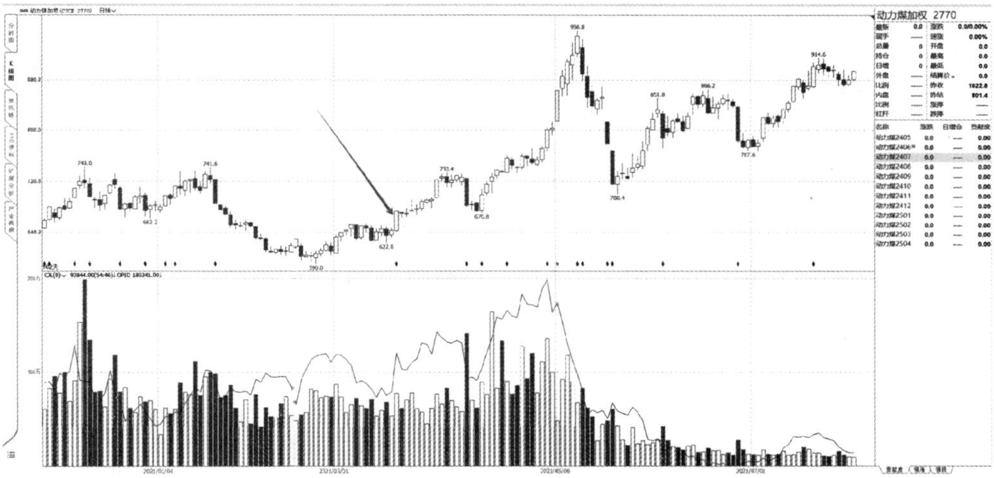

图 20-7　动力煤加权日 K 线图 4

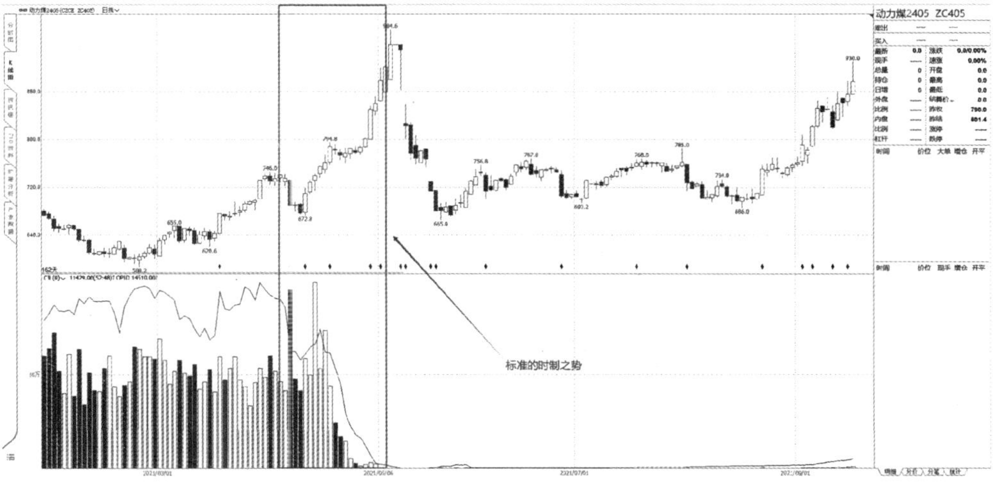

图 20-8　动力煤 05 合约日 K 线图

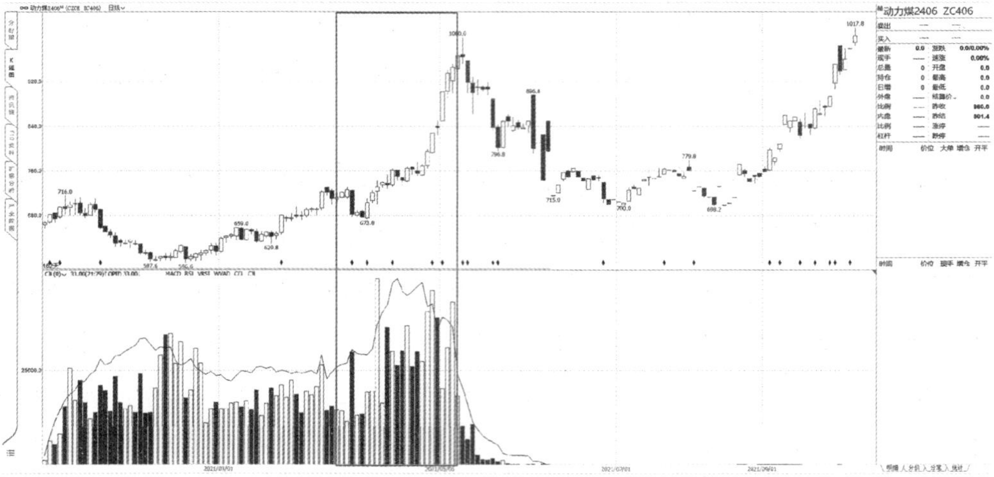

图 20-9　动力煤 06 合约日 K 线图

在以上行情发展的过程中，交易所也连续祭出杀招，先是提高手续费，后是提保、扩板，保证金比例甚至提高到了 40%，最终让这个品种实现了退热，持仓量暴减。繁华散去，留下的终究是一地鸡毛。当时的我认为，此时行情应当算是结束了。没想到随着“能耗双控”“缺电限电”两大出师之名的祭出，盘面上剩下的菜鸡们（或许是大主力，此时已经无法从盘面上直接判断出来了），居然造就了煤炭行情中最疯狂的一波涨势。

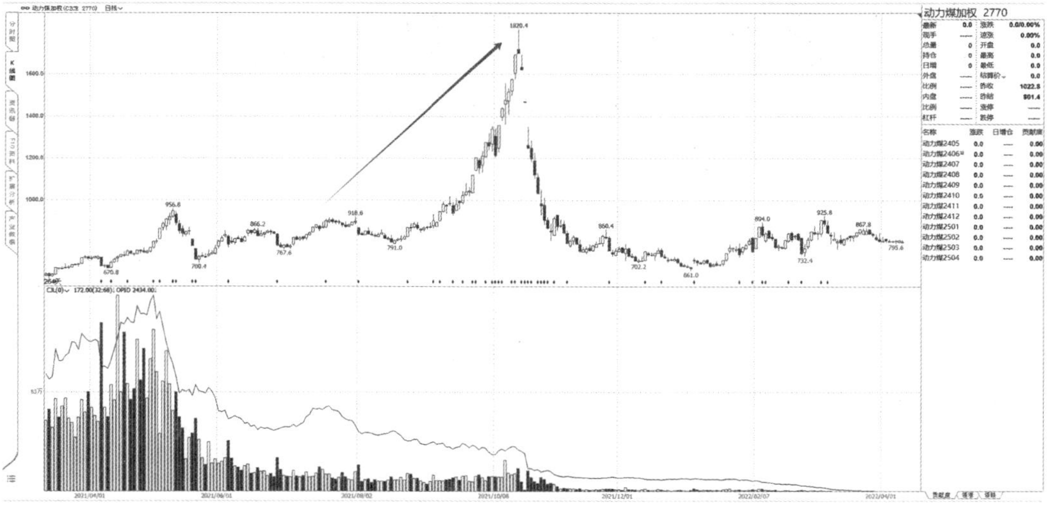

图 20-10　动力煤加权日 K 线图 5

如图20-10所示，在经历了3个月左右的横盘之后，动力煤再度开始拉升，期货价格一度追着现货价格跑。我们有一个常识：**现货追着期货跑，行情就长不了；期货追着现货跑，行情就没完没了**。受煤炭板块影响的所有品种，行情也在这段时间出现井喷的现象，每天都有惊人的涨幅，在整个交易所的历史行情中留下了浓墨重彩的一笔。

第二十一章　纯碱的黄昏

要问 2023 年哪个品种的行情最为精彩，纯碱说第二，就没有哪个品种敢称第一。在这一年里，纯碱先后经历了两次史诗级的空头行情，每一次都足以载入期货史。

从 2023 年年初的最高价 2794 点一直下跌到最低价 1490 点，累计下跌幅度高达 46. 7%，下跌时间长达 4 个月。并且在这轮下跌中，走势非常流畅，多头几乎没有组织起一次有效的反击，全程处于被动挨打的局面，如图 21-1 所示。

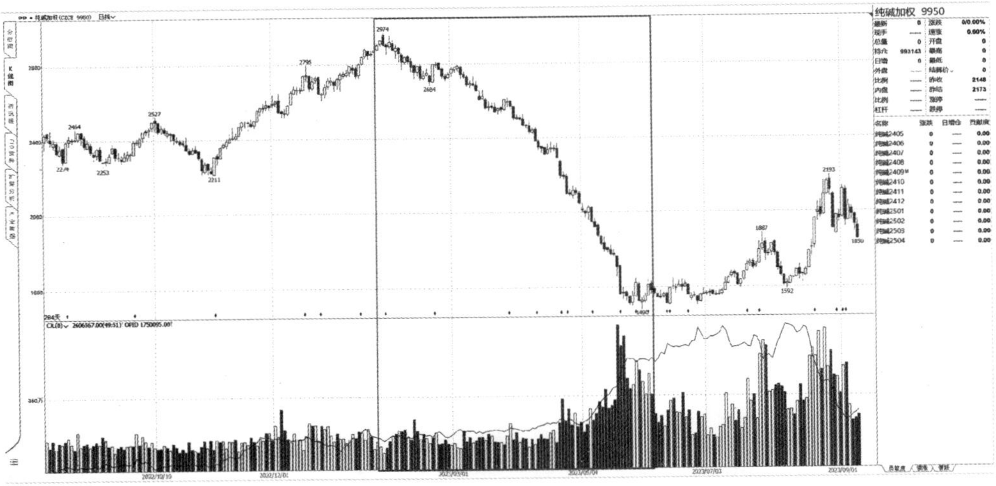

图 21-1　纯碱加权日 K 线图

相比于多头行情动辄翻倍的涨幅来讲，这次的跌幅确实不算什么，但是在空头中能有如此强劲的跌幅实属罕见。同年跌幅最大的碳酸锂从跌幅绝对值上确实超过了纯碱，然而纯碱最精彩的表现并非出现单纯的连续大空头，而是其在市场上出现的多空大逆转。从原来的空逼多变成多逼空行情，当时的主力 09 合约直接从最低价 1550 点反转暴涨到 3700 点，累计涨幅高达 138. 7%，如图 21-2 所示。这种戏剧性的变化堪称期货市场最为精彩的表演。下面我们来复盘当时的盛况。

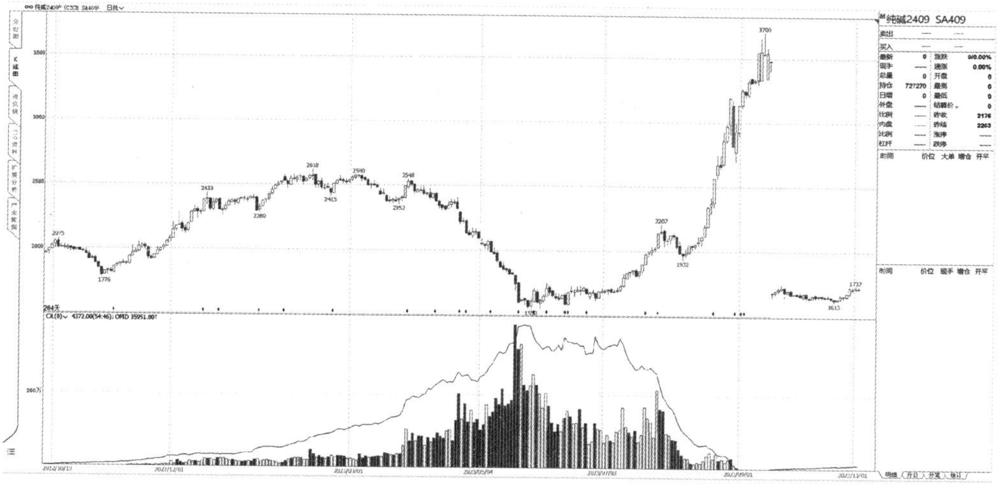

图 21-2　纯碱 09 合约日 K 线图

时间回到 2023 年 1 月底，当时的纯碱刚刚经历了一波较大幅度的多头行情，持仓量已经创下了上市以来的最高值。但是这一波上涨行情中，多头对行情的控盘力度并不强，只有上涨初期 XGX 值较高，在后面尽管上涨幅度还不错，但是多头的整体控盘力度不够，行情并没有形成非常强的趋势。从 2 月初开始，纯碱陷入阴跌状态，直到 2 月 21 日，纯碱指数在 60 线附近重新走出了一次攻城之势，做出了要再次上攻的架势。然而很快这一次攻城之势就被证伪，随后的几天阴跌让持仓量掉到了攻城之势之前的水平以下，攻城之势宣告失败，如图 21-3 所示。

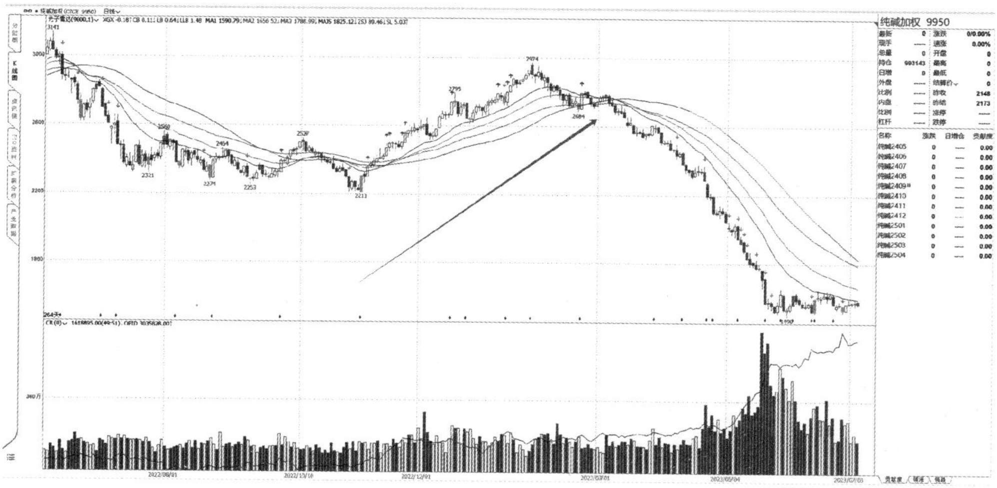

图 21-3　纯碱攻城之势失败

然而，在纯碱加权破掉了 60 日线之后，多空行情的博弈也没有分出胜负。此时的 XGX 值处于绝对值极低的水平，没有明显的控盘力量出现，说明多头还在积极组织反抗。一直到 4 月 6 日，出现了此轮下跌行情的第一个攻城之势。随后，XGX 值开始迅速下降，空头逐渐掌握行情的主动权，如图 21-4 所示。

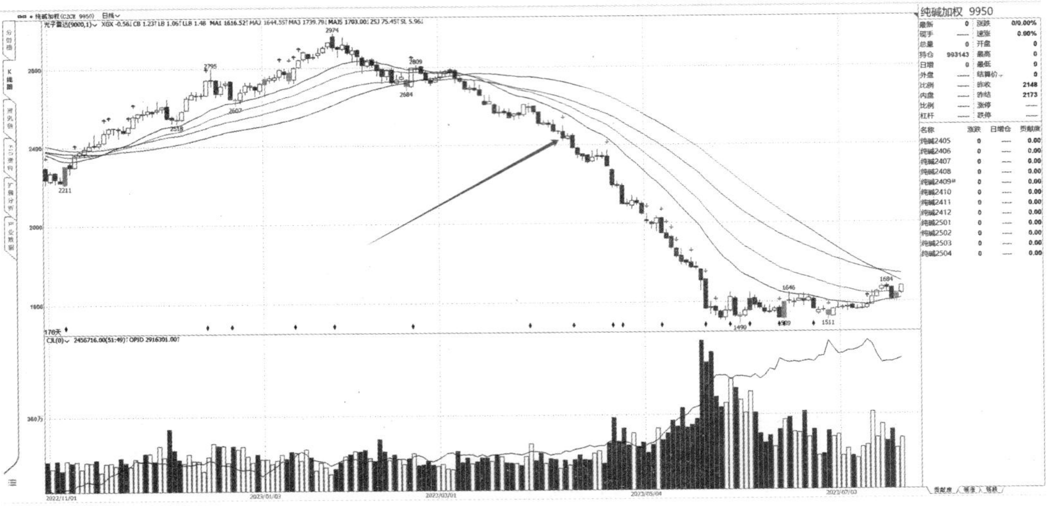

图 21-4　空头逐渐掌握主动权

此时的纯碱空头所倚仗的出师之名，乃是远兴能源即将新上线的天然碱生产线。通过研究纯碱的产业链情况我们可以发现，在全国纯碱生产企业中，远兴能源的产能只能排全国第四，为何它的生产线上线有如此之大的影响力呢？因为远兴能源是全国前四名的纯碱生产企业中唯一拥有天然碱生产线的企业。而天然碱的生产成本是所有纯碱的生产工艺中最低的一个，与联碱法相比，其每吨的成本可以低出数百元。这种影响无疑是巨大的。而后，空头便仗着这产能扩张之忧，肆意往下打压价格。

纯碱的期现价格一路下杀，多头毫无招架之力。当时正值期货实盘大赛如火如荼地举办中。在这场比赛中，便涌现出了一大批名叫“大道至碱”的交易账号，靠着做空纯碱在市场上大赚特赚，并取得了非常优异的比赛成绩。结果在纯碱暴跌到底部附近的时候，这一批神秘账号同时退赛了，犹如一个个侠客，事了拂衣去，深藏身与名，在市场上留下了传说。

我们研究很多大行情的结束时，发现其一般都是以大减仓为标志的。在纯碱一路下跌之后，按常规也应当出现大减仓，空头兑现盈利宣告行情结束。然而此时此刻最奇怪的事情就发生了。如图 21-5 所示，纯碱加权在下跌至 1490 点的最低价之后，没有出现大减仓，反而继续增仓，从最低价对应的持仓量 264 万手增加到了 320 万手。

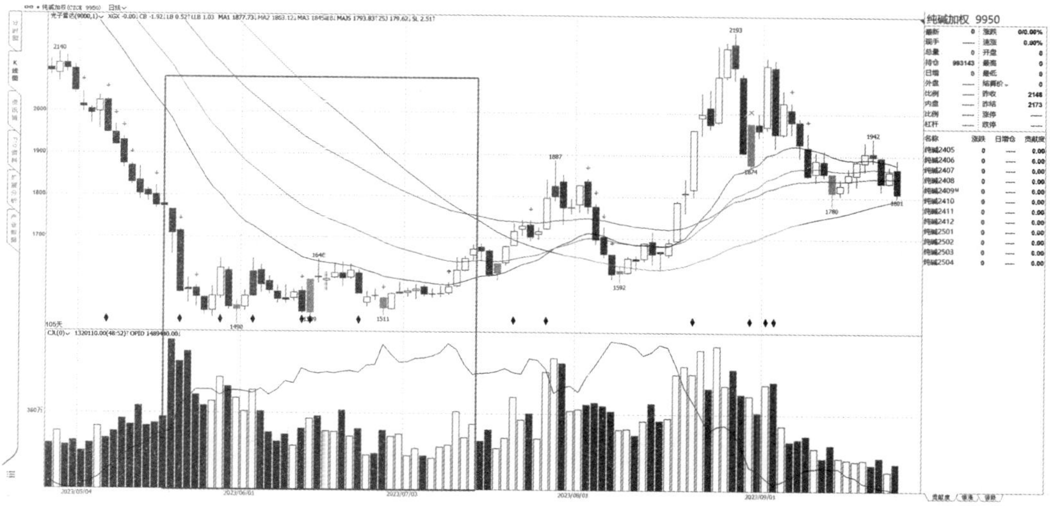

图 21-5　纯碱加权跌至最低价后出现增仓

XGX 值从最低点对应的-0.99 一路涨到了-0.42。如果我们用“得意忘象”的指导思想来分析这一波横盘，可以明显发现空头对盘面的掌控力在逐渐丢失。这意味着，原先拥有巨大浮盈的空头在这个地方无法顺利地平仓，实现盈利的兑现。如果此时的空头要继续往下进攻，就只能开新仓。然而从盘面来看，如想要继续将行情往下面推动的话，需要大量的开空才行。可是如果开空数量过多，将会推高原来老空单的成本，整个持仓的盈利水平会大幅下降，一旦出现风吹草动就可能被反击。

在这一波下跌行情中，纯碱的主力实际从 05 合约移到了 09 合约，意味着很大一部分空头的盈利没有兑现。此时空头放出了豪言壮语，认为产能上线将会让纯碱跌破 1200 元/吨。这种架势和 2015 年葛老大在螺纹钢上的空单操作一模一样。如图 21-6 所示，当时的螺纹钢空头号称要将价格打到 1200 元以下，这种做空行为无疑动了各大钢铁企业的利益，结果招致这些厂家的联合报复。有仇的报仇，有冤的报冤，新仇旧恨一并算了，一路爆拉，让螺纹钢实现了攻守易形，葛老大大败而

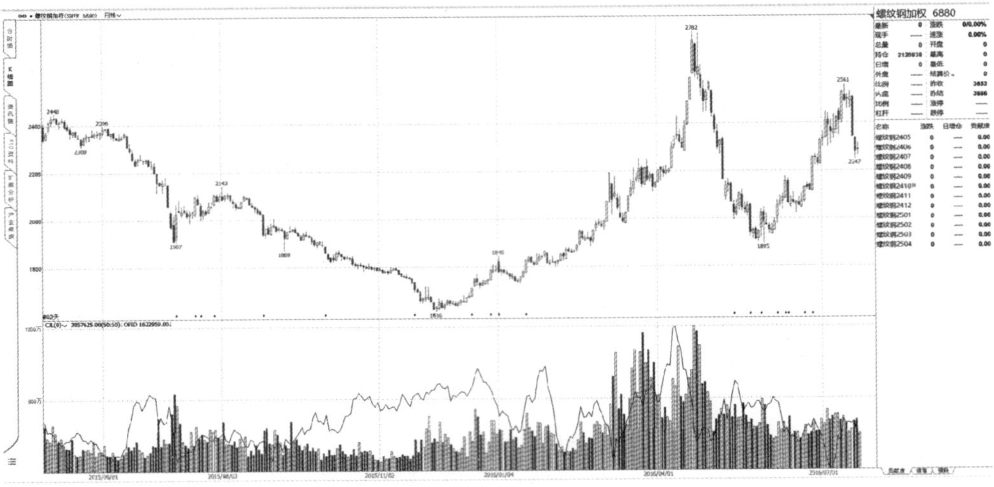

图 21-6　螺纹钢加权日 K 线图

归。感兴趣的朋友可以自行查阅这一段往事。

由于缺少相关资料，我只能结合盘面进行一些合理的推测。对于纯碱企业来说，无休止地下跌肯定会影响到它们的利润。就算拥有天然碱生产线成本优势的远兴能源，也不可能自己砸自己的锅主动降价内卷，这样做无疑会将自己置于火上烤。除非大家的总产能真的多得上天了，打价格战才会成为它们最后的手段。**我们前面说过，分析趋势的时候，如果从形态出发，那么趋势若有若无；如果从利益出发，那么趋势则无一不准。**此时纯碱的趋势可以说无形中已经有了攻守易形的苗头。7 月 10 日，在前面两次重新向下攻城未果之后，盘面上居然出现了向上的攻城之势，如图 21-7 所示。

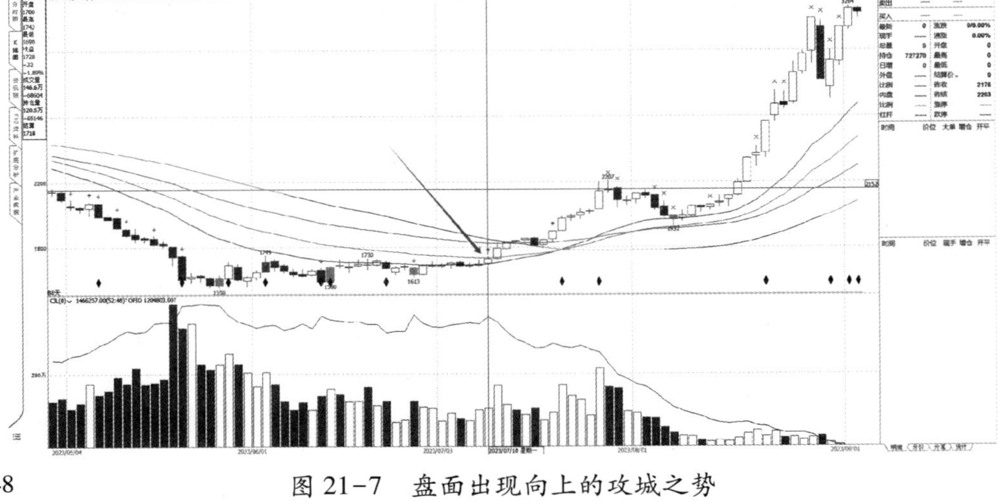

图 21-7　盘面出现向上的攻城之势

此时纯碱09合约的多头明显强于其他合约的多头。市场上则开始吹出风来，“厂家大幅去库存，现货有缺货的可能”。不得不说，此时的纯碱厂家们“苦空头久矣”，明里暗里都有配合多头的意思，多个厂家出现封单的现象。

随后的09合约强势减仓反弹，行情在站上60日线之后，甚至在7月19日再一次出现向上的攻城之势。当时的总持仓量接近100万手，如果全部进入交割月的话，纯碱空头需要拿出200万吨左右的现货。此时距离进入交割月只有30个交易日左右的时间了。在这个时间内，XGX值持续下降，空头再次掌握行情的主导权，但是此时的盘面是以减仓为主的。这意味着，空头只要稍稍减仓，便会引起行情的暴涨。随后纯碱空头再一次做出了时制之势之中几乎每一个弱势方都会做的操作，那就是移仓到临近的月份去。于是，如同本章节前面所介绍的行情一样，纯碱的主力合约不断往10合约上移仓，空头也在尝试再次掌控行情，让行情重新下破。然而在09合约进入近月之后，空头主力的连续下攻并没能扭转颓势，甚至让自己越陷越深，如图21-8所示。

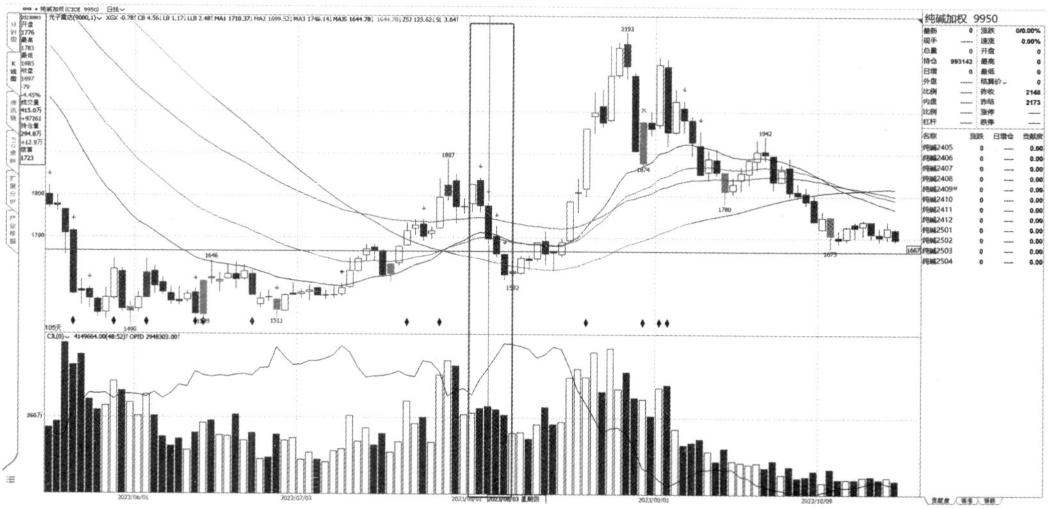

图21-8　空头无力扭转颓势

此时的整个纯碱合约是09强10弱，但是10合约的连续下攻甚至连60日线都没能碰到，如图21-9所示。

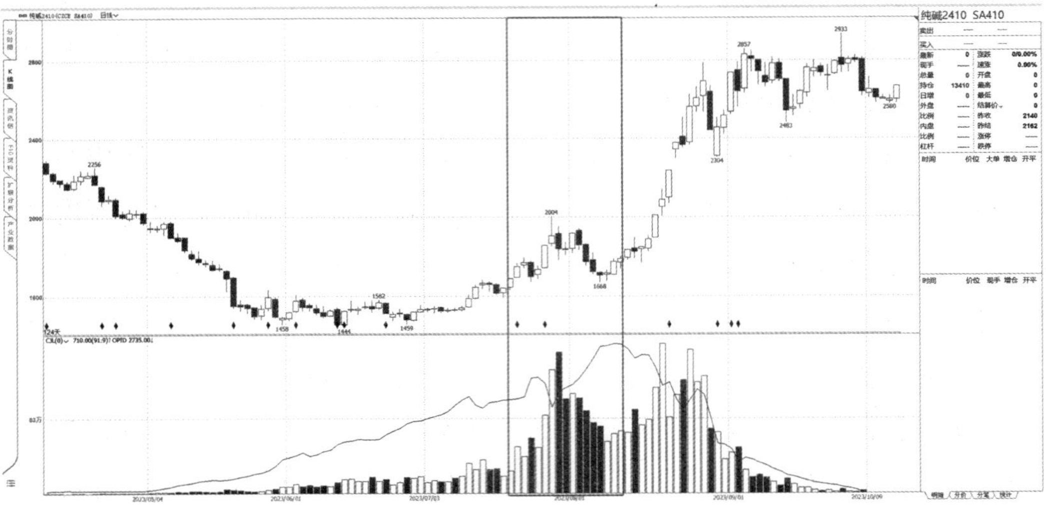

图 21-9　纯碱 10 合约连续下攻

最终，在时制之势的威压下，反攻失败的空头在 09 合约上夺路而逃，被多头一路追杀。前期一些在纯碱空头行情中获利颇丰的交易者，最终回吐了不少利润，有的甚至变盈利为亏损。09 合约在进入交割月之后甚至创下了 3700 点的新高，让人唏嘘，如图 21-10 所示。

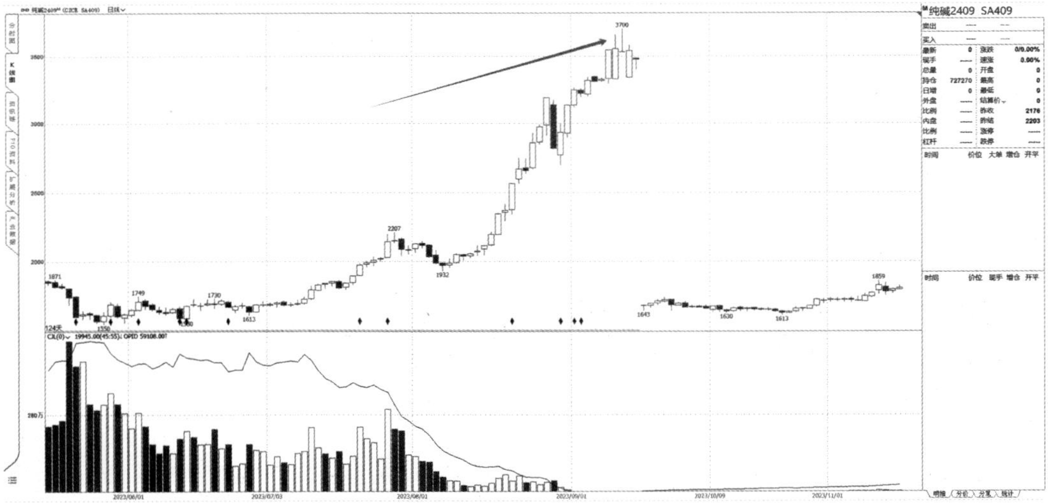

图 21-10　纯碱 09 合约创下 3700 点新高

第二十二章　谁与欧线争锋

如果单纯从波动率来看，期货市场开办以来，哪一个品种的波动率最大？从目前的五大交易所中来看，集运欧线是当之无愧的王。其中的 2504 合约，在 2023 年 11 月 8 日到 2024 年 1 月 4 日这短短的 41 个交易日，从最低的 706 点一路上涨到 2650 点，累计涨幅达 275.4%，平均每个交易日上涨 6.72%（以最低点 706 点单利上涨计算），堪称波动之王，如图 22-1 所示。

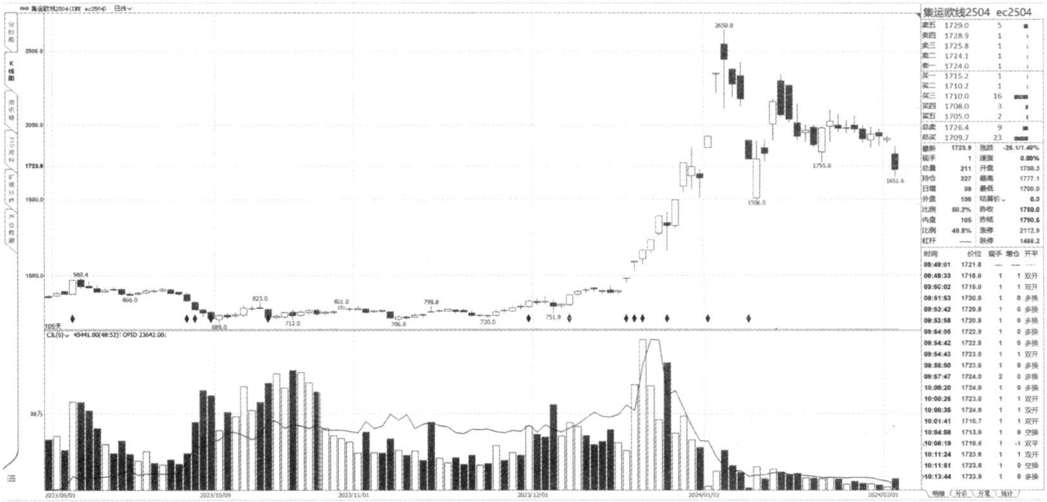

图 22-1　集运欧线 04 合约日 K 线图

就目前世界政治局势的演变来看，未来其他品种很有可能再次出现类似集运欧线的行情。让我们自我反省一下，当再一次遇到这种类似的行情时，我们能确定自己一定会站在正确的一方，并取得最后的胜利吗？

我想，如果我们坚持用期货战争理论作为指导，坚持从利益角度出发分析趋势（以利寻势），坚持用“不约而同”的趋势形成原理去选择品种，坚持用“得意忘

象”的思维方式去分析行情，坚持用“舍价取势”的基本原则去参与交易，那我们最终的结果一定不会差。下面我们就来复盘集运欧线的旷世行情，争取做到为己所用。

在集运欧线这一轮的上涨之前，也就是起涨点之前，其实市场上已经有了端倪。在 2023 年 12 月 12 日，集运欧线的 XGX 值首次超过 0.7 并一路上涨，迅速达到了 0.8 以上，这意味着多头对盘面的掌控力度较大。并且，当时连续出现的都是向上的攻城之势，多头在盘面上占据了很大的优势。

集运欧线是普通小散唯一能基本无门槛参与的指数品种，可是在发生此轮大行情之前，我对它的了解很少。在这波行情发生之后，我认识到了掌握一个品种的基本信息的重要性，于是迅速地整理出《商品期货产业链手册》一书。

在 2023 年 12 月 7 日 XGX 值超过 0.7 之前的几天，一则文华财经的资讯悄无声息地出现在行情软件中，当时，除了后面的部分多头主力以外，估计没有人注意到它的存在，如图 22-2 所示。

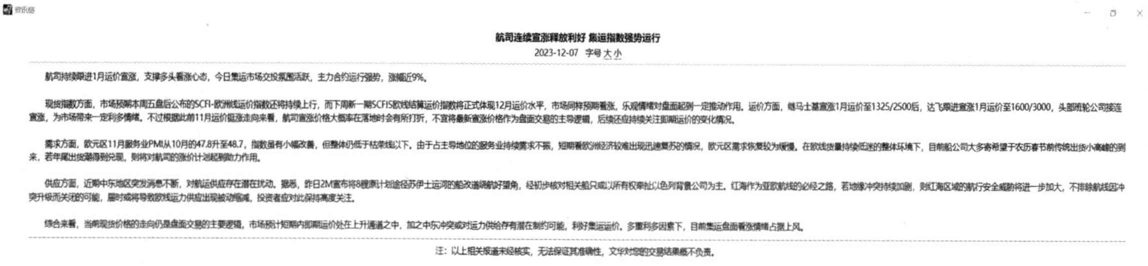
资讯题

航司连续宣涨释放利好 集运指数强势运行

2023-12-07 字号 大 小

航司持续跟进1月运价宣涨，支撑多头看涨心态，今日集运市场交投氛围活跃，主力合约运行强势，涨幅近9%。

现货指数方面，市场预期本周五盘后公布的SCFI-欧洲线运价指数还将持续上行，而下周新一期SCFIS欧线结算运价指数将正式体现12月运价水平，市场同样预期看涨，乐观情绪对盘面起到一定推动作用。运价方面，继马士基宣涨1月运价至1325/2500后，达飞跟进宣涨1月运价至1600/3000，头部班轮公司接连宣涨，为市场带来一定利多情绪。不过根据此前11月运价挺涨走向来看，航司宣涨价格大概率在落地时会有所打折，不宜将最新宣涨价格作为盘面交易的主导逻辑，后续还应持续关注即期运价的变化情况。

需求方面，欧元区11月服务业PMI从10月的47.8升至48.7，指数虽有小幅改善，但整体仍低于枯荣线以下。由于占主导地位的服务业持续需求不振，短期看欧洲经济较难出现迅速复苏的情况，欧元区需求恢复较为缓慢。在欧线货量持续低迷的整体环境下，目前船公司大多寄希望于农历春节前传统出货小高峰的到来，若年尾出货潮得到兑现，则将对航司的涨价计划起到助力作用。

供应方面，近期中东地区突发消息不断，对航运供应存在潜在扰动。据悉，昨日2M宣布将8艘原计划途径苏伊士运河的船改道绕航好望角，经初步核对相关船只或以所有权牵扯以色列背景公司为主。红海作为亚欧航线的必经之路，若地缘冲突持续加剧，则红海区域的航行安全威胁将进一步加大，不排除航线因冲突升级而关闭的可能，届时或将导致欧线运力供应出现被动缩减，投资者应对此保持高度关注。

综合来看，当前现货价格的走向仍是盘面交易的主要逻辑，市场预计短期内即期运价处在上升通道之中，加之中东冲突或对运力供给存有潜在制约可能，利好集运运价。多重利多因素下，目前集运盘面看涨情绪占据上风。

注：以上相关报道未经核实，无法保证其准确性，文华对您的交易结果概不负责。

图 22-2 集运欧线资讯

在这个资讯中，其实已经开始有红海即将出事的征兆。这不由得让我想起，在原油负价格事件发生之前，纽交所发布的那一则交易所测试负价格结算原油的公告，前后不过一两百字，却包含了极大的信息量。

写到这里，相信很多聪明的读者已经反应过来了，这个世界上哪里有那么多的突发事件与巧合，很多故事也许早有预谋，这种情况在期货市场中尤为明显。不知道大家有没有注意到，几乎所有发生在期货市场中的突发事件，都是对当时在市场上占据优势地位的那一方有利的。这本身既是对本书前面基本面相关章节中所提到的观点“基本面是可以人为制造的”的一个佐证，也可以充分说明市场上存在着大量与普通散户相比具有信息优势的参与者。这些先知先觉的交易者，他们的交易动作在行情爆发之前就已经在盘面上留下了痕迹。只是随着“靴子”的落地，这种优势被再次扩大了而已。

2023年12月18日，随着红海事件的爆发，集运欧线的首个涨停板出现，随后就是无脑的暴涨，行情上其实已经没有过多可以说的了。交易所不断地扩板、提保，行情还是一路不停歇地上行。其中，交易所显示出了非常克制的态度，其提保、扩板的速度，明显让人看出来其对此次上涨顶点的预期非常之高。作为水下摄像头的持有者，它们可能早就与集运欧线指数的发布单位进行过相当程度的信息交换了。

一直到12月21日，集运欧线指数的持仓量开始下降，此前不断涌入的摸顶交易者开始消散，待大家反应过来，才发现了此一轮行情的与众不同。然而，这就苦了市场上原来的老空头们，他们在不停地斩仓中推动行情一路上涨，最终成为中东局势的炮灰。可能他们自己也想不到，远在中东的霸权纷争，最大的受害者，却是做空国内集运欧线指数的自己。

在《商品期货产业链手册》一书中，我对集运欧线指数的短评是这样写的：**作为一个普通小散户唯一能参与的指数型期货品种，其最大的影响因素是地缘政治和国际形势。虽然它的线路是从上海到欧洲，看起来与美国一点关系都没有，实际上背后却是中美之间的博弈**。

集运欧线不仅仅是航线的一个代表，更是中美博弈的一个缩影。它的战场，不应局限在交易所一方小小的行情屏幕之上，更应该放到更高的层面，更大的战场中去，这无疑是对期货战争的最好诠释。

第 6 部分

附录

本部分的内容包括本人的一套通过期货战争理论开发出来的交易系统的简介，以及本书写作过程中创作的一些文艺作品、相关文章，还有就是为方便读者检索，本书中涉及的指标、电子文档等的目录。

附1 舍价取势交易系统

系统简介

舍价取势交易系统是以本书的实战交易原则命名的一套交易系统。它也是经过本人多年来不断优化、整理、完善的一套完整的交易系统。本交易系统充分考虑不同品种的不同特性，平衡波动率、保证金比例、止损位之间的关系。按照期货战争理论中关于趋势的定义模式，判定交易方向，寻找开仓位置。通过顺势进场忽略进场点位、单品种轻仓增强风险耐受能力、多品种持仓提高资金使用效率、大止损给足行情波动空间、多强空弱对冲避免风险单边暴露等多种手段的配合使用，以期实现保证金权益平衡稳定上涨的目的。这一章节将这套系统简单介绍给大家。

本交易系统适用的周期为日线级别，其趋势的主要判定就体现在日线级别上，但其中主要运用15分钟线的行情周期。同时，本系统利用基于期货战争理论开发的参考指标——光子雷达来分析行情、判断方向、寻找战机。从本系统的使用效率来讲，最合适的交易软件为文华财经WH7。因为其中的云端公式预警以及公式选股功能都能有效地降低交易工作量，提高交易效率。

本交易系统的单笔止损幅度基本上控制在2‰～5‰。最适合的资金规模当在300万元以上的资金，最大适用规模可以达到亿元级别。对于数十万元的资金规模，通过放大单笔止损的百分比例，如单笔止损幅度调整到1%～3%，同时减少总持仓品种的数量，也是可以操作的，只是相对地会扩大账户权益的波动率。如果是较小规模的资金（30万元以下），最好选择相对持仓更为集中、波动更为剧烈的交易系统。

本交易系统并非一成不变，交易者应当根据当前市场的演化不断地进行修改、优化，以适应最新的行情波动规律。

品种选择

任何一个系统，首先考虑的就是交易对象的问题。舍价取势交易系统采用的是多品种持仓的交易方式，所以首先要选择可以进行交易的品种。按照期货战争理论，合适的交易品种至少应当满足以下几个条件：

①持仓量高。其中加权指数达到5万手持仓（单边）以上，极少数保证金高的品种可以放低标准。战争派喜欢打大仗，不喜欢菜鸡互啄。

②沉淀资金足够大。和前一条理由是一样的，这里的门槛设置到10亿元以上为最佳。此条件和以上持仓量的条件至少有一个达到才行。

③非V字形持仓。V字形持仓结构代表该合约短线持仓参与者过多，没有强有力的主力资金，行情发展具有极高的随机性，不利于赚钱，如股指、甲醇、焦炭、焦煤、郑煤等，这些都不太合适。

④历史波动率相对较高。舍价取势交易系统作为趋势追踪策略，要求合约有较大的波动才能实现满意的盈利，对于那些抠抠搜搜走不出几步就回头的品种可以直接放弃。

不过这里要注意的是，市场是发展演化的，有的品种现在不活跃不代表以后不活跃；有的品种现在很活跃以后也有可能变得不活跃，比如郑煤，在经历了过山车行情和监管部门的整治之后，持仓量越来越低，已经有变成像棉纱、纤板等死品种的趋势。所以，基础品种的筛选，最好是隔一段时间就进行更新。

截至2024年2月，经过我的筛选后，本人自选里面剩下57个品种，具体名单如下：沪铜、黄金、螺纹钢、铁矿、棉花、豆粕、白银、棕榈、豆油、热卷、沪铝、沪镍、玉米、PTA、郑醇、橡胶、PP、郑油、PVC、原油、玻璃、纯碱、塑料、EG、白糖、沪锌、沥青、沪锡、纸浆、豆一、豆二、20号胶、IPG、燃油、LU、菜粕、EB、SS、沪铅、短纤、淀粉、生猪、鸡蛋、尿素、锰硅、红枣、花生、硅铁、苹果、焦煤、焦炭、工业硅、氧化铝、PX、烧碱、集运欧线、碳酸锂。对于以上品种，我设置一个自选，命名为合约指数，将它们全部添加到其中。

↑	23	豆油加权	1.72%	0.66%	2.80亿	119.98亿	0.68
↓	24	PVC加权	1.36%	-0.12%	6704万	54.64亿	0.49
↑	25	焦炭加权	5.08%	2.06%	2.28亿	33.85亿	0.82
↑	26	豆二加权	11.18%	2.50%	1.07亿	8.77亿	0.75
↑	27	焦煤加权	-2.24%	1.70%	-4540万	77.97亿	0.59
↑	28	铁矿石加权	2.68%	1.78%	8.03亿	185.99亿	0.61
↑	29	鸡蛋加权	5.05%	1.33%	2.21亿	36.39亿	1.05
↓	30	聚丙烯加权	1.50%	-1.26%	643万	29.08亿	1.39
↑	31	淀粉加权	1.55%	0.04%	1563万	10.02亿	0.60
↓	32	乙二醇加权	1.20%	-0.18%	3647万	36.00亿	0.92
↓	33	苯乙烯加权	2.54%	-0.60%	6861万	36.35亿	0.69
↓	34	液化气加权	10.93%	-2.15%	1.49亿	18.86亿	0.78
↑	35	生猪加权	4.49%	1.44%	3.96亿	70.05亿	1.96
↑	36	橡胶加权	0.44%	0.95%	1.05亿	75.99亿	0.55

自选　合约指数　多　空　…

附图 1-1　自选合约指数

如附图 1-1 中，在文华财经 WH7 软件中有一个公式选股的功能，该功能可以用来帮助我们迅速地选出符合条件的品种，在光子雷达中我预置了筛选品种的语句，可以直接使用。但是，鉴于大部分交易者使用的是文华财经 WH6，所以这里我们采取一个一个复盘的方式将品种筛选出来。

首先我们设置两个自选列表，其中“多”代表当前趋势为多头的品种，“空”代表当前趋势为空头的品种。

为了方便分析，我们要将自选列表的表头进行设置。如附图 1-2 中，报价栏表头经过了修改，只剩下序号、合约名称、日增仓、涨幅、资金流向、沉淀资金、量比。其中日增仓是最重要的参考对象，而涨幅设置是以昨收为基准显示的，具体的设置方法参考本书软件设置相关章节。资金流向和沉淀资金是按照交易所保证金标准来计算的。

	序号	合约名称	日增仓%	涨幅%	资金流向	沉淀资金	量比
↑	1	白糖加权	1.31%	0.41%	1.02亿	60.23亿	0.67
↓	2	棉花加权	2.08%	-0.42%	1.53亿	93.60亿	0.64
↓	3	PTA加权	5.44%	-1.39%	2.64亿	69.06亿	0.86
↑	4	菜籽油加权	0.44%	1.00%	9276万	65.23亿	0.46
↓	5	甲醇加权	2.38%	-0.86%	6487万	43.91亿	0.69
↑	6	玻璃加权	0.70%	1.37%	1.36亿	66.76亿	0.47
↑	7	菜籽粕加权	0.18%	2.51%	1.46亿	55.57亿	1.04
↓	8	硅铁加权	4.35%	-0.06%	1.02亿	24.80亿	1.09
↓	9	锰硅加权	5.61%	-0.48%	2.23亿	45.86亿	1.05
↓	10	苹果加权	5.63%	-1.69%	8230万	22.23亿	1.32

附图 1-2　表头设置

接下来，在合约指数自选里面，我们根据前面讲的“得意忘象”的分析方法，将当前趋势非常明显的品种筛选出来，分别添加到多、空两个自选列表中。如附图 1-3 中，玻璃指数的 XGX 值为-0.95，小于-0. 7，而且当前价格在 MAJX 均线以下运行，空头对行情占据主导地位，所以将该品种添加到空自选列表中。

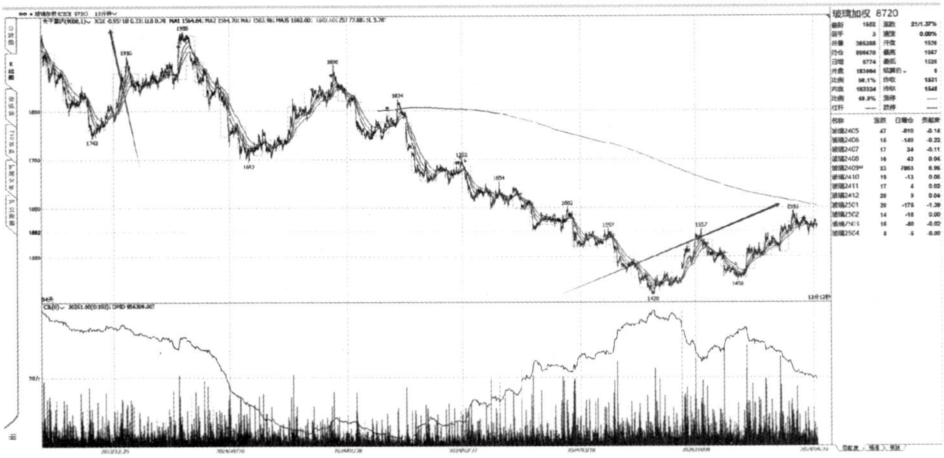

附图 1-3　玻璃加权 15 分钟 K 线图

通过复盘，我们可以将所有品种全部筛选一遍，筛选后的自选列表如附图 1-4、附图 1-5 所示。

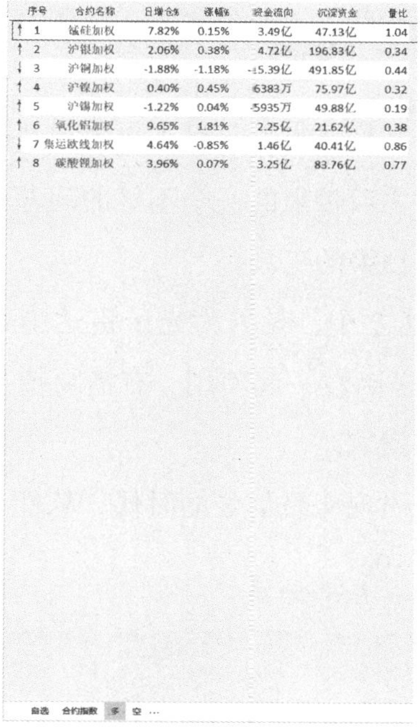

序号	合约名称	日增仓%	涨幅%	资金流向	沉淀资金	量比
↑ 1	锰硅加权	7.82%	0.15%	3.49亿	47.13亿	1.04
↑ 2	沪银加权	2.06%	0.38%	4.72亿	196.83亿	0.34
↓ 3	沪铜加权	-1.88%	-1.18%	-±5.39亿	491.85亿	0.44
↑ 4	沪镍加权	0.40%	0.45%	6383万	75.97亿	0.32
↑ 5	沪锡加权	-1.22%	0.04%	-5935万	49.88亿	0.19
↑ 6	氧化铝加权	9.65%	1.81%	2.25亿	21.62亿	0.38
↓ 7	集运欧线加权	4.64%	-0.85%	1.46亿	40.41亿	0.86
↑ 8	碳酸锂加权	3.96%	0.07%	3.25亿	83.76亿	0.77

自选 合约指数 多 空 …

附图 1-4 多头自选

序号	合约名称	日增仓%	涨幅%	资金流向	沉淀资金	量比
↑ 1	玻璃加权	0.80%	1.57%	1.55亿	66.95亿	0.47
↓ 2	苹果加权	10.16%	-1.90%	1.73亿	23.13亿	1.43

自选 合约指数 多 空 …

附图 1-5 空头自选

进场位置

舍价取势交易系统最早采用画线单进场的方式。经过长期的优化之后，现在采用光子雷达 15 分钟线上 MA 三线金叉的方式进场，也就是被确定为多头趋势的品种，当其在 15 分钟线上出现 MA1>MA2>MA3 的时候，则开多。

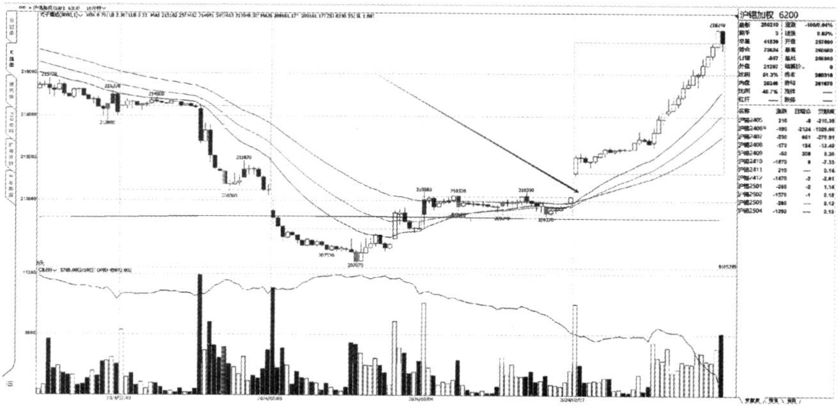

附图 1-6 沪锡加权 15 分钟 K 线图

如附图 1-6 中，沪锡在 MAJX 均线之上首次产生了一个金叉，则在金叉停止闪烁后的第一根 K 线处开多。

由于行情什么时候出现金叉不确定，作为交易者很多时候不得不持续盯盘，这是该交易系统从原先的价格突破改为条件突破之后带来的一个不好的问题。为了解决该问题，我为舍价取势交易系统开发了条件预警的工具。

之所以没有将该模块直接放置到光子雷达之中，是因为光子雷达带有未来函数，文华财经的麦语言不允许 NOT 函数与未来函数一起使用。有需要该工具的读者依旧可以通过本书附录中的联系方式向我们索取。

我们将光子雷达添加到条件预警之后，当出现交易信号的时候，软件会自动弹出提示。具体的流程如下（附图 1-7 至附图 1-9）。

附图 1-7　云端预警

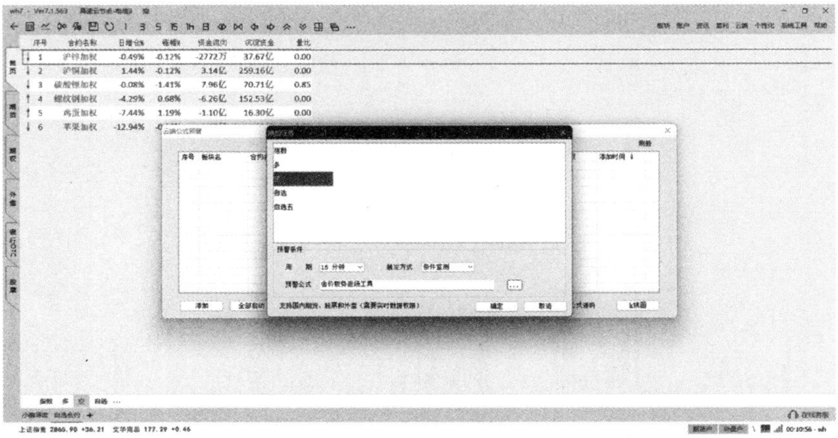

附图 1-8　添加任务列表

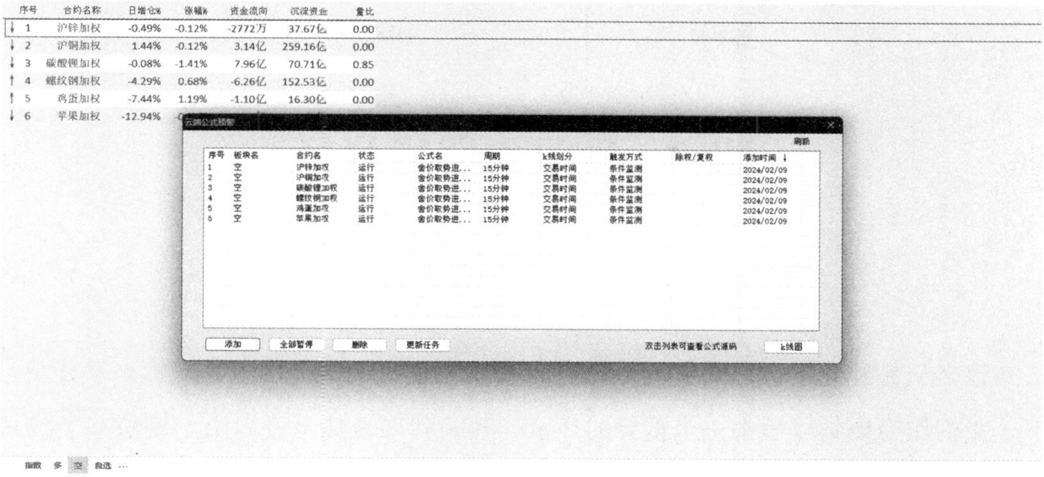

附图 1-9　云端公式预警

仓位管理

舍价取势交易系统采用仓位止损平衡公式计算合适的仓位。

止损止盈

舍价取势交易系统采用最大波动率止损，止盈则采用目标止盈与浮动止盈相结合的方式进行。

附 2　仓单与期货战争

很多交易经验丰富的交易者不知道“仓单”这个词，在这里我先给大家普及一下。交割作为期货战争中一个重要的环节，其顺利与否甚至可以决定期货战争的最终结果。我们的期货合约是标准化的，其交易单位、报价单位、最小变动价位都是交易所根据相应品种的具体情况精心设计的。同样，为了方便交割，交易所对参与交割的品种的质量分级标准、价格单位、包装等重要指标也进行了统一的规定，对符合相关要求并进入交易所认定的交割库的商品出具了相应的凭证，这就是仓单。交割，实际上就是仓单的所有权发生转移的过程。期货合约中的卖方在合约到期时将自己的仓单通过一定的程序交付到买方手中，而买方按照结算价支付相应的货款给卖方，这就完成了一次完整的交割流程。随着交割时间的临近，交易所会逐渐提高多空双方的保证金比例。当交割期到了之后，如果买方无法足额支付交割款，或者卖方无法提供足够的仓单，将被交易所施以巨额的罚款，用来赔付给另一方。

那仓单是如何影响期货战争的结果的呢？下面我们试用极值法对仓单进行分析。

①仓单极小的情况。假设在一个合约交割月前的最后几个交易日，还有单边 10 万手的持仓量，这 10 万手持仓假设都可以持有至交割，而此时在法定交割库注册的仓单的数值为零，那么最后这几个交易日会发生什么行情？

此时一般会出现两种情况。一种情况是空头认输，在最后几个交易日砍仓，把期货价格推上天价。这种情况下，多头完胜。另一种情况是投机空头强行将持仓持有至交割，最后按照现货价格承受巨额的罚款以赔付给多头。这种情况下，依旧是多头完胜。当然也有可能出现第三种情况，那就是多空双方达成一致，协议平仓。在前些年期货市场管理还比较粗放的时候，经常发生一些逼仓事件，实际上很多时候就是在仓单上面做的文章，和前面假设中的原理是一样的。比如多逼空，常常就是空头拿不出巨大的仓单实盘来用于交割，不得不在合约到期前砍掉自己手上的头寸以自保，最后完全忽视国际国内经济形势或者其他月份相同合约的走势而减仓，导致价格大涨，甚至出现连板行情。

回头看看 2018 年的苹果行情，在近月 05 合约交割时，多头就利用了交割规则。当时交割规则里面对苹果的质量要求很高，而且不允许用次一级品质的苹果贴水交割。此种情况下，空头要拿出足够的仓单来交割，还要去现货市场收购足够的苹果入交割库，这又间接推动现货价格上涨，现货价格上涨导致合约价格上涨，成为恶性循环。最后苹果近月合约被推上了 15000 元的高价，空方以惨败结束战斗。

经过此事件后，交易所修改了相关的交割规则，放宽了入库标准。对一些容易被拿仓单来说事的品种设计了更为严格的限仓制度，比如鸡蛋的限仓为 600 手，苹果的限仓也被降到了几百手的水平，其他品种的具体数值大家可以查阅相关资料。而后为了防止分仓，证监会又设计了全球独创的穿透式监管。以上种种努力，实际上都是为了让整个市场更加公平，以保护散户的利益，当然，散户领不领情另说。

②仓单极大的情况。仓单很小的时候多可以逼空，仓单很大的时候当然空也可以逼多。当某个品种的基本面很不好时，生产商这个天然的空头更会在这个合约上做出套期保值的卖出行动，而且是争先恐后，生怕跑慢了行情会更加走弱，导致卖出价更低。现货市场卖不出货，他们还可以注册大量的仓单，配合合约上的空头持仓在期货市场消化掉他们的库存。

试想如果某品种基本面很不好时，交易所注册的仓单高达 50 万手，那么在交割到期前丢盔弃甲、砍仓而逃的就是多头了。一个品种如果有天量的仓单在，其基本面有多弱想来不用研究都可以直接主观感受到。而面对黑压压的实盘仓单，任何一个投机大资金在拉抬价格之前都得好好掂量一下自己的实力。

如附图 2-1 中，2008 年，本该是套保空头的 PTA 厂家华联三鑫居然背叛了自己的空头血统，悍然在 PTA09 合约上做起多来，是典型的套保变投机。作为一个卖 PTA 的企业在期货市场上买了十多万吨高价 PTA，干了这种傻事自然落不了好，最后只能破产了事，成为业内笑柄。这就是血淋淋的教训，感兴趣的朋友不妨去查一查这段尘封的往事。

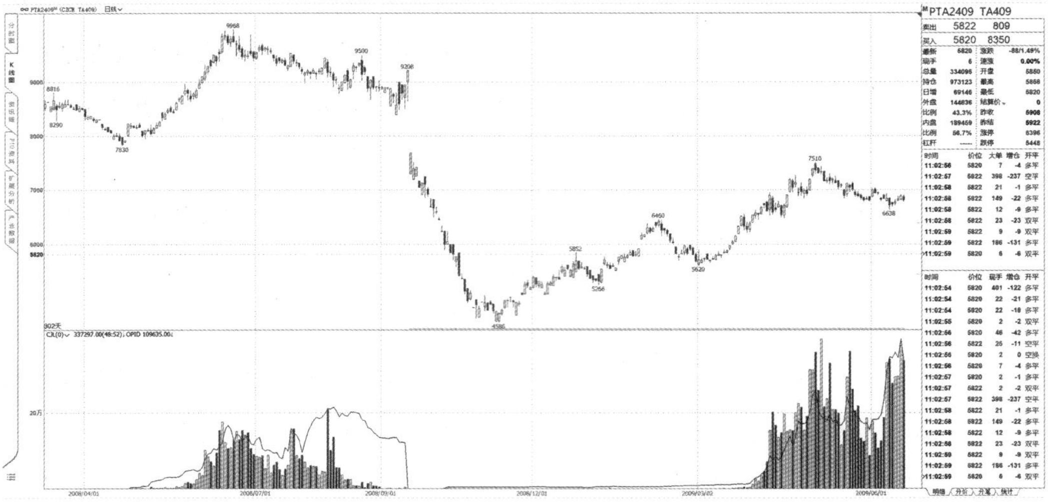

附图 2-1　PTA09 合约日 K 线图

综合起来看，仓单就是市场上空头明修的栈道，可以通过这个栈道输送无限的兵力。而若近月多头接下了仓单，也可能变成它在远月合约上的筹码，这需要用辩证的军事思维来看。当然了，由于各个品种的保质期不同，在仓单上的具体反映也不一样，比如金属类的品种，由于保质期超长，仓单在库里轮换很简单，程序也相当简单。而食品类的品种就不一样了，比如白糖，每隔一段时间仓单就会被集中注销一次，而其到期的库存不允许再次注册，只能另行处理；鸡蛋、苹果等品种存储成本更是高昂。在具体交易时，当一些品种在近月合约出现仓单、持仓量背离的情况时，就可以思考其中有无作战机会，此时通常该品种会出现时制之势。

附3　期货战争诗

作为一名文艺爱好者，我在早年顿悟期货战争的原理的时候，曾经诗兴大发，写下了一首关于期货战争的古体诗，现特附于本书中，以飨读者：

咏期货战争（古风）

但有不谐者，开仓乃击之！
放量破敌城，增仓阻援师。
舍价取杀势，忘形得妙兹。
莫道无敌手，谁解败军痴？

释义：

一旦在市场上发现有不和谐的行情出现，那就是完美的交易机会，我们要果断开仓去进攻它！大部队围城打援，兵临城下，在关键阻力位成交量放大，向敌人发起冲锋，打破他们的防守。敌人的援军疯狂涌来，此时我们来者不拒，照单全收，持仓量进一步放大，但却牢牢地把援敌之军阻挡在包围圈的外面，不让他们形成合围。通过放弃价格优势来让趋势积累足够的能量，一旦这千钧之力喷薄而出就要取敌人的性命。忘记盘面的形态而搞清楚其背后真正的含义，这就是战争的最高境界。打了胜仗也不要骄傲，不要以为自己就天下无敌了，谁能理解交易者不断亏钱还不愿意离开市场的执着呢？

附4 期货战争论文言文版

期货者，金钱之战、多空之争也。以对价为基石，加之以杠杆，因之以时限。入局似逆水行舟，摧人心魄；佣金则磨牙吮血、步步蚕食，乃不祥之器。好战则必败，久战则必亡。君子不得已而用之，知止为上。

期货之要，凡在取势。势不两存，因利而导，不约而同。以利寻势，则势无一不准；以形寻势，则势若有若无。价为势之必果，势非价之必因，君子舍价以取势；形为意之必现，意非形之必由，君子得意而忘形。

势有三族，一曰攻城之势。两军攻伐，犬牙交错者，四战之地也，非生死之地。方其得占兵优，放量破敌生死之地，增仓阻敌回援之师，则势成矣。君子用之，宜徐徐图之。轻仓简从，于敌生死之地，以逸待劳。

二曰崩盘之势。古人云：强弩之末，势不能穿鲁缟。攻城之势连绵逾久，仓量之增逾足。方其增无所增，价仓齐崩，兵相骀藉，不可胜数。君子用之，宜速战速决。以倾巢之兵，肃清穷寇，趁势收篷。

三曰时制之势。两军对垒，胜负未分。继而交割之期迫近，见若眉睫之间。或无货以交割，或无利以接货。愤而斩仓认负，其价一日千里，至仓尽而止。君子用之，贵在用险。因粮于敌，浮盈加仓，改命之法，如是而已矣。

释义：

期货这个东西，就是金钱通过多空作为代理人的战争。它以对手盘交易为基础，再给它加上杠杆扩大风险，又通过交割时间来限制战争的时限。一旦参与进来就好像在逆水中划船一样，不断地消磨人的精神与心理。其中的手续费，就像钝刀割肉一样一步一步蚕食交易者，直到他们死亡为止，是一种充满了不祥的东西。如果你喜爱这样不祥的东西那么注定失败，如果一直参与期货战争那么迟早会灭亡。

君子为了改变自己的命运不得已参与期货战争，懂得功成身退才是大智慧。

期货战争最重要的关键点在于取势。不会同时存在两种趋势，趋势都是在利益的推动下产生的，主力之间没有提前约定步调却无比统一。如果我们从利益出发寻找趋势，那么趋势没有不准的；如果我们用形态分析来寻找趋势，那么趋势时有时无，无法确定。价格的涨跌是趋势一定会造成的必然结果，但是趋势却不一定是价格涨跌现象产生的必然原因，君子要学会通过放弃价格优势来获得相对更加确定的趋势。形态是本质的必然表现，但是本质却不是造成这种形态的唯一原因，君子要学会透过现象看本质，透过形态发现真正的趋势。

趋势一共有三种，第一种叫作攻城之势。多空交战到一起，没有分出胜负，双方打来打去，在盘面上形成了震荡的局势。这些震来震去的价格，都不是多空双方最重要的生死之地（关键阻力位），而是他们的四战之地。若其中一方取得了优势，增加兵力的投入打破对手的生死防线，同时分兵阻击对方从四面八方涌来的援军，那么趋势就形成了。君子利用这一点，一定要耐心地、慢慢地等待机会，秣马厉兵，尽可能地降低自己的负担，在敌人必须防守的生死之地，等待战机的出现。

第二种趋势叫作崩盘之势。古人说“强弩之末，不能入鲁缟”。攻城之势持续得越久，那么持仓量增加得就越多。当它增加到极限再也增加不动的时候，价格和持仓量都会一起反向崩溃，这些崩溃逃跑的士兵会发生相互踩踏的现象，这些踩踏的兵力，多得数都数不清楚。君子利用这种趋势，最好是速战速决。通过提高仓位，利用这短暂的机会迅速获得大量的浮盈，打倒对手盘。

第三种趋势叫作时制之势。多空双方对垒很久没有分出来胜负。随着时间的推移，交割的日期越来越近，马上就要火烧眉毛了。要么空方没有现货用来交割，要么多方接下现货没有利益可图，只能愤愤不平地砍仓投降。于是这个品种的价格就会一泻千里，往砍仓的方向发展，一直到这巨大的持仓量完全减完为止。君子利用这种趋势，最重要的就是要胆子大。通过重仓进场、浮盈加仓的方式一举获得巨大的盈利。改变自己命运的办法，就在这种趋势中。

附5　电子附件

①期货战争模拟器

②光子雷达

③云端品种筛选器

④手机版光子雷达

⑤浮盈加仓速算表

⑥舍价取势交易信号预警工具

请扫码添加小助理领取。

三半居士助理

扫一扫上面的二维码图案，加我为朋友。

附6 合作机构介绍

期乐会，全称“期乐会交易员俱乐部”，自2014年8月成立以来，一直致力于为股票、期货、期权交易爱好者打造一个全方位的学习与交流平台，至今已吸引了超过20000名会员加入，同时在全网拥有超过100万名忠实战友。

期乐会的服务网络遍布全国，2017年在上海成立了期乐会 & 期权时代运营中心，随后在2020年将服务扩展至苏州，两地均设有交易员线下实训中心。2023年，期乐会进一步强化了实战能力，成立了“赢乐1号”线下交易团队，以实战经验助力交易员成长。

期乐会以其丰富的行业经验和专业精神，成功举办了500余场线上和线下交易主题活动，活动形式包括会议、沙龙、游学和培训等。活动内容丰富多样，从行业热点解析到技术策略分析，从交易理念分享到期货量化交易，还有期权的基础知识与策略应用，全面覆盖了个人交易者、交易团队、私募机构以及企业用户等各类群体的需要。

在新媒体领域，期乐会同样发挥着巨大的影响力。期乐会制作的文字、音频、视频内容遍布30多个主流媒体平台。代表栏目《赢乐·视界》采访了近百位行业内成功的交易员，这些交易员在栏目里分享了他们的智慧与经验。而《五月讲期货》音频电台的全网收听量已突破8000万，证明了期乐会内容的广泛传播力和深远影响力。

期乐会的核心实力不仅体现在规模和广泛的服务网络上，更体现在其对会员的极致服务、不懈的创新精神和真诚的工作态度方面。期乐会的使命是通过提供高质量的学习资源和交流平台，帮助每一位交易员实现其目标和职业梦想。期乐会承诺以真诚的态度对待每一位会员和每一次服务，期乐会相信，只有真诚地了解会员的需求，才能提供最合适的服务和支持。

期乐会相信，通过不断的学习和实践，每一位交易员都能够在金融市场上取得成功。因此，期乐会努力构建一个开放、互助、共享的社区环境，让每一位会员都能在这里找到所需要的资源和支持。我们的线下实训中心配备了先进的交易工具和设施，由经验丰富的交易员亲自指导，以确保每一位会员都能获得最实用的交易技能和策略。

在内容创作上，期乐会始终坚持创新，不断探索新的学习方法和传播形式，以满足不断变化的市场需求。期乐会的内容团队由资深的金融专家和媒体人士组成，他们以深入浅出的方式，将复杂的金融理论和交易策略转化为易于理解和操作的知识，帮助会员构建自己的交易体系。

作为交易员的成长伙伴，期乐会将以谦逊的姿态，致力于成为交易员在金融市场上的指南针，陪伴每一位交易员稳健前行，探索金融市场的无限可能，共创辉煌的未来。

扫码关注期乐会公众号

功成身退，天之道也。